जालक

शिवानी

गौरा पंत 'शिवानी' का जन्म 17 अक्टूबर, 1923 को विजयादशमी के दिन राजकोट (गुजरात) में हुआ। आधुनिक अग्रगामी विचारों के समर्थक पिता श्री अश्विनीकुमार पाण्डे राजकोट स्थित राजकुमार कॉलेज के प्रिंसिपल थे, जो कालांतर में माणबदर और रामपुर की रियासतों में दीवान भी रहे। माता और पिता दोनों ही विद्वान् संगीतप्रेमी और कई भाषाओं के ज्ञाता थे। साहित्य और संगीत के प्रति एक गहरा रुझान 'शिवानी' को उनसे ही मिला। शिवानी जी के पितामह संस्कृत के प्रकांड विद्वान पं. हरिराम पाण्डे, जो बनारस हिन्दू विश्वविद्यालय में धर्मोपदेशक थे, परम्परानिष्ठ और कट्टर सनातनी थे। महामना मदनमोहन मालवीय से उनकी गहन मैत्री थी। वे प्रायः अल्मोड़ा तथा बनारस में रहते थे, अतः अपनी बड़ी बहन तथा भाई के साथ शिवानी जी का बचपन भी दादाजी की छत्रछाया में उक्त स्थानों पर बीता, किशोरावस्था शान्तिनिकेतन में और युवावस्था अपने शिक्षाविद् पति के साथ उत्तर प्रदेश के विभिन्न भागों में। पति के असामयिक निधन के बाद वे लम्बे समय तक लखनऊ में रहीं और अन्तिम समय में दिल्ली में अपनी बेटियों तथा अमरीका में बसे पुत्र के परिवार के बीच अधिक समय बिताया। उनके लेखन तथा व्यक्तित्व में उदारवादिता और परम्परानिष्ठता का जो अद्भुत मेल है, उसकी जड़ें इसी विविधतापूर्ण जीवन में थीं।

शिवानी की पहली रचना अल्मोड़ा से निकलनेवाली 'नटखट' नामक एक बाल पत्रिका में छपी थी। तब वे मात्र बारह वर्ष की थीं। इसके बाद वे मालवीय जी की सलाह पर पढ़ने के लिए अपनी बड़ी बहन जयंती तथा भाई त्रिभुवन के साथ शान्तिनिकेतन भेजी गईं, जहाँ स्कूल तथा कॉलेज की पत्रिकाओं में बांग्ला में उनकी रचनाएँ नियमित रूप से छपती रहीं। गुरुदेव रवीन्द्रनाथ टैगोर उन्हें 'गोरा' पुकारते थे। उनकी इस सलाह को, कि हर लेखक को मातृभाषा में ही लेखन करना चाहिए, को शिरोधार्य कर शिवानी ने हिन्दी में लिखना प्रारम्भ किया। उनकी एक लघु रचना 'मैं मुर्गा हूँ' 1951 में 'धर्मयुग' में छपी थी। इसके बाद आई उनकी कहानी 'लाल हवेली' और तब से जो लेखन-क्रम शुरू हुआ, उनके जीवन के अन्तिम दिनों तक अनवरत चलता रहा। उनकी अन्तिम दो रचनाएँ 'सुनहुँ तात यह अकथ कहानी' तथा 'सोने दे' उनके विलक्षण जीवन पर आधारित आत्मवृत्तात्मक आख्यान हैं।

1979 में शिवानी जी को पद्मश्री से अलंकृत किया गया। उपन्यास, कहानी, व्यक्तिचित्र, बाल उपन्यास और संस्मरणों के अतिरिक्त, लखनऊ से निकलनेवाले पत्र 'स्वतन्त्र भारत' के लिए 'शिवानी' ने वर्षों तक एक चर्चित स्तम्भ 'वातायन' भी लिखा। उनके लखनऊ स्थित आवास-66, गुलिस्ताँ कॉलोनी के द्वार लेखकों, कलाकारों, साहित्य-प्रेमियों के साथ समाज के हर वर्ग से जुड़े उनके पाठकों के लिए सदैव खुले रहे। 21 मार्च, 2003 को दिल्ली में 79 वर्ष की आयु में उनका निधन हुआ।

AF798576

शिवानी

जालक

राधाकृष्ण पेपरबैक्स

राधाकृष्ण पेपरबैक्स में
पहला संस्करण : 2007
तीसरा संस्करण : 2016

राधाकृष्ण पेपरबैक्स : उत्कृष्ट साहित्य के जनसुलभ संस्करण

राधाकृष्ण प्रकाशन प्राइवेट लिमिटेड
7/31, अंसारी मार्ग, दरियागंज
नई दिल्ली-110 002
द्वारा प्रकाशित

शाखाएँ : अशोक राजपथ, साइंस कॉलेज के सामने, पटना-800 006
पहली मंजिल, दरबारी बिल्डिंग, महात्मा गांधी मार्ग, इलाहाबाद-211 001
36 ए, शेक्सपियर सरणी, कोलकाता-700 017

वेबसाइट : www.radhakrishnaprakashan.com
ई-मेल : info@radhakrishnaprakashan.com

बी.के. ऑफसेट
नवीन शाहदरा, दिल्ली-110 032
द्वारा मुद्रित

मूल्य : ₹ 150

JALAK
by Shivani

ISBN : 978-81-8361-155-8

जालक

एक

कभी-कभी अचानक ही विधाता हमें ऐसे विलक्षण व्यक्तित्व से मिला देता है, जिसे देख स्वयं अपने जीवन की रिक्तता बहुत छोटी लगने लगती है। हमें तब लगता है कि भले ही उस अन्तर्यामी ने हमें जीवन में कभी अकस्मात् अकारण ही दंडित कर दिया हो, हमारे किसी अंग को हमसे विच्छिन्न कर हमें उससे वंचित तो नहीं किया। फिर भी हममें से कौन ऐसा मानव है, जो एकान्त में, ध्यान-स्तुति-जपार्चन के बीच अपनी विपत्ति के कठिन क्षणों में विधाता को दोषी नहीं ठहराता। मैंने कुछ समय पूर्व एक ऐसी अभिशप्त काया देखी थी, जिसे विधाता ने कठोरतम दंड दिया था, किन्तु उसे वह नतमस्तक आनन्दी मुद्रा में झेल रही थी, विधाता को कोसकर नहीं।

उसकी कोठी का अहाता एकदम हमारे बँगले के अहाते से जुड़ा था। अपनी शानदार कोठी की बरसाती में उसे पहली बार कार से उतरते देखा, तो आश्चर्य से देखती ही रह गई। कार का द्वार खुला, एक प्रौढ़ा ने उतरकर पिछली सीट से एक व्हील चेयर निकाल सामने रख दी और भीतर चली गई। दूसरे ही क्षण, धीरे-धीरे बिना किसी सहारे के, कार से एक युवती ने अपने निर्जीव निचले धड़ को बड़ी दक्षता से नीचे उतारा, फिर बैसाखियों से ही व्हील चेयर तक पहुँच उसमें बैठ गई और बड़ी तटस्थता से उसे स्वयं चलाती कोठी के भीतर चली गई। मैं फिर नित्य नियत समय पर उसका यह विचित्र आवागमन देखती और आश्चर्यचकित रह जाती—ठीक जैसे कोई मशीन बटन खटखटाती अपना काम किए चली जा रही हो।

धीरे-धीरे मेरा उससे परिचय हुआ। कहानी सुनी तो दंग रह गई। नियति के प्रत्येक कठोर आघात को अमानवीय धैर्य एवं साहस से झेलती वह बित्ते-भर की लड़की मुझे किसी देवांगना से कम नहीं लगी। मैं चाहती हूँ कि मेरी

इन पंक्तियों को उदास आँखोंवाला वह गोरा, उजला लखनऊ का मेधावी युवक भी पढ़े, जिसे मैंने कुछ समय पूर्व अपनी बहन के यहाँ देखा था। वह आई.ए.एस. की परीक्षा देने इलाहाबाद गया। लौटते समय किसी स्टेशन पर चाय लेने उतरा तो गाड़ी चल पड़ी। चलती ट्रेन में हाथ के कुल्हड़ सहित चढ़ने के प्रयास में गिरा और पहिये के नीचे हाथ पड़ गया। प्राण तो बच गए, पर दायाँ हाथ चला गया। उसी विच्छिन्न भुजा के साथ-साथ धीरे-धीरे वह मानसिक सन्तुलन भी खो बैठा। पहले दुख भुलाने के लिए नशे की गोलियाँ खाने का बदअभ्यास पाला और अब नूरमंजिल की शरण गही है। केवल एक हाथ को खोकर ही उसने हथियार डाल दिए। इधर चन्द्रा, जिसका निचला धड़ है निष्प्राण मांसपिंडमात्र, सदा उत्फुल्ल है; चेहरे पर विषाद की एक रेखा भी नहीं, बुद्धि-दीप्त आँखों में अदम्य उत्साह, प्रतिपल-प्रतिक्षण भरपूर जीने की उत्कट जिजीविषा, और फिर कैसी-कैसी महत्त्वाकांक्षाएँ!

"मैडम, आप लखनऊ जाते ही क्या मुझे ड्रग रिसर्च इंस्टिट्यूट से पूछकर यह बताने की कृपा करेंगी कि क्या वहाँ आने पर मेरे विषय में माइक्रोबायोलॉजी से सम्बन्धित कुछ सामग्री मिल सकेगी?"

"मैडम आप कह रही थीं कि आपके दामाद हवाई के ईस्ट वेस्ट सेन्टर में हैं। क्या आप उन्हें मेरा बायोडाटा भेजकर पूछ सकेंगी कि मुझे वहाँ की कोई फैलोशिप मिल सकती है?"

यहाँ कभी सामान्य-सी हड्डी टूटने पर या पैर में मोच आ जाने पर ही प्राण ऐसे कंठागत हो जाते हैं, जैसे विपत्ति का आकाश ही सिर पर टूट पड़ा है। और इधर, यह लड़की है कि पूरा निचला धड़ ही सुन्न है, फिर भी बोटी-बोटी फड़क रही है। ऊँची नौकरी की एक ही नीरस करवट में उसकी प्रतिभा निरन्तर डूबती जा रही है। सम्प्रति वह आई.आई.टी. मद्रास में काम कर रही है। जन्म के 18वें महीने ही जिसकी गरदन के नीचे पूरा शरीर पोलियो ने निर्जीव कर दिया हो, उसने किस अद्भुत साहस से नियति को अँगूठा दिखा, अपनी थीसिस पर डॉक्टरेट ली होगी!

"मैडम, मैं चाहती हूँ कि कोई मुझे सामान्य-सा सहारा भी न दे। आप तो देखती हैं, मेरी माँ को मेरी कार चलानी पड़ती है। मैंने इसी से एक ऐसी कार का नक्शा बनाकर दिया है, जिससे मैं अपने पैरों के निर्जीव अस्तित्व को भी सजीव बना दूँगी। यह देखिए, मैंने अपनी 'लैब' में भी अपना संचालन कैसा सुगम बना लिया है। मैं अपना सारा काम अब स्वयं निबटा लेती हूँ।"

उसने मुझे तस्वीरें दिखाईं। समस्त सामग्री उसके हाथों की पहुँच तक ऐसे धरी थी कि निचला धड़ ऊपर उठाए बिना ही वह मनचाही सामग्री मेज पर उतार सकती थी। किन्तु उसकी आज की इस पटुता के पीछे है एक सुदीर्घ कठिन अभ्यास की यातनाप्रद भूमिका। स्वयं डॉ. चन्द्रा के प्रोफेसर के शब्दों में, "हमने आज तक दो व्यक्तियों के सम्मिलित रूप में नोबल पुरस्कार पाने के ही विषय में सुना था, किन्तु आज हम शायद पहली बार इस पी-एच.डी. के विषय में भी कह सकते हैं।" देखा जाए तो यह डॉक्टरेट भी संयुक्त रूप से मिलनी चाहिए। डॉ. चन्द्रा और उनकी अद्‌भुत साहसी जननी श्रीमती टी. सुब्रह्मण्यम् को। पचीस वर्ष तक इस सहिष्णु महिला ने पुत्री के साथ-साथ कैसी कठिन साधना की और इस साधना का सुखद अन्त हुआ 1976 में, जब चन्द्रा को डॉक्टरेट मिली माइक्रोबायोलॉजी में। विषय था, ऑक्जलेट एंड फॉरमेट डीकम्पोजिंग बैक्टीरिया। अपंग स्त्री-पुरुषों में, इस विषय में डॉक्टरेट पानेवाली डॉ. चन्द्रा प्रथम भारतीय हैं।

"जब इसे सामान्य ज्वर के चौथे दिन पक्षाघात हुआ तो गरदन के नीचे इसका सर्वांग अचल हो गया। भयभीत होकर हमने इसे बड़े से बड़े डॉक्टर को दिखाया। सबने एक स्वर में कहा, 'आप व्यर्थ पैसा बरबाद मत करिए। आपकी पुत्री जीवन-भर केवल गरदन ही हिला पाएगी। संसार की कोई भी शक्ति इसे रोगमुक्त नहीं कर सकती।' " सहसा श्रीमती सुब्रह्मण्यम् का कंठ अवरुद्ध हो गया, फिर वह धीमे स्वर में मुझे बताने लगीं, "मेरे गर्भ में तब इसका भाई आ गया था। इसके भयानक अभिशाप के बावजूद मैंने कभी विधाता से यह नहीं कहा कि प्रभो, इसे उठा लो, इसके इस जीवन से तो मौत भली है! मैं निरन्तर इसके जीवन की भीख ही माँगती रही। केवल सिर हिलाकर यह इधर-उधर देख-भर सकती थी। न हाथों में गति थी, न पैरों में; फिर भी मैंने आशा नहीं छोड़ी। एक आर्थोपेडिक सर्जन की बड़ी ख्याति सुनी थी, वहीं ले गई।

" एक वर्ष तक कष्टसाध्य उपचार चला और एक दिन स्वयं ही इसके ऊपरी धड़ में गति आ गई, हाथ हिलने लगे, नन्हीं उँगलियाँ मुझे बुलाने लगीं। निर्जीव धड़ को मैंने सहारा देकर बैठना सिखा दिया। पाँच वर्ष की हुई, तो मैं ही इसका स्कूल बनी।"

मेधावी पुत्री की विलक्षण बुद्धि ने फिर उन्हें चमत्कृत कर दिया, सरस्वती स्वयं ही जैसे आकर जिह्वाग्र पर बैठ गई थी। बंगलौर के प्रसिद्ध माउंट कारमेल

में उसे प्रवेश दिलाने में उन्हें कान्वेंट द्वार पर लगभग धरना ही देना पड़ा।

"नहीं मिसेज सुब्रह्मण्यम्," मदर ने कहा, "हमें आपसे पूरी सहानुभूति है, पर आप ही सोचिए, आपकी पुत्री की व्हील चेयर लेकर कौन पूरे क्लास रूम में घुमाता फिरेगा?"

"आप चिन्ता न करें मदर, मैं हमेशा उसके साथ रहूँगी।" और फिर पूरी कक्षाओं में अपंग पुत्री की कुर्सी को परिक्रमा में स्वयं घुमाती वे पीरियड-दर-पीरियड उसके पीछे खड़ी रहतीं। प्रत्येक परीक्षा में सर्वोच्च स्थान प्राप्त कर चन्द्रा ने गोल्ड मेडल जीते। बी.एस-सी. किया, प्राणिशास्त्र में एम.एस-सी. में प्रथम स्थान प्राप्त किया और बंगलौर के प्रख्यात इंस्टिट्यूट ऑफ साइंस में अपने लिए स्पेशल सीट अर्जित की। केवल अपनी निष्ठा, धैर्य एवं साहस से पाँच वर्ष तक प्रोफेसर सेठना के नीचे शोधकार्य किया। इसी बीच माता-पिता ने पेन्सिलवानिया से व्हील चेयर मँगवा दी, जिसे डॉ. चन्द्रा स्वयं चलाती हुई पूरी लैब में बड़ी सुगमता से घूम सकती थी। कैलियर क्रचेज, ऐलबो क्रचेज, लेदर जैकेट के कठिन जिरहबख्तर में कसी उस हँसमुख लड़की को देख मुझे युद्धक्षेत्र में डटे राणा साँगा का ही स्मरण हो आता था। क्षत-विक्षत शरीर में घावों के असंख्य चिह्न, किन्तु मंडित भव्य मुद्रा।

"मैडम, आप तो लिखती हैं, मेरी ये कविताएँ देखिए। कुछ दम है क्या इनमें?"

मैंने जब वे कविताएँ देखीं, तो आँखें भर आईं। जो उदासी उसके चेहरे पर कभी नहीं आने पाई, वह अनजाने ही उसकी कविता में छलक आई थी। फिर उसने अपनी कढ़ाई-बुनाई के सुन्दर नमूने दिखाए। लड़की के दोनों हाथ जैसे दोनों पैरों का काम भी करते हों, निरन्तर मशीनी खटखट में चलते रहते हैं। जर्मन भाषा में माता-पुत्री दोनों ने मैक्समूलर भवन से विशेष योग्यता सहित परीक्षा उत्तीर्ण की। गर्ल-गाइड में राष्ट्रपति का गोल्ड कौर्ड पानेवाली वह प्रथम अपंग बालिका थी। यही नहीं, भारतीय एवं पाश्चात्य संगीत दोनों में उसकी समान रुचि है। अपने अलबम को अपनी निर्जीव टाँगों पर रख वह मुझे अपने चित्र दिखाने लगी। पुरस्कार ग्रहण करती डॉ. चन्द्रा, प्रधानमन्त्री के साथ मुस्कराती खड़ी डॉ. चन्द्रा, राष्ट्रपति को सलामी देती बालिका चन्द्रा, और व्हील चेयर में लेदर जैकेट में विभिन्न बैसाखियों का सहारा लेकर अपनी डॉक्टरेट ग्रहण करती डॉ. चन्द्रा।

"मेरी बड़ी इच्छा थी, मैं डॉक्टर बनूँ। अपंग डॉ. मेरी वर्गीज के सफल

जीवन की कहानी पढ़ चुकी थी। परीक्षा में सर्वोच्च स्थान प्राप्त करने पर भी मुझे मेडिकल में प्रवेश नहीं मिला। कहा गया, मेरा निचला धड़ निर्जीव है, मैं एक सफल शल्य-चिकित्सक नहीं बन पाऊँगी।'' किन्तु डॉ. चन्द्रा के प्रोफेसर के शब्दों में, ''मुझे यह कहने में रंचमात्र भी हिचकिचाहट नहीं होती कि डॉ. चन्द्रा ने विज्ञान की प्रगति में महत् योगदान दिया है। चिकित्सा ने जो खोया है, वह विज्ञान ने पाया।''

चन्द्रा के अलबम के अन्तिम पृष्ठ में है उसकी जननी का बड़ा-सा चित्र, जिसमें वे जे.सी. बंगलौर द्वारा प्रदत्त एक विशिष्ट पुरस्कार ग्रहण कर रही हैं—'वीर जननी' (Valiant Mother) का पुरस्कार। बहुत बड़ी-बड़ी उदास आँखें, जिनमें स्वयं माँ की व्यथा भी है और पुत्री की भी, अपने सारे सुख त्यागकर नित्य छाया बनी पुत्री की पहिया-लगी कुर्सी के पीछे चक्र-सी घूमती जननी की व्यथा, नाक के दोनों ओर हीरे की दो जगमगाती लौंगें, पृथुल अधरों पर विजय का उल्लास, जूड़े में पुष्पवेणी! मेरे कानों में उस अद्भुत साहसी जननी शारदा सुब्रह्मण्यम् के शब्द अभी भी जैसे गूँज रहे हैं, 'ईश्वर सब द्वार एकसाथ बन्द नहीं करता। यदि एक द्वार बन्द करता भी है, तो दूसरा द्वार खोल देता है।'

दो

बहुत वर्ष पूर्व काठगोदाम से लखनऊ की यात्रा में एक सुरुचिपूर्ण सहयात्री का साहचर्य मुझे थमा गया था दक्ष पाककला की एक अपूर्व कुंजी जिसे अंग्रेज़ी में कहते हैं 'मास्टर की'। आज वे नहीं रहे, किन्तु जब कभी कोई अतिथि मेरे हाथ की बनी किसी भोज्य सामग्री की प्रशंसा करता है, तो मैं उस सहयात्री का बड़ी कृतज्ञता से स्मरण करती हूँ।

सुस्वादु भोजन की सृष्टि एवं सुस्वादु कहानी की सृष्टि में मुझे बहुत साम्य लगता है, सधी आँच, चरमोत्कर्ष के उस केन्द्रबिन्दु तक भूँजना—न कम न ज्यादा—और समय पर आँच से उतार, कुछ देर दम पर पकने छोड़ देना! उतावली में पकाया गया भोजन हो या उतावली में पकी कहानी—भले ही लाख लटकों से सँवारे जाएँ, कभी हृदय से निकली 'वाह!' का सुख स्रष्टा को नहीं दे सकते।

जहाँ तक मुझे स्मरण है, वे नैनीताल से शाहजहाँपुर जा रहे थे और मैं

आकाशवाणी के एक प्रोग्राम में भाग लेने लखनऊ आ रही थी। किसी भी यात्री का सामान, उसके रेल के डिब्बे में आने से पूर्व ही, उसका परिचय दे जाता है। ऐसा ही परिचय मुझे उस दिन भी उनके आने से पहले मिल गया था। क्रोम लेदर का सूटकेस, वैसा ही सुघड़ और कायदे से बँधा बिस्तरबन्द, यह नहीं कि जाड़े के अन्य बिस्तरबंदों की भाँति, बकरा खाए अज़दहे-सा, पेट फुलाए बेशरमी से डिब्बे में घुसा चला आ रहा हो! चाँदी की सुराही और पुरानी पीढ़ी का छः-मीनारी टिफिन कैरियर, जो अब देखने को भी नहीं मिलता। तब उसका भीमकाय कलेवर देखकर ही भूख लगने लगती थी।

स्वामी के आने से पूर्व ही एक नौकर बड़े सलीके से बर्थ पर उनका बिस्तर लगा गया। आयरिश लिनन की चादर, फेदर पिलो, क्विलटेड सकरपारे की रेशमी रजाई और तकिये के नीचे सुदीर्घ शिकार-टार्च। फिर आए स्वयं कुँअर साहब, इकबर्रा पाजामा, मलमल का दुग्ध-धवल कुरता, आँखों पर सुनहली कमानी का चश्मा, हाथ में मोनोग्राम-अंकित चाँदी का सिगरेट केस। व्यक्तित्व सम्पन्न प्रौढ़ चेहरे पर पीढ़ियों के आभिजात्य की खाँटी शालीनता थी। र ट से पाँच का नोट कुली को थमाया। (यह तब की बात है, जब यात्री से कभी-कभार एक रुपया पाने पर ही भारतीय रेल का यह तत्कालीन अल्पसन्तोषी कर्मचारी कृतज्ञता से दोहरा हो जाया करता था। अब तो यह व्यवसायपटु भारवाहक पाँच रुपया अपना जन्मसिद्ध अधिकार मानने लगा है।)

कुली का कृतज्ञ फर्शी सलाम ग्रहण कर कुँअर साहब हाथ का अंग्रेज़ी उपन्यास खोल लेट गए। न सहयात्री को देखने का कौतूहल, न अनावश्यक जिज्ञासा, न निरर्थक अशिष्ट कनखियों की ताक-झाँक। बैरा आकर बड़े अदब से खाने के लिए पूछ गया था। "खाना हमारे साथ है," संक्षिप्त-सा उत्तर देकर कुँअर साहब ने फिर किताब खोल ली थी।

खाना तो मेरे साथ भी था; किन्तु कुँअर साहब के कुतुबमीनारी नाश्तेदान को देखती, तो मुझे अपने छोटे-से कटोरदान की अल्पज्ञता चुभने लगती। ट्रेन के साथ उनके डोंगेनुमा टिफिन कैरियर के डिब्बे भी हिचकोले लेते, अपनी क्षीण दरारों से मादक खुशबू की पिचकारियाँ छोड़ने लगे थे। निश्चय ही कुँअर साहब अच्छा-खासा राजसी भोज साथ लेकर चले थे। वह तामसी सुगन्ध निश्चय ही मांस की थी। मैं दुविधा में थी कि क्या करूँ। इससे पहले कि वह महिमामय नाश्तादान खुले, क्यों न मैं अपना पूड़ी-आलू का निरीह डिनर निबटा लूँ? पर यदि ऐसा किया भी तो खाने से पूर्व सामान्य शिष्टाचारवश, सहयात्री

से भी आतिथ्य ग्रहण करने का आग्रह करना पड़ेगा। यदि कहूँ तो किस मुँह से? कैसे वह जनू छुंके घोर अहिंसात्मक आलू-पूड़ी उनकी ओर बढ़ा दूँ!

मैं सोचने में ही थी कि लालकुआँ आ गया। साथ ही आया उनका वह सलीकेदार भृत्य। और फिर जिस फुरती से उसने स्वामी का नैशभोज सजाया, प्लेट-काँटे-चम्मच खनखनाए, रूमाल में लिपटी हाथी के कान-सी चपातियाँ निकालीं, उसे देख मैं अपनी भूख भूल-बिसर गई।

कुँअर साहब ने तो मुझे नहीं पहचाना। पहचानते भी कैसे? एक-दो बार मैंने उन्हें अपनी ननिहाल में मामा के साथ ब्रिज खेलते देखा था, और एक-दो बार बड़े भाई की शिकार-पार्टी में, किन्तु मैंने उन्हें देखते ही पहचान लिया। मैं बड़े संकोच से अपना कटोरदान खोलने लगी, तो उन्होंने कहा, "क्षमा कीजिएगा, यदि आपको आपत्ति न हो तो मेरे साथ बहुत खाना रखा है। मुझे बड़ी प्रसन्नता होगी यदि आप मेरा साथ दें। पर आप कहीं निरामिषभोजी तो नहीं हैं?" मैं एक बार फिर धर्मसंकट में पड़ गई। मायके में सामिषभोजी थी, किन्तु ससुराल थी कट्टर निरामिष पंतों में, जहाँ मांस तो दूर, प्याज का छिलका भी चौके में दिख जाए तो हुक्का-पानी बन्द!

इस बीच उन्होंने स्वयं ही पहचान लिया। "अरे, तुम टी.के. की बहन तो नहीं हो?"

"जी हाँ।" मैंने कहा।

"अरे, तब फिर मांस का कैसा परहेज! आओ-आओ, आज हमने बड़े चाव से मोर का गोश्त बनवाया है।"

और फिर जिस स्नेह से उन्होंने स्वयं एक-एक बोटी का चयन कर मुझे खिलाया, बड़े भाई के मित्र नहीं, स्वयं बड़े भाई ही खिला रहे हैं। न वह मुझे पहचानते, न विशुद्ध घृत में पंचतत्त्व को प्राप्त उस मयूर का मांस खाने का सौभाग्य ही मुझे प्राप्त होता।

"क्यों, कभी पहले मोर का मांस खाया है? इसलिए पूछ रहा हूँ कि इसे खाने का अभ्यास न हो तो यह पहले-पहल कड़वा लगता है—यू हैव टु कल्टिवेट ए टेस्ट फार इट?"

"जी, खाया है।" मैंने कहा।

ओरछा महाराज की दावत में जब पहली बार यह मांस खाया, तो लगा कि टर्की और जलमुर्गी के बहुचर्चित मांस को भी म्लान करने में एक यही मांस समर्थ है—जीभ पर धरते ही गलकर बताशा। उस पर महाराज का

गोवानीज खानसामा जॉन उसे बनाता भी था सौ नखरों के साथ। पहले सारी रात उसकी पंखहीन काया सिरका-सिक्त करके रख देता, फिर उसे गहरे घी में मन्दी आँच पर भूनता। भूनने में फिर वही सतर्कता कि कहीं आवश्यकता से अधिक गल न जाए। कुँअर साहब के खानसामे ने भी उस दिन मयूर-पाककला में कलछुल तोड़कर रख दी थी।

"पसन्द आया?" कुँअर साहब ने पूछा।

"जी हाँ, बहुत।"

"देखो बिटिया, अच्छा गोश्त पकाने में विशुद्ध घी, मसाले, भारी देगची, अच्छी आँच के अलावा जिस सबसे बड़ी चीज का होना जरूरी है, वह क्या है, जानती हो?"

"जी नहीं।"

"धैर्य," उन्होंने हँसकर कहा, "जिसमें धैर्य नहीं है, जो हबड़-दबड़ में चटपट इन्स्टेंट डिश तैयार करना चाहता है, वह कभी अच्छा खाना नहीं पका सकता..."

कैसी ठीक बात कही थी उन्होंने—आज जब तंगम फिलिप, श्रीमती कपूर, दर जैसे पाक-पंडितों-पंडिताइनों की 'इंडियन कुकरी' या 'कश्मीरी डेलिकेसीज़' आदि पुस्तकें पढ़ती हूँ, तो ट्रेन के उस संक्षिप्त सफर में अनायास अर्जित उस लाख टके की सीख का स्मरण हो आता है।

आज हम कहते हैं कि कैसा जमाना आ गया है, न खाने में वह स्वाद रह गया है, न गोश्त में, न सब्जियों में। ऐसा कहना हमारी बहुत बड़ी भूल है। सब्जियाँ भी वही हैं, भारी-भरकम देगचियाँ भी उपलब्ध हैं, पुष्ट बकरे या हिरन या मोर के स्वास्थ्य में भी कोई गिरावट नहीं आई। सधी आँच भी वही है। पर नहीं है धैर्य। यह इन्स्टैंट डिशेज का युग है। इन्स्टैंट चिकन-करी, कैण्ड सूप, कैण्ड कीमा, इन्स्टैंट गुलाबजामुन, जलेबी, दोसा, इडली—सब उपलब्ध हैं। चट खरीदिए और पट बनाइए। पर बिना हींग-फिटकरी के हम चोखा रंग भले ही ले आएँ, वह स्वाद कभी नहीं ला सकते।

आज समय की गति इतनी तीव्र है कि भारी देगची में बोटियाँ या दाल गलाने का प्रश्न ही नहीं उठता। किन्तु कभी-कभी दुःख होता है उस पीढ़ी के लिए, जिसकी जिह्वा उन अपूर्व भोज्य सामग्रियों के स्वाद से अनभिज्ञ ही रह जाएगी, जिनका रसास्वादन कभी हमने किया है। जिसकी अभिज्ञता ने हमारी चिन्तनशक्ति को स्वस्थ और प्रखर बनाया है। इसमें कोई सन्देह नहीं कि

अच्छा खाया-पिया, अच्छा ओढ़ा-पहना कभी व्यर्थ नहीं जाता; परितृप्त जिह्वा निश्चित रूप से मस्तिष्क को भी परितृप्त कर कुंठा, हीनभावना, संकोच, आत्मग्लानि का समस्त कूड़ा-करकट सदा के लिए बुहार देती है।

वे आठों प्रकार के मांस-मृग, विष्किर, प्रतुद, बिलेशय, प्रसह, महामृग, जलचारी, मत्स्य, जिनके भोज्य प्रकारों की एक विशिष्ट भारतीय परम्परा रही है—अब धीरे-धीरे भारतीय जिह्वा से ही अनजान बनते जा रहे हैं।

सम्राट् अशोक को मयूर-मांस अत्यन्त प्रिय था। कलिंग युद्ध के बाद जीवहत्या बन्द हो जाने पर भी सम्राट् इस मांस का मोह नहीं त्याग पाए। उनके लिए नित्य दो मोर और एक हिरन का मांस तैयार किया जाता था।

मोर के मांस को 'नातिपथ्य' कहा गया है। 'नातिपथ्यः शिखी पथ्यः श्रोत्रस्वरवयोदृशाम्' । उसे कान, स्वर, आयु और नेत्र के लिए अत्यन्त गुणकारी माना गया है।

मुझे महाराज ओरछा का वह स्नेहसिक्त आतिथ्य स्मरण हो आता है, जब यही दुर्लभ मांस पकवाकर उन्होंने मुझे विदाभोज पर बुलाया था। उनकी पुत्री सुधाराजा मेरी बालसखी थीं, और उन्हें मेरी मांस-विषयक दुर्बलता ज्ञात थी। इसी से शायद ही कोई ऐसा चर्चित मांस रह गया हो, जिसे उन्होंने न पकवाया हो। चूजों का सूप था, बटेर का शोरबा, तीतर, कश्मीरी चॉप, पसंदा, सीख-कबाब, बिरयानी और शाही मुर्ग।

"इतना सब क्यों बनवाया सुधा?" मैंने कहा।

"अरी, अब तो तू पंडितों में जा रही है," महाराज ने हँसकर कहा था, "वहाँ ये सब कहाँ खाएगी? इसी से सुधा ने खुद अटाले में खड़ी होकर सब तेरी मनपसन्द चीजें बनवाई हैं।"

"मुझे तो सब गोश्त पसन्द हैं महाराज, गाय और साँप को छोड़कर मैं सब खा सकती हूँ।"

"और मैं तुझसे दो कदम आगे हूँ," वीरसिंह जू देव ने गम्भीर स्वर में कहा था, "मैं उड़ती चीजों में पतंग और चौपायों में मेज को छोड़ सबकुछ खा सकता हूँ!"

तीन

कभी-कभी लगता है कि हमारे हिन्दू शास्त्रों के संस्कार-सम्बन्धी विधि-विधानों में अब अनेक महत्त्वपूर्ण संशोधनों का होना अत्यन्त आवश्यक हो उठा है, विशेषकर जब नारी अपनी समानाधिकार की यात्रा में पूर्ण रूप से सफल रही है, तब अतीत की लकीरों को पीटना काफी हास्यास्पद लगता है। हिन्दू शास्त्र का नारी के प्रति दृष्टिकोण कभी भी उदार नहीं रहा, यहाँ तक कि कुछ शब्दों का उच्चारण भी उसकी जिह्वा के लिए वर्जित घोषित कर दिया गया।

मुझे याद है अपने कट्टर सनातनी पितामह की, मुझे प्रत्येक एकादशी पर विष्णु सहस्रनाम सुनते-सुनते कंठस्थ हो गया था, किन्तु आरम्भ में ही 'ॐ विश्वं विष्णु वषट्कारो' के पूर्व मुझे उनका नित्य कठोर आदेश मिलता कि ॐ को कंठ ही में घुटक लूँ, प्रणव मन्त्र का उच्चारण नारी के लिए वर्जित है। ऐसे ही प्रत्येक श्रावण में जब गृह के पुरोहित रुद्रीपाठ करते तो मुझे उनका वह विशिष्ट छन्दबद्ध विलम्बित मंत्रोच्चारण बहुत अच्छा लगता था।

एक दिन मैं उनकी अविकल नकल करती उस छन्द को अपने कंठ में उतार अपनी आवृत्ति से स्वयं मुग्ध हो रही थी कि पितामह ने बुरी तरह झकझोर दिया, "अरे, करती क्या है! मूर्ख लड़की, लड़कियाँ रुद्रीपाठ नहीं करतीं।" जिस एक अन्य महत्त्वपूर्ण अधिकार से निरीह नारी को वंचित किया गया है, वह है श्राद्ध सम्पन्न करने का अधिकार। कौन हिन्दू नारी भला पिंडदान, श्राद्ध, तर्पण करने की धृष्टता कर सकती है? भले ही वह सन्तानहीना हो, किसी दूर से दूर सम्पर्क के आत्मीय के चरणों में लोट उसके दस नखरे सह उससे ही यह श्राद्ध करवाने के लिए उसे बाध्य होना पड़ता है, चाहे उस कार्य को निबटाने में उस आत्मीय की सामान्य-सी श्रद्धा भी न हो।

क्या वह स्वयं इस कार्य को अधिक समर्पित भावना से सम्पन्न नहीं कर सकती? नहीं, हिन्दू धर्म के धर्मनीतिज्ञ उसके इस प्रस्ताव को सुनते ही उसे लाठी लेकर दूर भगा देंगे।

स्वयं मुझे ही इसका अनुभव कुछ दिनों पूर्व हुआ जब मैं उनके दिग्गज धर्मवागीशों के सम्मुख अपना एक ऐसा ही धृष्ट प्रस्ताव लेकर गई। पुत्र का यज्ञोपवीत नहीं हुआ, पति के श्राद्ध की तिथि निकट आते ही अपनी विवशता का भिक्षापात्र लिए मुझे इधर-उधर गिड़गिड़ाना पड़ता है, इसी से इस बार दृढ़ संकल्प किया कि जैसे भी हो, स्वयं गया जाकर वहाँ की प्रेतशिला पर स्वयं

यह कार्य सम्पन्न करूँगी। सुना है, वहाँ पर दिया गया पिंडदान पाकर परलोक के यात्री फिर इहलोक के यात्रियों से कोई कैफियत नहीं माँगते, पूर्ण रूप से परितृप्त होकर मुक्त हो जाते हैं।

सौभाग्य से, मगध विश्वविद्यालय के कुलपति मेरे मित्र थे, उस अत्यन्त विनम्र विद्वान सुहृद् से ही मैंने अनुरोध किया, "पूछकर मुझे सूचित करें क्या मैं स्वयं पति का श्राद्ध कर सकती हूँ?"

"नहीं," उनका उत्तर आया, "ब्राह्मण की सहायता से भी आप पति का श्राद्ध नहीं कर सकतीं। आप स्त्री हैं, इसी से आपको यह अधिकार नहीं है, चार-पाँच दिन की छुट्टी दिलाकर पुत्र को ले आइए, बिना तूलतबीले के यहीं जनेऊ कर उसी से श्राद्ध करवाइए। पिता का श्राद्ध पुत्र ही कर सकता है, यही शास्त्रसम्मत है और यही उचित भी है।"

किन्तु पुत्र को यदि छुट्टी मिल भी जाए, तो जहाँ तक मुझे ज्ञात है, यज्ञोपवीत होते ही बिना दिशा पलटे उसका श्राद्ध करना भी वर्जित है। आज के इस तीव्र गति से भागते युग में उनकी नौकरी कितने पुत्रों को दिशा पलटने का अवकाश दे सकती है! फिर, यात्रा के इस ह्रस्व प्रत्यावर्त्तन में भी यात्रा का खर्चा क्या सहज ही में उठाया जा सकता? फिर जैसी कठिन यात्राएँ हो उठी हैं, मार्ग ही में किसी ट्रेन दस्यु की कभी भी श्राद्ध करनेवाले की ही कपाल-क्रिया कर स्वयं उसे तत्काल पिंडदान देने की भयावह सम्भावना सदा बनी रहती है।

किन्तु, आप भले ही अकाट्य तर्कों की पोटली खोलकर रख दें, पुत्र के रहते न पत्नी श्राद्ध कर सकती है न पुत्री, जामाता। भले ही, इस युग के अधिकांश होनहार पुत्र पिता की जीवनावस्था में ही, अपने कलुषित आचरण से उनका तर्पण कर उन्हें अदृश्य पिंड दान दे दें, इसकी चिन्ता हमारे हिन्दू धर्म को नहीं रहती। यद्यपि मृत्यु से पूर्व गया जाकर स्वयं अपना श्राद्ध करा पारलौकिक आरक्षण की सुचारु व्यवस्था हमारे शास्त्रों ने कर दी है। समझ में नहीं आता कि जिस धर्म में मृत्युपूर्व स्वयं अपने हाथों अपनी प्रेतशैया सजाने की ऐसी सुन्दर व्यवस्था है, वहीं ऐसा कठोर नियम कैसा?

क्या आज की पुत्री किसी दृष्टि में पुत्र से कुछ कम है? यदि देखा जाए तो माता-पिता के लिए जैसी प्रगाढ़ ममता, अनोखा लगाव एवं स्पृहणीय भक्ति पुत्री के हृदय में होती है, उसका शतांश भी, विवाह पश्चात्, पुत्र के हृदय में नहीं रहता, भले ही यह कटु सत्य सुनने में तिक्त निबौरी-सा ही कड़ुवा लगे,

किन्तु सप्तपदी के सात फेरे जितनी तेजी से अंचल ग्रन्थि में बँधे पुत्र का हृदय फेर उसे निर्लज्ज, दलबदलू बना देते हैं, उतनी तेजी से शायद आज के मन्त्रियों का हृदय भी नहीं बदलता। यह बात अलग है कि अपवाद इस क्षेत्र में भी है, किन्तु उन मुट्ठी-भर पितृमान् भक्त श्रवण-कुमारों को अब दीया जलाकर ढूँढ़ना पड़ता है। यही कारण है कि अधिकांश असहाय जोड़े जीवन-संध्या पुत्रीगृह की स्निग्ध छाया में ही बिता अधिक सुरक्षित अनुभव करते हैं, किन्तु मृत्यु पश्चात् हिन्दू धर्म एक बार फिर उनकी निष्प्राण देह के सिरहाने श्मशानघाट के हृदयहीन चांडाल की तत्परता से घाट का चन्दा वसूलने मृत देह को कोंचने लगता है। पुत्र नहीं है तो मुखाग्नि कौन देगा, पिंडदान कौन करेगा, क्रिया कौन करेगा?

यदि दुर्भाग्य से पंचगति को प्राप्त देह किसी निःसन्तान की है तो समस्या और जटिल हो जाती है। यदि पुत्री है तो वह भी विवश है। तार देकर आत्मीय स्वजनों से अनुरोध किया जाता है कि वे क्रिया करें।

मैं ऐसी पुत्री की व्यथा भी स्वचक्षुओं से देख चुकी हूँ। जीवन-भर उसने असहाया रुग्णा जननी की निष्कपट सेवा की, किसी भी परिस्थिति में पुत्र के कठिन कर्तव्य से विमुख नहीं हुई, किन्तु अन्त समय आया तो परमुखापेक्षिणी बन गई। भले ही वह हरिद्वार, कनखल का पूरा खर्चा सहर्ष उठा ले, घुटनों तक धोती पहन सिर तो नहीं घुटा सकती!

यह कहाँ का न्याय है, पुत्री यदि जननी या जनक की सेवा में पुत्र के रहने या न रहने पर उसका स्थान ले सकती है तो मृत्यु पश्चात् उसकी स्थिति क्यों इतनी दयनीय बन उठती है?

अभी मद्रास में मेरा परिचय एक ऐसे परिवार से हुआ, जहाँ तीन-तीन पुत्र ऊँची नौकरियों पर हैं, एक कुवैत में, दूसरा मलेशिया में, तीसरा भारत की प्रशासकीय सेवा में। तीनों की पत्नियाँ फर्राटे से अंग्रेज़ी बोलती हैं। जिनकी फिल्म तारिकाओं की-सी सज्जा ने उनके यौवन को सयाने पुत्र-पुत्री होने पर भी उनकी मुट्ठी में बन्द रखा है। आए दिन आकाश में पति की सहयात्रिणी बनी चील-सी पर फड़फड़ाती उड़ती रहती हैं, किन्तु वृद्धा जर्जर जननी रहती है अविवाहिता पुत्री के साथ। बेचारी की नौकरी बहुत छोटी है, पर दिल है बहुत बड़ा। न उसे भाइयों से कोई शिकायत है न भाभियों से कोई गिला। वृद्धा माँ को अपने हाथों से नहलाती-धुलाती है, खाना पकाकर खिलाती है, अखबार पढ़कर सुनाती है। एकदम अधीर-अबोध बालिका-सी जिद्दी बन गई

माँ की हर बेतुकी फरमाइश हँस-हँसकर पूरी करती है। उसकी चिड़चिड़ी फटकार सहती है। फिर भी माँ की ममता की डोर दूर बसे प्रवासी पुत्रों के परिवार से ही संलग्न रहती है। बड़े को इडली-साम्बर का नाश्ता ही पसन्द था, पता नहीं बहू वहाँ यह सब बनाती है या नहीं? मँझला मायसोर पाक पर जान छिड़कता था, मँझली भला क्या बनाएगी, वह तो अंडा भी खुद नहीं उबालती, आया से उबलवाती है। और छोटा, वह तो उसकी दुखती रग था। कौन-कौन-सा त्याग नहीं किया था उसके लिए, बीमार पड़ा, वह भी टायफायड। सन्निपात ज्वर में आँय-बाँय बकता, उठ-उठकर बाहर नंगा भागने लगा तो तिरुपति जाकर उसने कठिन मनौती मानी थी। मृत्युंजय जाप, अन्न त्याग, तुलादान, क्या-क्या नहीं किया था, किन्तु आज उसी छोटे पुत्र की न्यायतुला के पलड़े में बैठी उसकी माँ उसके वैभव के पलड़े से बहुत हलकी सिद्ध होकर ऊपर उठी डगमगा रही थी। भारत में होकर भी उसका बेटा जैसे उसके प्रवासी बेटों-सा प्रवासी बन गया था।

दो वर्षों से अभागे का मुँह देखने के लिए तरस गई थी बेचारी। पुत्री ही अब उसका पुत्र थी, पर पुतलियाँ पलटेगी तो वे ही पुत्र उसे पिंडदान देने के अधिकारी होंगे। बहुएँ मन ही मन भुनभुनाएँगी, इतना खर्चा होगा, कौन मानता है अब यह सब ढकोसला? शायद माँ की मृत्यु के अशौच से मलिन तीनों के सँवरे केशगुच्छ, मूँछें और प्रभावशाली गलमुच्छे भी यथावत बने रहेंगे, किन्तु माँ के लिए कलपती पुत्री को हमारा हिन्दू शास्त्र श्राद्ध-तर्पण करने की अनुमति कदापि नहीं देगा।

गुजराती के कवि विपिन पारिख की एक अत्यन्त मार्मिक कविता 'विपर्यय' मुझे बार-बार याद हो आती है—

पिता जब नहीं रहते
और माँ जब वृद्धा होती चली जाती है

तब एक ही प्रश्न उसकी आँखों में मुखरित हो उठता है—

"क्या, मेरा यह बेटा, मेरी देखभाल कर पाएगा?
पर यह प्रश्न जिसके अधरों पर कभी नहीं आता,
वही माँ है।
जिसने मुझे फूल की तरह सैंता
मेरे डगमगाते नन्हे चरणों को साधती
जो निरन्तर तब तक मेरी छाया बनी खड़ी रही

जब तक मैंने चलना नहीं सिखा लिया,
वही माँ है।
जो मुझे सुलाने से पहले—
स्वयं कभी नहीं सोई
और आज भी, जो मेरी चिन्ता में
बार-बार नींद से चौंककर उठ बैठती है
पर मुँह से कुछ नहीं कहती—
जिसके काँपते हाथ, केवल एक ही आशंका से
ठक-ठक काँपते हैं
कि कहीं यह मेरा बेटा,
मुझे दगा तो नहीं देगा?
उसे दिलासा दे सकूँ
ऐसा एक भी शब्द मैं नहीं कह पाता—
फिर भी, जी में आता है—
अपने दोनों हाथ काट डालूँ।

चार

आज जब समाचारपत्र के एक समाचार पर दृष्टि गई तो पहले विशेष जिज्ञासा नहीं हुई। 'नौकरानी माल ऐवेन्यू में, मालकिन की पन्द्रह हजार की सम्पत्ति लेकर फरार।' ऐसे समाचार तो आजकल नित्य ही टके के बीस बिक रहे हैं। हमारी आँखों को अब लाखों की डकैतियों के ऐसे समाचार ही बाँध पाते हैं, जहाँ दुःसाहसी युवा दस्यु ढिशुम-ढिशुम कर ठेठ फ़िल्मी अन्दाज में धुआँधार दाएँ-बाएँ गोलियाँ बरसा, बैंक के किसी वरिष्ठ अधिकारी या खजांची को हाथ-मुँह बाँध गुसलखाने में बन्द कर देते हैं। गुरखा संगीनधारी प्रहरी को धाड़ से गोली दाग नन्ही बटेर-सा उड़ा देते हैं, या फिर चलती रेलगाड़ी में घुस किसी कर्मपटु कुली के सधे हाथों की सफाई से फटाफट यात्रियों की जेवर-भरी पेटियाँ खिड़की से बाहर फेंक, स्वयं हवा के तेज झोंके से उसी खिड़की से सरसराते गायब हो जाते हैं। गाड़ी फिर ऐसे चल पड़ती है और चलती रहती है, जैसे कुछ हुआ ही न हो। न दस्युओं को पकड़ने का प्रयत्न न उस अरण्य

उदधि में सदा के लिए खो गए जेवर की पेटियों के मिलने की आशा!

यह हुआ समाचार और इसे कहते हैं डकैती! दस-पन्द्रह हजार की डकैती का यह समाचार भी मुझे इसी से नगण्य लगता था, किन्तु दस्युरानी का नाम पढ़ा तो चौंकी। कहीं यह वही तो नहीं थी—श्रीमती घोष? अपना यही नाम तो उसने मुझे बताया था? यदि थी तो मैंने मन ही मन, कुछ क्षणों की परिचिता उस श्रीमती घोष को शत-सहस्र धन्यवाद दिए कि उन्होंने मुझे पुनःदर्शन देने की कृपा नहीं की। यदि देती और मैं उन्हें अपनी पुत्री के पास भेज देती तो क्या पता, उनके हाथ की सफाई का चमत्कार मुझे भी अवश बना जाता।

पिछली गर्मियों की बात है, मैं दोपहर में लेटी ही थी कि घंटी बजी। द्वार खोला तो देखा, स्वच्छ बिना किनारे की मर्दानी धोती और श्वेत ब्लाउज में एक महिला खड़ी है। हाथ में एक प्लास्टिक का झोला था। मैंने पहले सोचा, शायद साबुन, अगरबत्ती या शैंपू बेचनेवाली कोई महिला है, प्रायः ही ऐसी फेरीवालियाँ आती रहती हैं।

मैं कुछ पूछती, इससे पूर्व ही उसने हँसकर बंगला में पूछा, "आमी आशिते पारी?...क्या मैं आ सकती हूँ?" कुछ उसकी स्वच्छ वेशभूषा, कुछ उस आकर्षक हँसी का आग्रह मैं टाल नहीं पाई।

"क्या मुझसे कुछ काम है?" मैंने पूछा।

"जी हाँ, सुना, आप बहुत अच्छी बंगला बोलती हैं, इसी से इतनी दूर से आई हूँ।"

"मैं बंगला जानती हूँ, यह आप कैसे जान गईं?"

वह फिर हँसी, "मेरे मामा बाबू बंगाली क्लब में आपका शरत्चन्द्र का बंगला भाषण सुन आए थे..."

मैंने देखा, प्रौढ़ा होने पर भी उस अपरिचिता का चेहरा किसी युवती-सा कसा-फँसा था। कहीं भी एक झुर्री नहीं, नुकीले तेवर और रौबदार मुखमुद्रा, फिर भी वैधव्य की वेशभूषा जैसे उस चेहरे से मेल नहीं खा रही थी। पहली ही दृष्टि में मुझे उन बड़ी-बड़ी आँखों में भी कुछ अटपटा-सा भाव लगा था।

"मैं बड़ी दुखियारी हूँ," इसी संक्षिप्त अप्रत्याशित भूमिका के साथ सहसा वह फूट-फूटकर रोने लगी तो मैं अप्रस्तुत हो गई। "आपनार पाये पड़ी, कोथाओ ऐकटा चाकरी जोगाड़ करे दीन।...आपके पाँव पड़ती हूँ, कहीं एक नौकरी जुटा दीजिए—मैं बर्तन भी मल लूँगी, खाना बना लूँगी, कपड़े धो लूँगी, बस सम्भ्रान्त घर हो। इज्जत की भूखी हूँ, बदले में कुछ नहीं चाहिए, केवल

दो जून खाना और तन ढकने को दो जोड़ी कपड़े।''

इस युग में ऐसा उदार प्रस्ताव! जबकि बर्तन मलनेवाली महरियाँ भी कमर पर हाथ धरकर पूछने लगी हैं—क्या तनखा मिलेगी बहूजी, बर्तन मले का बीस रुपया लेब, झाड़-पोंछा करे दस अलग, कपड़ा धुलाई दस...

''कहाँ रहती तो?'' मैंने पूछा।

''लाटूश रोड में। एक दूर सम्पर्क के मामा हैं, पिता रेलवे में थे, विवाह भी एक लोको कर्मचारी से हुआ था। उसे मिरगी आती थी, रेल ही में कटकर मर गया। अब असहाय हूँ।''

''बाहर जाओगी? मेरी पुत्री चंडीगढ़ में है, वहाँ भेज सकती हूँ।'' मैंने पूछा।

'ओ माँ, जाबौ ना कैनो? निश्चय जाबो। अरी माँ, जाऊँगी क्यों नहीं, अवश्य जाऊँगी।'' उसने लपककर असीम कृतज्ञता के आवेश में मेरे दोनों हाथ झकझोर दिए, ''मैं कल ही मामा बाबू के साथ अपना सामान लेकर आ जाऊँगी। वह भी आपसे मिल लेंगे, पर एक कृपा करनी होगी...'' वह बड़े स्नेहसिक्त अधिकार से मुस्कराई।

''क्या?''

''दस रुपए यदि कृपा कर दे दें तो कल साबुन खरीद कपड़े धो-धा लूँगी, मैले कपड़े लेकर कैसे आ सकती हूँ आपके यहाँ? फिर रिक्शावाला भी लाटूश रोड से यहाँ तक के पूरे तीन रुपए लेगा...''

मैंने एक बार भी यह नहीं सोचा कि मैं एक सर्वथा अनजान महिला को दस का नोट थमा रही हूँ।

नोट थैले में डाल वह जाने को उद्यत हुई, फिर सहसा ठिठक गई, ''दयामयी, आर ऐकटा अनुरोध राखते हौबे...दयामयी, एक और अनुरोध रखना होगा, देखिए ना, पेटीकोट की क्या दुरवस्था हो गई है।'' साड़ी उठाकर उसने पैबन्द लगा जीर्ण पेटीकोट दिखाया, ''आप यदि दस रुपए और दे दें तो दो पेटीकोट सिलाती लाऊँ, मामा की लड़की सिल देगी। ऐसी अवस्था मेरी हो गई है अब कि भीख भी माँगनी पड़ रही है।'' फिर वह अपनी उन बड़ी-बड़ी गाय-सी आँखों से आँसू टपकाती सिर झुकाए खड़ी हो गई।

नारी भी नारी को कभी, कितनी सुगमता से, केवल कुछ आँसू की बूँदें टपका, अपनी तर्जनी पर नचा लेती है! मैंने दूसरा नोट भी थमा दिया। वह दिन है और आज का दिन है, श्रीमती घोष की आकर्षक श्यामल मुखश्री फिर

देखने का सौभाग्य मुझे प्राप्त नहीं हुआ। शायद उनके मैले कपड़ों की गठरी बहुत दिनों से संचित मालिन्य से मलिन थी और एक साल में भी बेचारी मैल नहीं छुटा पाई। अपनी मूर्खता मैंने अपने ही तक सीमित रखी। कहती भी क्या? पर आज वह परिचित नाम पढ़ा तो मूर्खता का मेरा नासूर फिर रिसने लगा। अब तो इस छलनामयी का चेहरा भी ठीक से याद नहीं है, किन्तु बाएँ कपोल पर बड़ा-सा मस्सा, बीच ललाट पर लम्बा-तिरछा घाव और बड़ी-बड़ी आँखों के दुर्दिन में सदा बरसने को तत्पर उस अभिनयकुशला नटी के आँसू, मुझे उतनी ही प्रखरता से याद हैं, जितने साबुन-पेटीकोट खरीदने को दिए गए दस-दस के दो नोट!

पाँच

आज तक मेरा जितने भी विवाहित डॉक्टरी जोड़ों से परिचय हुआ है, एक विषमता मैंने लगभग प्रत्येक जोड़े में पाई है। अपने ही पेशे की पत्नी से किसी-न-किसी अंश में डॉक्टर पति का व्यक्तित्व दब अवश्य जाता है। इसका अर्थ यह नहीं है कि इनका दाम्पत्य जीवन विषमताओं से ही परिपूर्ण रहता है, किन्तु कुछ उसका पेशा, कुछ क्षेत्र और कुछ नारी की पीड़ा, व्याधि-यन्त्रणा से दिन-रात का परिचय उसे दबंग अवश्य बना देता है। दबकर रहना फिर उसके लिए सम्भव नहीं होता। इसका एक कारण यह भी है कि समयाभाव उसे एक ओर गृहस्थी की नाना समस्याओं के लिए पर्याप्त सुविधा नहीं दे पाता, दूसरी ओर उसमें आत्मविश्वास अन्य काम करनेवाली नारियों की अपेक्षा अधिक आ जाता है। वह जानती है कि उसकी शिक्षा, उसका परिश्रम, उसका अध्यवसाय किसी भी अंश में डॉक्टर पति से कुछ कम नहीं रहा है। मैं एक ऐसे डॉक्टरी जोड़े को जानती हूँ, जो दिन-भर तो आपस में मिल नहीं पाते, रात को थककर चूर लौटते हैं तो फिर न कहीं एक साथ स्वाभाविक दम्पतियों की भाँति घूमने की इच्छा ही रहती है, न अवकाश। यहाँ तक कि रविवार पर भी उनका अधिकार नहीं रहता। पति भले ही घर पर रहे, कब किसका कठिन प्रसव बेचारी पत्नी को दिन-भर के लिए घर से गायब कर दे! उस पर, दिन-रात का देखा गया दुःख-दर्द स्वयं डॉक्टरनी की भी नारी-सुलभ दया-माया को निर्ममता से छीन लेता है। इसी से, जिसे मैंने एक आनन्दी-अल्हड़ मस्त किशोरी

के रूप में देखा था, उसे एक चिड़चिड़ी, झक्की, मरीजों से उलझती डॉक्टरनी के रूप में देखकर मुझे धक्का लगा था।

दूसरी एक परिचिता डॉक्टरनी का जीवन भी, जो पहली से अपेक्षाकृत उम्र में छोटी है, अनुभव में भी, अब उसके पूर्व जीवन का विरोधाभास लगता है। पति-पत्नी, दोनों ही एक पिछड़े वर्ग के इलाके के दो विभिन्न अस्पतालों में डॉक्टर थे, किन्तु सास-ससुर का नैकट्य और उस कस्बाई ज़िन्दगी की एकरसता से बेचारी डॉक्टरनी ऊबने लगी। कुछ वर्ष पूर्व वह दिल्ली के रंगीन, स्वच्छन्द जीवन-झूले की लुभावनी पैंगों में झूल चुकी थी। डॉक्टरी सहशिक्षा ने बड़ी सुगमता से जीवन-सहचर भी मेडिकल कालेज में ही जुटा दिया। वैसे भी डॉक्टरनियों के लिए ऐसा स्वयंवर प्रायः एक प्रकार से अनिवार्य हो उठता है। वहीं प्रेम हुआ, पन्द्रह मिनट में माला बदली, विवाह। किन्तु उस उमंग-भरे प्रणय के जोश का इतनी त्वरा से अवसान हो जाएगा, यह शायद दोनों ने नहीं सोचा था। इसी से दोनों विदेश जाने की महत्त्वाकांक्षा सेंतते, लगी-लगाई नौकरी पर लात मार फिर दिल्ली आ गए। किन्तु, कभी-कभी विधाता भी बड़ी क्रूरता से मानव को धोबी के कुत्ते की भाँति न घर का रहने देता है न घाट का। आते ही दोनों समझ गए कि अब विदेश जाना जितना कठिन है उतना ही कठिन है स्वदेश में नौकरी पाना। फलतः, पति अब कहीं और अपने पेशे में विशेषता हासिल कर रहा है और डॉक्टरनी पत्नी एक सामान्य-सी नौकरी का चुग्गा चरती अपनी सारी कुंठा अभागिनी मरीजाओं पर उतार रही है। इस बीच, वह जननी भी बन गई है, किन्तु सन्तान को पाल रही है उसकी माँ, जो स्वयं अपने पति, पुत्र, पुत्रवधू का मोह त्याग पुत्री की गृहस्थी गले से लगाए उसे प्रत्येक सुविधा प्रदान करने की चेष्टा कर रही है। हाँ, माँ के रहते ही मातृहीना बन गई सन्तान को छठे-छमाहे डॉक्टरनी जननी का वात्सल्यपूर्ण लाड़-दुलार मिल जाता है, किन्तु पति को क्या मिलता है?

वार्धक्य में कुंठित, दाम्पत्य सुख वंचित ऐसे जोड़े यौवन के किन मीठे स्वप्नों में डूब पाएँगे? उसी समय तो अतीत की यह संचित पूँजी वार्धक्य के दारिद्र्य में काम आती है!

आज से सौ वर्ष पूर्व जन्मी भारत की प्रथम डॉक्टरनी आनन्दी गोपाल की अद्‌भुत पतिपरायणता, निष्ठा एवं सहिष्णुता हमारी आज की पीढ़ी को बहुत कुछ सिखा सकती है—कठोर जीवन-सहचर की ताड़ना भी जिसके मृदु स्वभाव को अन्त तक पराजित नहीं कर पाई, जिसने जीवनभर पति की आज्ञा

को कानून मानकर झेला और विदेश की शिक्षा भी जिसे अहं से मदमत्त नहीं कर पाई। दस वर्ष की आनन्दी और तीस वर्ष का गोपाल राव। आनन्दी सामान्य शिक्षा ही प्राप्त कर पाई थी कि विवाह हो गया। पति की एक ही शर्त थी कि वह अपनी पत्नी को उच्च शिक्षा देगा। किन्तु विवाह हुआ और आरम्भ हुआ संघर्ष। सास कहती, घर का काम कर, उधर पति कहता, मेरे लौटने तक पाठ मुखस्थ कर सुनाना। बेचारी किसकी सुनती? माँ ने कहा था, सास की आज्ञा मानना और पति को देवता मानकर पूजना। पति लौटता, और पाठ अधूरा देख, उसे पीट-पाटकर डाल देता। वह जोर-जोर से रोती तो पास-पड़ोस से ताक-झाँक होने लगती।

"उहँ गोपाल राव अपनी पत्नी को पीट रहा है, कौन पति भला अपनी पत्नी को नहीं पीटता?" कहकर पड़ोसी द्वार बन्द कर लेते। किन्तु, आनन्दी ने निश्चय कर लिया कि वह अब नहीं पिटेगी। जैसे भी हो, सास को भी प्रसन्न कर लेगी और पति को भी। पत्नी की तीव्र बुद्धि देखकर गोपाल राव उसे पारिवारिक रूढ़ि-बन्धनों से मुक्त करा बम्बई ले आए। ऊँची एड़ी की लाल-लाल जूतियाँ खरीद दीं और बम्बई के लोग उस अनूठे जोड़े को मुड़-मुड़कर देखते। तीस के लगभग का गोपाल राव घनी मूँछें, रौबदार चेहरा। पीछे-पीछे वह साँवली, आकर्षक, विस्मय-भरी आँखोंवाली नौगजी साड़ी को किसी प्रकार सँभालती, लाल जूतियाँ खटरपटर करती बालिका वधू आनन्दी।

पढ़ने से अब उसे अनोखा लगाव हो गया था। पहले पति की मार का भय था, अब ज्ञानप्राप्ति का आनन्द।

एक दिन पति ने कहा, "आनन्दी, मैं तुझे डॉक्टरी पढ़ने अमेरिका भेज रहा हूँ, हम दोनों एक साथ नहीं जा सकते। मैं यहाँ नौकरी कर तुझे खर्च भेजूँगा।"

आनन्दी बहुत रोई-कलपी। समाज में भयानक खलबली मची। जब किसी हिन्दू गृह के पुत्र का ही विदेश जाना वर्जित था तब नारी के लिए सामाजिक नियम कितने कठोर रहे होंगे, इसकी कल्पना की जा सकती है। किन्तु गोपाल राव अपने निश्चय पर दृढ़ रहे, आनन्दी अमेरिका गई।

गोपाल राव खर्चा भेजते रहे, किन्तु साथ ही लम्बे-लम्बे पत्रों में बीसियों हिदायतें भी भेजते—क्या खाना है, क्या नहीं, कैसे अपने धर्म और जाति की रक्षा करनी है। फिर अन्त में उनके पति का पौरुष जाग्रत् होकर डंक दे देता, "तुम तो अब बहुत बड़ी आदमी बन गई हो आनन्दी, तुम्हारे सामने मैं

क्या हूँ!"

आनन्दी विदेश में भी नौगजी साड़ी पहनकर कालेज जाती, एकान्त में पति के कटाक्षपूर्ण पत्र पढ़कर रो लेती किन्तु पति के प्रति प्रेम, विनम्रता में रंचमात्र भी अन्तर नहीं आने देती।

एक दिन वह डॉक्टरनी बन ही गई। पति का स्वप्न पूरा हुआ। तब ही उसने समाचारपत्र में पति के विदेश-आगमन और उनके किसी व्याख्यान का समाचार पढ़ा। उसका चित्त विषाद से अवसन्न हो गया। यहाँ आकर भी उससे नहीं मिले, यह किसी अपराध का दंड था और कैसा अभिमान? उसी दिन वह एक पार्टी से लौटकर अपने कमरे में आई।

कई दिनों से जीर्ण ज्वर आ रहा था, खाँसी आ रही थी, दुर्बल पद रखती वह कमरे में गई तो देखती क्या है कि कुर्सी पर कोई बैठा है, उसकी ओर पीठ किए। भगवा वस्त्रों में स्वयं गोपाल राव! दोनों की आँखें चार हुईं, धीरे-धीरे वह बढ़ी। विदेश में रहकर भी वह नहीं भूली थी कि पत्नी का स्थान पति के चरणों में है। गोपाल राव के दोनों पैर पकड़, उसने उन्हें अश्रुसिक्त कर दिया। उधर गोपाल राव उसे तीक्ष्ण दृष्टि से देखते, जैसे उसके अन्तर की एक-एक परत खोल-खोलकर सूक्ष्म परीक्षण कर रहे थे। अन्त में उस सती का तेज, उसकी पति-परायणता उन्हें विगलित कर गई। लैंडलेडी का पूरा परिवार इस बीच पति-पत्नी के इस अद्‌भुत मिलन को देखने जुट गया था। पूर्व और पश्चिम के बीच भारत का वह अनुपम रत्न अपनी सहज स्वाभाविकता से दमक उन विदेशियों को भी आश्चर्यचकित कर गया। भारत की प्रथम महिला डॉक्टरनी को लेकर गोपाल राव स्वदेश लौटे। विरोध, वेदना, विरह के बीच दृढ़ रहकर आनन्दी ने प्रमाणित कर दिया कि चाहने पर भारत की नारी, सबकुछ करने में समर्थ है। किन्तु, दुर्भाग्य से, कठिनता से अर्जित अपनी इस विद्या से वह भारतवासियों को लाभान्वित नहीं कर सकी। विदेश से डॉक्टरी की पदवी तो अर्जित की, किन्तु साथ ले आई राजरोग क्षय। समाज ने उसे अब भी क्षमा नहीं किया था। संकुचित सामाजिक दृष्टिकोण का भोग बनी भारत की यह प्रथम डॉक्टरनी स्वयं उचित परिचर्या के अभाव में असमय ही काल का ग्रास बन गई। यदि, आज भारत की नारी पुरुष के साथ-साथ गर्वोन्नत मस्तक लेकर खड़ी हो सकी है तो उसका समग्र श्रेय आनन्दी जैसी अतीत की उन विलक्षण महिलाओं को है, जिन्होंने हमें यह अमूल्य दीक्षामन्त्र थमाया कि गर्वोन्नत मस्तक उठाने से पहले उसे झुकाना सीखना चाहिए।

छह

आजकल जब लखनऊ ग्रीष्म का कठोरतम कनटाप खाकर चकरघिन्नियाँ खा रहा है तब यह सुनकर कि बीस वर्षों में ऐसी लवकट गर्मी इतिपूर्व कभी नहीं पड़ी, प्राण एकदम ही कंठागत हो उठते हैं। बीस वर्ष पूर्व ऐसी ही गर्मी पड़ी थी और हम ऐसे ही छटपटाए थे, यह तब लखनऊ में रहने पर भी आज स्मरण नहीं पड़ता। किन्तु इतना स्मरण अवश्य पड़ता है कि तब हमारे पास आज की वे अनेक सुविधाएँ एवं साधन नहीं थे, जो आज हमारे करतल पर हैं। जैसे कूलर, एयर कंडीशनर, फ्रिज आदि। फिर भी प्राण ऐसे नहीं छटपटाए थे, शायद इसलिए कि आज जो हमारी नितान्त आवश्यकताएँ बन गई हैं, वे तब हमारी दृष्टि में विलास की सामग्रियों की श्रेणी में आती थीं।

मैं तब रिवर बैंक कालोनी के एक छोटे-से फ्लैट में रहती थी। मई का महीना आरम्भ होता और रौद्र ताप प्रखर से प्रखरतम होता, तो एक बड़ा-सा घड़ा खरीदकर रेत के स्तूप में धँसा दिया जाता। द्विप्रहर से कुछ पूर्व खिड़कियाँ-द्वार बन्द कर पूरा फर्श छिड़काव से तर कर चटाई बिछा दी जाती। किसका कूलर और किसका एयर कंडीशनर! संध्या होते ही फिर वही छिड़काव। बड़ी-सी छत पर प्रत्येक फ्लैट का पूर्वनिर्धारित जमीन का मुरब्बा था, जहाँ समय पर ही छिड़काव कर मूँज की खटिकाएँ बिछ जातीं। उमस बढ़ती तो हाथ के पंखे डुलने लगते। वह उमस केवल एक ही परिवार को नहीं, अगल-बगल सोए अनेक परिवारों की सामुदायिक उमस है, यही जानकर हँसी-खुशी झेलने में ग्रीष्म की वे तपन-भरी रातें शायद, इतनी दुर्वह नहीं लगती थीं। उस पर, कभी-कभी किस्से-कहानियों का वह बाजार लगता कि लू के थपेड़े भी पराजित होकर वहीं पसर जाते।

मुझे याद है कि हमारे प्रतिवेशी परिवार की चाची, जब उस कथा-गोष्ठी का मुख्य अतिथि का आसन ग्रहण करतीं तो फरमाइशों का अन्त नहीं रहता और कभी-कभी रात के बारह बज जाते। उनकी अधिकांश कहानियों की नायिका जुहिया या चिरैया ही होती। फिर भी उसके नखशिख वर्णन में उनकी प्रखर कल्पनाशक्ति ऐसे-ऐसे सलमा-सितारे जड़ देती कि लगता, गोटेदार चुनरी के घूँघट से अंजन-भरी बड़ी-बड़ी आँखों का जादू बिखेरती जुहिया या चिरैया घुँघरू छमकाती अभी-अभी सामने से गुजर गई है।

कालक्रम में हमारी बीस वर्ष पूर्व की वह सहज रुचि, सहिष्णुता हमारे

अनेक गुणों की भाँति आज तिरोहित हो चुकी है। हमारे अतीत का आकार एवं ऐहित्य का सम्पूर्ण ढाँचा ही आज परिवर्तित हो चुका है। अतीत एवं वर्तमान के रूपगत, गुणागत प्रभेद आज ऐसा बृहत् रूप ग्रहण कर चुका है कि बीस वर्ष पूर्व के जेठ-बैसाख से आज के जेठ-बैसाख की तुलना करने पर भी ग्रीष्मदग्ध चित्त क्षण-भर को भी इस अभिज्ञता से शान्त नहीं होता कि ऐसी गर्मी हम पहली बार नहीं झेल रहे हैं, बीस साल पहले भी झेल चुके हैं। इसका एक प्रमुख कारण यह भी है कि आज हमारे जनजीवन के बहिरंग में जितना ही ठाट-बाटपूर्ण आतिशय्य है, अन्तर के ऐश्वर्य का कोष है उतना ही रिक्त।

अभी चार दिन पूर्व एक परिचित बुजुर्ग से मिलने गई तो नंगे बदन, हाथ का पंखा ढुलाते वह ऐसे भुनभुना रहे थे कि कुशल पूछी तो मेरी वह धृष्टता गर्म तवे पर पड़ी जलबिदु-सी ही छनछना उठी।

"अब क्या खाक कुशल होगी! एक तो यह बला की गर्मी, उस पर दिन-भर के लिए बिजली चली गई है, सुना, चार बजे आएगी। लगता है, जमाने के साथ-साथ मौसम भी बदल गए हैं, न बरसात ही वैसी रह गई है, न जाड़े, न गर्मी!..."

मैं उनसे कहना चाह रही थी कि मौसम नहीं बदले, हम ही शायद बदल गए हैं। एक दिन को भी बिजली जाती है, तो हम बौखला जाते हैं। फ्रिज बीमार होता है, तो लगता है, इससे तो हम ही बीमार पड़कर गतायु हो जाते। कूलर का मोटर अचल होता है तो जी में आता है, सिर पीट लें। यदि इन दुर्वह क्षणों के बीच हम अतीत के इनसे भी दुर्वह उन क्षणों का स्मरण करें, जब न हमारे तप्त कंठ सिक्त करने को फ्रिज की सुशीतल बोलतें थीं, न कूलर की दुर्धर्ष गर्जना थी, केवल खस की टट्टियों के ठंडे झोंके और रेत में धँसे घट की ठंडी घूँट। न बिगड़ैल कूलर की मोटर के खराब होने का भय था न फ्रिज की अड़ियल दुलत्ती का त्रास। किन्तु अतीत का ऐसा सिंहावलोकन तब और भी हास्यास्पद लगता है जब चाचा के लड़के की बारात से लौटा जमादार बरामदा बुहारता अभी-अभी कहकर गया है, "चाचा बहुत सामान पाए हैं, बहूजी, बिजली का पंखा, रेडियो। सामान तो अउर भी भरे रहे, पर सब लौटाल ले गए—नाराज हुई गए रहे।"

"क्यों?" मैंने पूछा।

"कहे रहे, हमारी एक ही शर्त है, नौशा हमारे दुआरे हाथी पै चढ़ के

आवें। सो, चाचा चिड़ियाघर गए रहे, हाथी हुई गवा रहा बुक—इसी से सम्धियाना गुसियाय गया।''

बेचारे नौशे का दुर्भाग्य था कि चिड़ियाघर का गयंद बुक हो गया था, नहीं तो उसके कथनानुसार, ''शर्तिया 'फिरिज' पाए होते।''

सात

हमारे पौराणिक वाङ्मय के उद्धरण नारी के जननी रूप को सामाजिक सन्तुलन तथा सृष्टि का आधार मानते आए हैं। जननी का स्थान, उसका गौरव पिता की तुलना में सहस्रगुना अधिक माना गया है। निश्चय ही माता का स्थान आज भी उतना ही श्रेष्ठ है, उसकी आज्ञा उतनी ही अनतिक्रमणीय। किन्तु वही जननी कभी-कभी अपने ही वात्सल्यजनित दौर्बल्य से कोख के जने पुत्र को अपना प्रबल अनिष्टकारी रिपु भी बना लेती है। और जब अपना ही बेटा अपना दुश्मन बन उठता है तो फिर 'न पुत्र समो रिपुः'—उस जैसा प्रवंचक शत्रु और कोई हो नहीं सकता। फिर भी प्रकृति का यह कैसा विचित्र नियम है कि पिता भले ही पुत्र की कुटिलता को स्वीकार कर ले, शायद ही कोई माता सन्तान की कुटिलता को प्रत्यक्ष रूप में स्वीकार कर पाती है। यदि जननी भी जनक की भाँति कठोर हो सकती तो शायद संसार के अनेक कुपुत्रों की नियति दुखद होने से बच जाती।

पुत्र को रिपु बनाने में जननी जीवन की अनेक ऊँची-नीची देहरियों में ठोकर खा सकती है, पुत्र का अनावश्यक लाड़-दुलार एक करारे कनटाप के बदले उसे आँचल तले छिपाना, पिता से लुका-छिपाकर उसे समय-समय पर पैसे देना और फिर जननी की सबसे बड़ी दुर्बलता पुत्र के अवगुणों को, उसके दोषों को देख-सुनकर भी अनदेखा-अनसुना कर देना। धीरे-धीरे एक दिन स्थिति ऐसी विषम हो उठती है कि जननी के जिस आँचल के तले इतने दिनों ऐसा कुपुत्र छिपा रहता है, वह बाहर निकलते ही पैंतरा बदल जननी की ही ओर छुरा तान लेता है। किन्तु ऐसे शत्रु बन गए पुत्र को भी जननी शत्रु रूप में स्वीकार करना नहीं चाहती, भले ही वह अपनी उद्दंड गतिविधियों से पूरे मुहल्ले का उठना-बैठना दूभर कर दे!

मैं एक ऐसे ही परिवार की दुर्दशा देख चुकी हूँ। प्रायः ही निरीह गृहस्वामी

क्रमशः काबू से बाहर हुए जा रहे बेटे का दुखड़ा रोने आते रहते थे। सीमित आय होने के बावजूद उन्होंने दबंग पत्नी के शासन की सत्ता स्वीकार कर उसकी प्रत्येक आज्ञा को सदा कानून मानकर झेला था, इसी से उसके मुँहलगे बेटे को भी दामी साहबी स्कूल में भर्ती कराया, उसका यूनिफार्म, किताबें, जूतों की चमक और बस्ते की दमक में अपनी कठिनता से अर्जित पूँजी पानी की तरह बहा दी। पहली ठोकर उन्होंने यहीं पर खाई। जिस बनावटी उच्च परिवेश में निम्न मध्यमवर्गीय वह छात्र सात पीरियड चहकता, उससे गृह का परिवेश था एकदम भिन्न। उसके अधिकांश सहपाठी उच्च सरकारी अफसरों के बेटे थे या फिर उद्योगपतियों के। घर लौटता, तो अपने परिवेश की कुंठा उसे विद्रोही बना देती। मुझे सर्वदा यही अभिज्ञता शत-प्रतिशत सत्य प्रतीत होती है कि पुत्री का विवाह और पुत्र का स्कूल हमें सर्वदा अपने ही परिवेश के सामर्थ्य की लक्ष्मण-रेखा में बाँधना चाहिए। सौर छोटी और पैर लम्बे हुए तो एक-न-एक दिन पसारने पर पैर दिखेंगे अवश्य, आप उन्हें लाख समेटें।

इस परिवार में भी यही स्थिति एक दिन आ ही गई। पहले-पहल तो पिता फर्राटे से अंग्रेज़ी फूँकनेवाले पुत्र की प्रगति देखकर उल्लसित हुए, निश्चय ही एक दिन उनका यह होनहार बेटा देश के प्रत्येक इंटरव्यू से कबूतर-सा सीना ताने विजयी निकलेगा किन्तु धीरे-धीरे एक दूसरे क्षेत्र की उसकी प्रगति का समाचार उनके कानों तक पहुँचा, तो हाथ-पैर ठंडे पड़ गए। लड़का बड़ी देर-देर में घर लौटने लगा। जब आता तो न जाने कैसे-कैसे मित्र साथ में रहते। आँखें लाल, चेहरा उड़ा-उड़ा। पिता का विवेक तो चौकन्ना हो गया किन्तु माँ पुत्र को रईसजादों के साथ घूमते देखती तो उसकी मूर्ख महत्त्वाकांक्षा और ऊँची पैंगें लेने लगती, "आखिर बड़े आदमियों के बेटों के साथ घूमने लगा है, तुम्हारे कहने पर किसी टुच्चे हिन्दुस्तानी स्कूल में भर्ती करा दिया होता तो क्या ऐसे लोगों में उठ-बैठ सकता? देखा आपने, कैसे-कैसे अंग्रेज़ी गाने गाता है?"

इसी बीच बेटा जिदिया गया कि गिटार खरीदेगा। पिता ने फिर झिड़का, "गिटार क्यों चाहिए, मीरासी-भाँड बनोगे क्या?"

पर माँ ने बचे-खुचे गहनों में से एक अदना अदद गिरवी धर गिटार भी खरीद दिया। पर रईसी शौक के खर्चे ऐसे बढ़े कि पिता-पुत्र में दिन-रात ठनकने लगी। उधर एक दिन अनुशासनप्रिय पादरी हेडमास्टर ने रही-सही कसर भी पूरी कर दी। पिता को बुलाकर कहा, "फौरन लड़के को यहाँ से हटा लीजिए, गाँजे-चरस के दम लगाने लगा है, पुलिस पीछे लगी है। हम नहीं

चाहते, हमारा स्कूल बरबाद हो, मेरी राय मानें तो शहर ही से हटा लें'' उन्होंने यही किया। पर इसी बीच रिजल्ट आया तो पिता के दग्ध चित्त में नियति की खंजर मूठ तक धँस गई। थर्ड डिविजन आया। पर माँ जब मुझसे मिली तो बोली, ''उन्नीस पौइंट आए हैं।''

'चलो, मैंने सोचा, फर्स्ट डिविजन तो आ ही गया।' पर इसी बीच उसके पिता एक दिन मेरे पास आए, ''यहाँ ले आया हूँ, तुम कह-सुनकर इसे भर्ती करा दो।''

मैंने डिविजन देखा तो सन्न रह गई।

'तो क्या इसकी माँ मुझसे झूठ बोल गई थी?'

मैंने असमर्थता प्रकट की। जीवन में आज तक कभी किसी अकर्मण्य छात्र या छात्रा का सिफारिश करने का मुझे इतिपूर्व अनुभव भी नहीं था पर एक दिन फिर उसकी माँ से भेंट हुई, तो उन्होंने उसी आत्मविश्वास से पुत्र की कीर्तिध्वजा फहरा दी, ''बड़ा नाम हो गया है शहर में, अंग्रेज़ी गानों की प्रतियोगिता में कई इनाम जीत चुका है। लोग घुटने टेककर इसे गाना गाने बुला ले जाते हैं।''

मेरा दुर्भाग्य था कि कल, जब वह प्रतिभाशाली गायक एक ऐसा ही इनाम जीत रहा था तो मैं भी उसी सड़क से गुजरी। नहीं कह सकती कि उसने मुझे पहचानकर ही मुँह बड़ी अवज्ञा से फिरा लिया या अवधूत साथी से सिगरेट माँगने की भंगिमा में चेहरा उस ओर मोड़ लिया। साथी हथेली में धरे कागज के टुकड़े में कुछ देव-दुर्लभ सामग्री धरकर सिगरेट बना रहा था। दोनों की आँखें जवाफूल-सी लाल ललाट में चढ़ी जा रही थीं। चौराहे की उस पान की दुकान के पास और भी कुछ लड़के उन दो विलक्षण विभूतियों को मुग्ध होकर देख रहे थे। कण्ठ की मदालस हँसी, विचित्र वेशभूषा, उससे भी विचित्र केशसज्जा। सुना है कि इस नीग्रो हेयरस्टाइल का होना भी आजकल इस आधुनिकतम विदेशी संगीत-परिवेशना के लिए आवश्यक है।

मैं तेजी से आगे बढ़ गई पर बार-बार उस होनहार संगीतज्ञ के पिता का निरीह-सरल चेहरा आँखों में आ रहा था। जिस पुत्र को लेकर उन्होंने अपने वानप्रस्थी सुखी जीवन की भूमिका सँजोई थी, जिसकी दामी शिक्षा की सम्भावना को सार्थक करने में उन्हें अपनी कितनी ही आवश्यकताओं का गला घोंटना पड़ा था और आज भी सम्भवतः जिन्हें उसकी इस प्रवासी शिक्षा पर अपनी अनेक आवश्यकताओं को ताक पर रखना पड़ता है, उसे यदि वे कभी

इस अवस्था में देख लें, जिसमें मैंने उसे देखा, तो उन पर क्या बीतेगी?

आठ

जब अपने प्रदेश के मुख्यमन्त्री के कम्पायमान-अस्थिर हिरण्यमय सिंहासन का नित्य नवीन विवरण पढ़ती हूँ तो बरबस ही कुछ दिनों पूर्व देखे गए दो दृश्यों की छवि स्वयं ही स्मृति-पटल पर सरसराने लगती है। कम-से-कम हमारे प्यारे भारत के ही एक अन्य प्रदेश में तो एक ऐसा मुख्यमन्त्री है, जिसके दर्शन मात्र को अब भी भीड़ एक-दूसरे का कन्धा छीलती पुलिस का सबसे बड़ा सिरदर्द बन उठती है।

तमिलनाडु के मुख्यमन्त्री एम.जी.आर. की लोकप्रियता के विषय में बहुत सुना था किन्तु स्वचक्षुदर्शन का सौभाग्य प्राप्त हुआ, जब मद्रास में मेरे ही आवास से दो कदम की दूरी पर उसकी झंडा फहराती दर्शनी कार रुकी। और फिर तो भीड़ के जिस अदम्यवन्या प्रवाह में वहीं पर खड़ी मैं बह गई, उसने क्षण-भर को हतप्रभ कर दिया। जब तटस्थ हुई तो देखा, भीड़ की कृपा से मैं दर्शकों की सबसे अगली पंक्ति में थी। ध्यान से मुख्यमन्त्री को देखा। चेहरे पर अवसन्न प्रौढ़त्व की गरिमा, अनेक प्रसाधनप्रलेपों को पराजित करती झुर्रियाँ, उस जानलेवा दक्षिणी चिपचिपाहटभरी गर्मी में भी सिर पर यत्नपूर्वक बाँकी अदा से टिकाई गई पशमी सफेद टोपी, पारीदार पाड़ की धोती, रेशमी कुर्ता और हरी-लाल गंगाजमनी कन्नी का अंग-वस्त्रम्। जगमगाती हीरे की अँगूठियों की आभा दमकाते वह अपने पर टूटी पड़ रही भीड़ को तमिल में सम्बोधित कर कह रहे थे, "यह ऐसा अवसर नहीं है कि मैं आपको दर्शन दूँ, यहाँ तो मैं स्वयं दर्शन करने आया हूँ। कृपया मेरी जय-जयकार से इस पावन अवसर के गाम्भीर्य को नष्ट न करें।" किन्तु अपने प्रिय हीरो की एक झलक देखने को जुटी भीड़ को इतना अवकाश ही कहाँ था कि वे अवसर के गाम्भीर्य का अवलोकन करें।

एम.जी.आर. किसी मन्त्री-पत्नी की अन्तिम यात्रा में सम्मिलित होने आए थे, जिनका गत रात्रि को अचानक हृदयगति रुक जाने से अल्पावस्था ही में असामयिक निधन हो गया था। जितनी देर वह वहाँ रहे, मद्रास के उस सबसे मुखर राजपथ का यातायात एक प्रकार से ठप्प हो गया था और बड़ी देर बाद

में किसी प्रकार से उस घेरे से निकल घर पहुँची थी।

मुख्यमन्त्री की लोकप्रियता का दूसरा दृष्टान्त देखने का सौभाग्य प्राप्त हुआ था मद्रास की प्रख्यात औद्योगिक प्रदर्शनी के अवसर पर। मुख्यमन्त्री एम.जी.आर. उस प्रदर्शनी का उद्घाटन करने आनेवाले थे। इस प्रदर्शनी की एक विशेषता यह रहती है कि हथकरघे के चेंगलपेट, मदुरा कांजीवरम्, आन्ध्र के जादूगर बुनकर अपना-अपना माल बिना किसी बिचौलिए के इस प्रदर्शनी में बेचने आते हैं। फलतः एक से एक बढ़िया नमूने और दामों में भी बाजार-भाव से लगभग 25 प्रतिशत की कमी वहाँ ग्राहकों और व्यापारियों को समान रूप से बड़ी दूर-दूर से खींच लाती है। एक बार भीड़ के चक्रव्यूह में फँसे तो निकलना दूभर।

कांजीवरम् की एक दुकान पर वहाँ की दो प्रसिद्ध चित्रतारिकाएँ साड़ियों के आँचल की जरी परखती, सूँघती चली जा रही थीं। मैं उन्हें आश्चर्य से देख रही थी कि हाय राम, हमारे यहाँ तो पुराना बासमती चावल या देसी घी ही करतल पर धरकर सूँघ-परख खरीदा जाता है पर यह कैसा देश है बाबा, जहाँ ग्राहक साड़ी खरीदने से पहले उसका आँचल सूँघे चला जा रहा है। इतने में ही हल्ला मचा, हीरो शिरोमणि, और ऐसी भगदड़ मची जैसे भरी भीड़ में कोई मस्ताना हाथी चला आया हो। जब धूल का गुब्बारा मिटा तो देखा, हर दुकान खाली थी। एक माइक के सम्मुख 'मक्कल तिलकम' बंगाल टाइगर-सा गरज रहे थे। यही थे तमिलनाडु के मुख्यमन्त्री, जिसके विषय में कभी अन्ना दुरै ने कहा था कि "एम.जी.आर. अपना चेहरा दिखाकर ही चार हजार वोट बड़ी सुगमता से अपनी जेब में डाल लेता है और उसके भाषण देने पर तो पूरे चार लाख वोटर स्वयं उसकी मुट्ठी में बन्द हो जाते हैं।"

उस सुदीर्घ भाषण का एक शब्द भी मेरे पल्ले नहीं पड़ा, किन्तु इतना अवश्य समझ में आ गया कि जो वक्ता किसी नुमाइश के उद्घाटन पर ही इतना लम्बा भाषण झाड़ सकता है और वह भी इस बाजीगरी दक्षता से कि कहीं कोई बच्चा भी नहीं रिरियाया—केवल गगनभेदी तालियों की गड़गड़ाहट बीच-बीच में गूँजती रही, वह निश्चय ही एक दुर्लभ वक्ता होगा।

भाषण का समापन हुआ। पूर्वाभ्यास की गई फिल्मी मुस्कान के साथ जब एम.जी.आर. ने कंठ का अजगरी पुष्पहार मन्त्रमुग्ध दर्शकों की ओर उछाल दिया, उन दुर्लभ पुष्प पंखुड़ियों को पकड़ने भीड़ टूट पड़ी। काले चश्मे में छिपी आँखों में विजय के उल्लास को तो मैं नहीं देख पाई, किन्तु गहन आत्मविश्वास

में सर्पगन्धा के फन-सी उठी गर्वोन्नत ग्रीवा की वह भंगिमा मैंने अत्यन्त निकट से देखी थी।

यदि आपने, उनकी किसी तमिल चलचित्र में उनका अभिनय देखा हो तो आपको और भी आश्चर्य होगा कि ऐसी ऊलजलूल फ़िल्में, जिनमें यह लोकप्रिय नायक कभी असम्भव सम्भावनाओं का घटना-जाल बुनता आज लोकप्रियता के इस उत्तुंग शिखर पर आरूढ़ है। उदाहरण के लिए कभी किसी पतली लता को पकड़कर राजकन्या के शयनकक्ष में प्रवेश, निहत्थे ही भारी-भरकम जानवरों से मल्लयुद्ध, खलनायक को चुटकियों में मसल प्रेमिका के साथ-साथ लक्ष-लक्ष दर्शकों का हृदय विजित कर, पेड़ों की व्यर्थ परिक्रमा, बेतुके गाने, यानी कि प्रत्येक घटना यथार्थ से कोसों दूर, पर फिर भी देखिए कि मजाल है कि इस मुख्यमन्त्री का सिंहासन कोई डिगाकर तो देख ले।

मेरे वहाँ रहते ही उनके शासनकाल में दो महत्त्वपूर्ण हड़तालें हुईं। एक सरकारी दुग्ध परियोजना की; दूसरी, असन्तुष्ट मछुओं की, जिन्होंने अपने बड़े-बड़े जाल और नौकाओं की परिधि से रास्ते रोक पूरे मद्रास की बस-सर्विस निष्क्रिय कर दी थी। अचानक किसी शून्य अन्तरिक्ष से ठेठ फ़िल्मी चमत्कार का परिवेश-संवाद। उनके लोकप्रिय हीरो अवतरित हो मुस्कराते हाथ बाँधे उनके सम्मुख खड़े हो गए। उनके लक्ष-लक्ष प्रशंसक भूल गए कि उनके सम्मुख प्रदेश का वह मुख्यमन्त्री खड़ा है जिसके शासन के विरुद्ध उन्हें शिकायत है। यह तो है उनका प्रिय फ़िल्मी हीरो, जिसकी फ़िल्मों के गाने गा-गाकर वहाँ की जननियाँ अपने बच्चों को सुलाती हैं। जिसके चित्र उनके देवी-देवताओं के पूजागृह में टँगे रहते हैं, जिसका-सा सजीला वर पाने वहाँ की कुमारी कन्या मन्दिरों में मनौतियाँ मानती हैं, जिसकी तस्वीरों के लाकेट और अँगूठियाँ धड़ल्ले से बिकती रहती हैं।

और तब ही अपने अभागे उत्तर प्रदेश की ओर दृष्टिपात करते ही प्रदेश की चिरन्तन साढ़ेसाती का स्मरण हो आता है और चित्त खिन्न हो जाता है। काश, हमारे यहाँ भी कोई ऐसा तिलस्मी 'मक्कल तिलकम' होता जो लताओं को पकड़, शाखामृग-सा कुलाँचें भरता, सीधे नायिका के शयनकक्ष में प्रवेश कर, उसे बाँहों में भर उसी धृष्टता से मुस्कराकर कहता, "चिन्ता मत करो प्रिये, मुझे न नृप का भय है न मन्त्री का न अपने ही दल के विभीषणों का। जब तक मेरे सिर पर फर की यह सफेद पशमी टोपी है, और आँखों पर यह काला चश्मा है, संसार की कोई भी शक्ति मेरा इन्द्रासन नहीं डुला सकती।"

ऐसी बात नहीं है कि हमारे प्रदेश में 'मक्कल तिलकम' उपलब्ध है ही नहीं, अभी कुछ दिन पूर्व चलचित्र प्रेमिका मेरी महरी ही एक ऐसा नाम सुझा गई थी, "ऊ जौन मेहतबुआ बच्चन है बहुजी, बहुत बढ़िया गाना गावा रहित, 'हमको अइसा-वइसा न समझा, हम बड़े काम के लोग।' " सोचती हूँ, वह ठीक ही कह रही थी। हम भले ही चलचित्र-नायकों को 'अइसा'-'वइसा' समझें। कहीं-कहीं उन्होंने सिद्ध कर दिया है कि चाहने पर वे भी 'बड़े काम के लोग' बन सकते हैं।

नौ

मानव-जीवन में असमानता ही एक ऐसा सूत्र है जो उसे एक-न-एक दिन विद्रोही बना देती है। अपने पास जीवनयापन की सामान्य आवश्यकताओं का भी नितान्त अभाव, और किसी के पास तर्जनी उठाते ही प्रत्येक सुविधा करतलगत देख वंचित मनुष्य और भी विकट रूप से विद्रोही बन उठता है। जब उसे यह अभिज्ञता झकझोरती है कि जिनके पास आज शासन की सत्ता है, जिन्हें उसने स्वयं लाखों की भीड़ में चयन कर, जयमाल पहना, राजदण्ड थमा हिरण्यमय आसन पर प्रतिष्ठित किया था, आज वे ही स्वार्थानुसंधान की दौड़ में तीव्र गति से भागते, स्वयं अपने उन्हीं उपासकों को अवज्ञापूर्ण अवहेलना से लगभग भूल चुके हैं, जिन्होंने उन्हें परम विश्वास से सत्ता सौंपी थी।

जब स्वार्थ क्षुधातुर रक्षक ही स्वयं भक्षक बन भरी सभा में निर्लज्ज डकारें लेने लगता है तो उन अमर्यादापूर्ण डकारों की गर्जना छिपी नहीं रह सकती। समाज में व्याप्त असमता को आमूल विध्वंस करने के अपने सात्विकी आश्वासन को स्वयं ही पद-पद पर अधिकाधिक सत्ता बटोरने के प्रयास में विकृत करते हमारे आराध्य अब निश्चय ही हमारे आराध्य नहीं रह गए हैं। असमानता की आरी से चीरा गया आराध्य का अनन्य उपासक भी कभी उसका हृदयहीन शत्रु बन उठता है।

असन्तुष्ट एवं कुंठित समाज के असन्तोष एवं कुंठा की यही सामान्य-सी चिनगारी जब कभी एक भयावह विप्लव का रूप धारण करती समाज पर कैसे एक दीर्घ स्थायी रिसते नासूर की दुर्गन्ध छोड़ जाती है, इसका ज्वलन्त उदाहरण

है फ्रांसीसी विप्लव। उस तूफान के बाद भी क्या समाज का आकाश निरभ्र रह पाया था? फिर, किसी भी रक्तपातपूर्ण विप्लव के पश्चात् क्षत-विक्षत समाज एक सुदीर्घ अवधि तक स्वस्थ साँस नहीं ले पाता, इतिहास इसका साक्षी है। न सैनिक शासन की सम्भावना ही एक सुखद सम्भावना के रूप में किसी विवेकी को आश्वस्त कर पाती है।

विज्ञान के इस युग में हमारा उद्‌बुद्ध विवेक इस आत्मिक विप्लव के सहारे भी दिन नहीं काट सकता कि हठात् किसी अज्ञात दिशा में किसी पैगम्बर या अवतार का उद्‌भव 'भक्तजनों के संकट छिन में दूर करेगा।'

दिन-प्रतिदिन अब हमें यही लगने लगा है कि इस कोलाहलपूर्ण मछुआ-बाजार में केवल स्वार्थी ग्राहक ही रह गए हैं और प्रत्येक क्रेता को केवल अपने निजी नफे की ही चिन्ता है, समाज या अपने परिवेश के व्यापक नफे की नहीं। शासनतन्त्र बदलने के साथ ही जिन सुखद आश्वासनों की हम पर वर्षा हुई थी, उससे लगा था कि हमारे नवीन शासक पुनर्निर्मित परिवेश में 'विषय विकार मिटाओ, पाप हरो देवा' की सुपरिचित सुमधुर पंक्ति को अपनी कर्मठ कर्तव्यपरायणा से अवश्य सार्थक कर देंगे। इसी उजले भविष्य की सुखद सम्भावना ने हमारे अनेक सुनहले दिवास्वप्नों की भूमिका सँजोकर रख दी थी। किन्तु सुदीर्घ अवधि से शुष्क मरुभूमि में विचर रहे किसी तृषार्त्त यायावर की भाँति उस आश्वासन की मरीचिका अब अपने कटु यथार्थ से पर्याप्त मात्रा में क्षुब्ध कर चुकी है। ताश के बावन पत्तों में छिपे बादशाह-बीबी-गुलाम आज भी वैसे ही हैं, यह हम समझ गए हैं। प्रभुता का मद किसे नहीं डसता? साँपनाथ कहें या नागनाथ, बात एक ही है। न विषैली त्रासद फुफकार गई है, न लपलपाती मुखरा जिह्वा का भय, न तने फन का त्रास। मनुष्य के विवेक को या तो विनाशकाल की विपरीत बुद्धि ही छीन लेती है या फिर अत्यन्त सुगमता से अनायास ही पकड़ में आ गई सत्ता ही उसे मदान्ध बना देती है।

मनोवैज्ञानिकों का कहना है कि किसी भी परिवार में यदि माता-पिता अपनी सन्तान की उपस्थिति में स्वयं ही अबोध बालकों की भाँति नित्य नवीन कलह में लिप्त रहने लगते हैं तो आए दिन का वह गृह-कलह फिर एक-न-एक दिन स्वयं उनकी सन्तान के लिए ही घातक सिद्ध होता है। आज वही हो रहा है। भले ही वह किसी सत्ताधारी का किसी दरबारी विदूषक का-सा हास्यास्पद आचरण हो या दलबन्दी का स्पष्ट आभास दे रहे एक ही परिवार के अखाड़े में जूझ रहे खड़पेंचों की ललकार, ये व्यर्थ के तमाशे हमें किसी उज्ज्वल भविष्य

की सम्भावना से कदापि आश्वस्त नहीं कर सकते।

प्राचीनकाल में यह उल्लेख मिलता है कि शासक के लिए इन्द्रिय संयम अत्यन्त आवश्यक है। जो यह संयम नहीं कर सकता, वह राज्य का पालन भी नहीं कर सकता। वह समाज का मुखिया है, जितना लेना है, उतना ही ले–न अधिक, न कम। यही आयुर्वेद का भी अभिमत है, यदि इसमें हम असंयम बरतते हैं तो उसका दुष्परिणाम भी भले ही देरसवेर हो, भोगना हमें अवश्य पड़ेगा। यही असंयम, यही अहंकार विजया के मद की भाँति कभी-कभी जिह्वा को भी आवश्यकता से अधिक प्रगल्भा बना देता है। अभी चार दिन पूर्व, मेरे एक परिचित अहंकार के ऐसे ही अपच से पीड़ित हो, फोन पर बुरी तरह झल्ला रहे थे। उन्हें पहाड़ जाना था। नियमानुसार उन्हें वातानुकूलित यात्रा का सुखद अधिकार प्राप्त था, किन्तु उस दिन आरक्षण अधिकारी ने उन्हें फोन पर खेद सहित सूचना करने की धृष्टता की थी कि कोई बर्थ रिक्त नहीं है।

"क्या?" फोन भी उनकी मजबूत पकड़ में थर-थर काँपने लगा था, "कोई बर्थ खाली नहीं है? जानते हैं, आप किससे बात कर रहे हैं? मैं एम.पी. बोल रहा हूँ–आपके रेलवे बोर्ड की फलाँ कमेटी का सदस्य। मैं आपको देख लूँगा, समझे?" फिर एक अहंदीप्त दृष्टि से इधर-उधर देख उन्होंने कहा, "ऐसी अभद्रता से जब हमसे बोल रहे हैं हजरत, तो जाने जनता से कैसे बोलते होंगे?"

मैं उनसे कैसे कहती कि जनता से उनके बोलने का रिश्ता नहीं है, उसके सामने तो बड़ी समझदारी से हाथ फैलाया जाता है। मुट्ठी पर्याप्त मात्रा में गर्म कीजिए और एक नहीं, दस बर्थों पर पैर पसारकर आराम से सोइए। पर एक बात बार-बार मन में आ रही थी कि इनसे ही भला औरों से नम्र स्वर में क्यों बोले? क्या वे अब जनता के सेवक न रहकर सहसा सर्वशक्तिमान स्वामी बन गए हैं? कहाँ गई वह हाथ बाँधे मुस्कराती विनम्र मुद्रा? कहाँ गया वह सुशिष्ट स्मित, जिसकी भव्य महिमा से वह बीसियों वोट एकसाथ काँख में दाबे चले आए थे। यदि बर्थ नहीं थी तो न सही, उसमें परशुराम का उग्र फरसा घुमाने की भला क्या आवश्यकता थी?

क्या एक वर्ष पूर्व बीसियों बार उन्होंने उन थ्री या टू टियर स्लीपरों में कठिन यात्रा नहीं की होगी, जिस यात्रा में कच्छप की भाँति मूँड़ी छिपाए, भारतीय रेलयात्री को किसी हठयोगी की-सी साधना में समग्र रात्रि काटनी

पड़ती है?

ऐसे ही एक साहित्यिक गोष्ठी में हैदराबाद पहुँचने पर, संयोजक ने मुझे बीसियों कैफियतों का गुलदस्ता थमाकर अपनी विवशता व्यक्त की थी, ''जिस राज्य अतिथिशाला में, आपके ठहरने का प्रबन्ध किया गया था, वहाँ एक केन्द्रीय मन्त्री के अचानक आगमन के कारण हम आपको ठहरा नहीं पा रहे हैं। इसी से शहर के सबसे प्रख्यात होटल में आपको हमारा आतिथ्य ग्रहण करना होगा। हम विश्वास दिलाते हैं, आपको वहाँ कोई कष्ट नहीं होगा।''

उनके त्रुटिहीन आतिथ्य ने मुझे कोई शारीरिक कष्ट तो नहीं होने दिया, किन्तु आत्मिक कष्ट अवश्य हुआ था। मेरे आने की सूचना एवं आरक्षण महीना-भर पूर्व ही हो चुका था जबकि मन्त्री प्रवर अचानक पधारे थे, फिर भी भला उन्हें होटल में ठहराने का घातक प्रस्ताव कौन कर सकता था? फिर मन्त्री मन्त्री थे और महीने पूर्व हुए आरक्षण की भी उनके लिए धज्जियाँ उड़ाई जा सकती थीं।

किन्तु अनेक अभावों से पीड़ित चित्त आज इन व्यर्थ की दलीलों को, सुखदुख के इस असम वितरण को, मान्यता देने को तत्पर नहीं होता। कम दाना-घास पाई इक्के में जुती मरियल दुर्बल घोड़ी भी कभी-कभी, अनुशासन-प्रिय इक्केवान के कड़े चाबुक की अवहेलना कर बगटुट भाग, चालक सहित पूरे इक्के को भी उलट सकती है। जनता की सहिष्णुता का उत्स अब दिन-प्रतिदिन सूखता जा रहा है। आपातकालीन अत्याचारों के चिह्न रूप में प्रदर्शित शहीदों के घाव सीजर के घावों की भाँति प्रदर्शित होते-होते हमारी सहानुभूति को ही निगल चुके हैं। कभी निर्ममता से उखाड़ दिए गए पौधों की लहलहाती समृद्धि को अब न हमारी सहानुभूति की आवश्यकता है न हमारे सहयोग की आकांक्षा। किन्तु, मानव के दोनों हाथों को विधाता ने दो विपरीत शक्तियाँ प्रदान की हैं। वह एक हाथ से जिस नवीन परिवेश की सृष्टि करता है, वहीं दूसरे हाथ से उतनी ही तत्परता से उसका विध्वंस भी करने में समर्थ है। उसके भीतर ही भीतर सुलग रही असन्तोष, अभाव एवं विद्रोह की नन्ही चिनगारियाँ कभी भी लपलपाती लपटों से नव-निर्मित परिवेश को भस्मीभूत कर सकती हैं, इस सम्भावना के प्रति हमें निरन्तर जागरूक रहना है। हमारी यह जागरूकता, स्वाधीनता के प्रति यह सचेतनता हमारा हित ही करेगी, अनहित नहीं।

दस

आज मैं अंग्रेज़ी की एक पत्रिका में एक ऐसे विद्वान लेखक का लेख पढ़ रही थी, जिन्होंने मानव स्वभाव की गुत्थियों के अनुसन्धान में ही अपना जीवन यापित किया है। उन्होंने अपने सुलिखित निबन्ध का समापन इस निष्कर्ष से किया है कि "मानव चरित्र पर सबसे अधिक प्रभाव उसके परिवेश का पड़ता है। यदि एक ही माता-पिता की दो सन्तानों को दो विभिन्न परिवेशों में रखा जाए तो निश्चय ही उनके स्वभाव, उनके आचरण में स्थानगत भिन्नता दृष्टिगोचर होगी, अर्थात् मानव के कुलगत संस्कारों का उस पर उल्लेखनीय स्थायी प्रभाव नहीं पड़ सकता।" किन्तु कभी-कभी वास्तविकता इस निष्कर्ष को झुठला भी देती है। हमारे देश की एक कहावत ही हमारे देश में अधिक सार्थक होकर उभारती है।

जात का बछड़ा औकात का घोड़ा
बहुत नहीं तो थोड़ा-थोड़ा।

मैंने अपने कुछ परिचित परिवारों में एवं स्वयं अपने परिवार में कुछ ऐसे दुःखदायक दृष्टान्त देखे हैं जिनसे उक्त कहावत पर ही विश्वास अधिक दृढ़ हो उठता है। कुलगत संस्कार निश्चय ही किसी-न-किसी रूप में हममें तब तक वर्तमान एवं सजग हैं, जब तक हम चिता पर नहीं चढ़ते।

मेरी एक सहपाठिनी के पति गाजियाबाद के समृद्धतम नागरिकों में से थे। अभी कुछ ही दिन पूर्व उनका देहान्त हुआ। निःसन्तान दम्पति ने न जाने क्या सोचकर जीवन की प्रौढ़ गोधूलि में एक पुत्र गोद ले लिया। कुछ वर्ष पूर्व जब वह पुत्र को लेकर मुझसे मिलने आई तो वह सात-आठ वर्ष का रहा होगा, किन्तु उसके उस अकाल परिपक्व पुत्र के गालियों के अद्भुत कोष ने मुझे कुछ ही घंटों में सहमा दिया था। केवल गालियाँ ही नहीं, उसकी अबाध्यता, उसकी जिद और उसका अस्वाभाविक क्रोध देखकर मैंने उसकी माँ को सामान्य चेतावनी देने की चेष्टा भी की थी, "अभी से तुमने इसे बहुत सिर चढ़ा लिया है। सावधान रहना, कहीं ऐसा न हो कि तुम्हारा बुढ़ापा ख़राब करे।"

वही हठी बालक अब एक ऐसा उद्दंड किशोर बन गया है, जिसकी लगाम साधने में मेरी सहपाठिनी धैर्यच्युत होती, बौखला-सी गई है। "भूल मेरी ही है।" उसने मुझे लिखा है, "गोद ही लेना था तो अपने ही पति के या अपने

पिता के कुल से किसी को लिया होता, तब शायद आज ऐसे मत्था नहीं ठोंकती।'' किसी होम से लिए गए अज्ञात कुलगोत्र के उस अवांछित परित्यक्त पुत्र के अतीत के विषय में वह जीवन-भर अनभिज्ञ ही रहेगी तब भी उसने अनुमान लगा लिया था कि उसका कुल निश्चय ही किसी संदिग्ध रहस्य की कालिमा से अभिशप्त रहा होगा।

ऐसे ही मेरी एक अन्य परिचिता ने भी अस्पताल से एक नवजात सुन्दर शिशु कन्या को छाती से लगाकर पाला, वह भी निःसन्तान थी। आज उस किशोरी पुत्री ने भी माँ को अपना अकृतज्ञ अँगूठा दिखा, उसका जीना दूभर कर दिया है।

उक्त दोनों जननियों ने दत्तक पुत्र-पुत्री के लालन-पालन में, शिक्षा में उन्हें स्नेह की अकृपण घुट्टी पिलाने में कोई कसर नहीं बरती, अर्थात् परिष्कृत परिवेश की परिच्छन्नता में कोई त्रुटि नहीं रहने दी। किन्तु उनके मज्जागत-कुलगत संस्कारों ने उनके चित्त के विद्रोह को प्रखर कर एक-न-एक समय अबाध्य उद्दंड बना ही दिया।

''उदार पॉकेट मनी देती हूँ, एक से एक नए कपड़े सिलवा दिए हैं, किताबें खरीद दी हैं,'' मेरी गाजियाबाद वाली परिचिता ने मुझसे कहा, ''पर फिर भी बाप की जेब से सौ का नोट निकाल लिया। कभी-कभी तो लगता है, लाख सिर पटकने पर भी इसे अपने खानदान के ढाँचे में हम नहीं ढाल पाएँगे, यह अपने ही अभागे खानदान पर जाएगा।''

इस प्रयास में सबसे घातक पराजय कभी स्वयं मेरी माँ की हुई थी। मेरे जन्म से कुछ पूर्व एक बार मेरी माँ गुजरात के किसी ग्राम से एक अनाथ दुधमुँही बच्ची को उठा लाई थीं। ग्राम के पटेल ने ही उसे उनके चरणों में डालकर कहा था, ''इसका कोई नहीं है सरकार, आप ही इसे जीवन-दान दें। बड़ी होगी तो आपकी सेवा करेगी और चरणों में पड़ी रहेगी।'' अब कभी सोचती हूँ कि किस अमानवीय साहस से माँ उसे उठाकर घर लाई होंगी, क्योंकि हमारे कट्टर सनातनी गृह में उस कंजर कन्या की उपस्थिति की कल्पना भी तब असम्भव प्रतीत हुई होगी। उसकी जाति का रहस्य कुछ दिनों तक मेरे पिता से भी गोपनीय रखा गया, पर चिन्ता पिता की नहीं, पितामह की थी, जो अंग्रेज मेम साहब से पढ़कर हमारे प्रत्यावर्तन को भी गोमूत्र के छींटों से शुद्ध करते थे। किन्तु सौभाग्य से वे काशी में थे और हम राजकोट में।

धीरे-धीरे पाँचुड़ी उर्फ पाँची बाई हम भाई-बहनों के साथ-साथ हमारी माँ

की कड़ी स्नेहपूर्ण देख-रेख में बड़ी होने लगी। उसके सुघड़ सलीके, साफ-सुथरे, सँवरे व्यक्तित्व को देखकर कोई कह ही नहीं सकता था कि वह गुजराती उस कबीले की दुहिता है, जहाँ लड़कियाँ बड़ी होने तक केवल एक ह्रस्व लँगोटी धारण किए वन-जंगलों में घूमती-फिरती हैं। वह हमसे भी साफ पहाड़ी बोलती थी, एक से एक बढ़िया कढ़ाई-बिनाई के नमूने उतारती थी और सजने का तो उसे बेहद शौक था। केवल रंगरूप में विधाता ने उससे प्रवंचना की थी, जिसका उसे गहरा क्षोभ था।

धीरे-धीरे पाँची बाई बड़ी हुई। तेरह वर्ष में मेरी सबसे बड़ी बहन का विवाह हो गया था, इसी से माँ को चौदह वर्ष की पाँची की भी चिन्ता हुई। बड़ी चेष्टा से एक वर जुटा, पूरा परिवार कन्या को देखने आया। महा उत्साह से हमारे गृह में उनके स्वागत का आयोजन हुआ। सबकुछ लगभग ठीक हो चुका था कि करमजली पाँची ने ही अपने अशोभनीय आचरण से सब गुड़-गोबर कर दिया। उसे कठोर आदेश दिया गया था कि विनम्र-सलज्ज मुद्रा में नतमुखी बैठी रहे। जब उसके भावी श्वसुर ने मेरी माँ से उसका गोत्र पूछा और माँ उत्तर नहीं दे पाई तो पाँची बाई ने घूँघट उलट स्वयं उत्तर दे दिया। वह भी निर्लज्ज अट्टहास के साथ, "हा हा हथियाणी, बा हूँ पूछी आवी हूँ" (अर्थात् माँ, मैं पूछ आई हूँ)। ग्राम के पटेल से यह दुर्लभ सूचना बटोर, वह पहले ही इस सम्भावना के लिए तैयार होकर आई थी। वरपार्टी उसी क्षण लाठी-पोटली समेट चली गई।

"ऐसी बेहया बहू लेकर मैं क्या करूँगा बा साहेब," कह बुड्ढा चला गया था। हमारी ही भाँति पाँची भी हमारी माँ को 'बा' कहती थी, "बा हवे हूँ कशु नई कहूँ;" (माँ, अब मैं कुछ नहीं कहूँगी) उसने कहा था, किन्तु फिर उसके नवीन वरसंधान में माँ को प्राणघातक चेष्टा करनी पड़ी थी। अन्त में किसी ने एक और पात्र ढूँढ़ दिया। जीवा सीधा-सरल अनाथ युवक उसी की जाति का था, किन्तु उसकी भी एक शर्त थी, उसे ड्राइवरी सिखा हमें उसे अपना ड्राइवर बनाना होगा। उसकी वह शर्त भी मान ली गई। लहरदार बाँका साफा पहन भाड़े के सात-आठ बराती बटोर पाँची बाई का दूल्हा हमारे द्वार पर आ खड़ा हुआ। मेरी माँ ने ही कन्यादान किया, दहेज दिया और फिर उस विचित्र बारात का प्रस्थान हमारे ही सागरपेशे के दो कमरों में सीमित होकर अटक गया।

वही अब पाँची बाई की ससुराल थी। फिर तो नित्य ही पाँची बड़े अधिकार से अपनी चौथ बटोरने नित्य आने लगी, 'आज दाल नहीं है, चावल

चाहिए, कढ़ी बनी है, बा?' हमारे अन्य पहाड़ी नौकरों को पाँची से कभी कोई विशेष लगाव नहीं रहा। उसे देखते ही वे भड़क उठते थे, "जब माँजी तनखा देती है तेरे आदमी को तो फिर माँगने यहाँ क्यों आती है?"

"खूब आऊँगी," वह कहती, "बा तो कुछ नहीं कहतीं, तुम क्यों जले-भुने जाते हो?"

धीरे-धीरे पाँची बाई का परिवार विस्तृत हुआ। पहले आई राधा बाई, फिर आए पोपट (तोताराम)। अब पुत्र-पुत्री के जन्म के साथ माँ से पर्याप्त छोचक बटोर पाँची बाई स्वयं बा की सेवा से विमुख होती चली गई। फिर भी माँ का स्नेह उस पर पूर्ववत् बना हुआ था। हम जहाँ भी गए, माँ की उस मुँहलगी दत्तक पुत्री का परिवार साथ-साथ गया—रामपुर, मसूरी, अल्मोड़ा।

इस बीच घर के पुराने नौकर माँ को कई बार सावधान कर चुके थे कि पाँची बाई घर की छोटी-मोटी चीजें गायब करने लगी है। किन्तु माँ को उस पर अगाध विश्वास था। उन दिनों हमारे घर में चाँदी की कुछ अत्यन्त सुन्दर तश्तरियाँ थीं। एक-एक कर पहले वे गायब हुईं फिर अनेक लड़ियोंवाले पान गूँथने के मछलीदार चाँदी के काँटे। उधर पाँची बाई के एक ऐतिहासिक तकिया का कलेवर संदिग्ध रूप से बढ़ता जा रहा था। एक दिन धूप में सूख रहे उसी तकिया को निर्ममता से कोंच-कोंच हमारे एक भृत्य ने चाँदी की अदृश्य तश्तरियाँ मंजीरे-सी बजाकर झनझना दीं। अपनी अकृतज्ञ दत्तक पुत्री का अद्भुत हस्तकौशल मेरी माँ को स्तब्ध कर गया था, फिर भी न जाने किस ममता की डोर से विवशता से बँधी वह उसे निष्कासित नहीं कर पाईं। बहुत वर्षों बाद जीवा की मृत्यु के पश्चात् वह स्वेच्छा से ही एक बार फिर अपनी विस्मृत जन्मभूमि की ओर लौट गई थी। जब वह गई तो उसका ऐतिहासिक तकिया भी उसके साथ था और उसके असामान्य कलेवर की गरिमा पूर्ववत् बनाए रखने में निश्चय ही हमारे गृह की अनेक छोटी-मोटी वस्तुओं का योगदान रहा होगा, क्योंकि जाने से पूर्व तकिया एक बार गिरकर छम्म से फिर मंजीरे-सा बज उठा था।

ग्यारह

अभी इसी सप्ताह एक ऐसे वरिष्ठ पुलिस अधिकारी ने मुझसे एक प्रश्न पूछा

था, जिसका उत्तर मैं तत्काल उन्हें नहीं दे पाई थी। उस जटिल प्रश्न का तत्काल समुचित उत्तर देना मेरे लिए क्या, किसी के लिए भी सम्भवतः सहज नहीं होता। वह प्रश्न आज हमारे अनेक संशय-ग्रस्त माता-पिताओं का है, हमारी पारिवारिक जटिलता एवं सामाजिक जीवन ही कुछ अंश में इस प्रश्न के लिए उत्तरदायी हैं। जिन्होंने मुझसे यह प्रश्न पूछा, वह एक ऐसे विभाग के उच्च अधिकारी हैं, जो दिन-रात ऐसी ही समस्याओं से जूझता है, इसी से स्वाभाविक था कि एक कर्तव्यनिष्ठ अधिकारी के नाते वह समाज की किसी भी अपराध-सम्बन्धी जिज्ञासा का समाधान, अपना प्रमुख कर्तव्य मानते हैं।

उन्होंने मुझसे पूछा, "शिवानीजी, अनेक उच्चपदस्थ ऐसे अधिकारी भी कई बार मेरे पास राय लेने आते हैं जिनके पुत्र उनके यत्न से लालन-पालन, श्रेष्ठ शैक्षणिक संस्थाओं में शिक्षा के बावजूद हाथ से निकल गए हैं। कोई पिता पर ही हाथ उठा बैठता है, किसी को चरस की कुड़क सताती है और किसी को अत्याधुनिका सहपाठिनियों का संसर्ग। कैसे उनको राह पर लाया जा सकता है? क्या कारण है कि आज की पीढ़ी ऐसे अबाध्य, अनुशासनहीन बनती हमारे हाथ से निकली जा रही है?"

यह कोई नवीन समस्या इसलिए नहीं है कि प्रत्येक पुरानी पीढ़ी, किसी-न-किसी रूप में नवीन पीढ़ी के विद्रोह से त्रस्त अवश्य हुई है। किन्तु उस पीढ़ी की सामाजिक जटिलता हमारे आधुनिक समाज की जटिलता की भाँति इतनी उलझी नहीं थी कि उसे सुलझाना ही असम्भव प्रतीत हो। तब युग इतनी तीव्र गति से नहीं भाग रहा था। समय का इतना अभाव भी नहीं था और सबसे बड़ी बात यह थी कि तब, माता-पिता शिशु की सुकुमार वृत्ति के समुचित विकास के लिए प्रेम के महत्त्व को समझते थे। माता-पिता, परिवार, आत्मीय स्वजन की आत्मिक सहानुभूति का प्रत्येक बालक या बालिका के जीवन में विशेष महत्त्व था।

आज हमारे व्यक्तिगत स्थूल जीवन-बोध ने हमें स्वयं ही हमारे बच्चों से दूर हटा दिया है, हमारी उच्चाकांक्षा—चाहे वह किसी क्षेत्र की हो, नौकरी की, व्यापार की या राजनीति की—हमारा एकमात्र ध्येय बन गई है। हमने अपने पुत्र को किसी प्रख्यात पब्लिक स्कूल में डाल दिया, उसको दामी से दामी कपड़े सिलवा दिए, मनपसन्द कैमरा खरीद दिया, स्टीरियो ले दिया और हमारा कर्तव्य पूरा हो गया—इस विलासी लालन-पालन के पीछे भी हमारे प्रदर्शन की भावना ही प्रबल रहती है। लोग देखें, समाज देखे कि हमारा बेटा कैसा राजकुमार-सा

पल रहा है। यही अस्वाभाविक परिवेश में पले राजकुमार जब परिवार में जाते हैं और फिर सामाजिक परिवेश में गोता लगाते हैं तो उन्हें सबकुछ अनचीन्हा लगता है—यहीं से शिशु मन टूटता है। पहले माता-पिता के प्रति विद्रोह प्रखर होता है, फिर समाज के प्रति। धीरे-धीरे हिंसा, वह भी विवेकहीन हिंसा, उनका मूल लक्ष्य बन जाती है।

बचपन से ही जिस शिशु को निजस्व व्यक्तित्व की उपलब्धि का सुयोग नहीं जुटता, वही बड़ा होकर विद्रोही बनता है। पूत के पाँव पालने से ही देखे जाते हैं। यदि आरम्भ से ही उसके शिशु-जीवन में ही उसे अनुशासन का महत्त्व न समझाया गया, स्नेह की, वह भी अकृत्रिम स्नेह की, घुट्टी उसे नहीं पिलाई गई तो बढ़ती वयस के साथ, अनुशासनी जंजीर की जकड़ वह बड़ी अबाध्यता से तोड़कर दूर फेंक देगा।

आप एक सामान्य दृष्टान्त पशु का ही लीजिए। किसी कुत्ते को आप पहले कुछ दिन स्वच्छन्द विचरण के लिए बिना जंजीर के छोड़ दें और फिर उसे चेन में बाँध दें तो वह भौंकेगा भी अवश्य और वह बन्धन उसे धीरे-धीरे खूँखार भी बना देगा। आज अपनी सन्तान को भी हम अचानक ऐसे ही जंजीरी जकड़ से जकड़ने की चेष्टा करते हैं। स्वाभाविक है कि बँधनेवाला गुर्राएगा, और सम्भव है कि काटने को भी दौड़े। सन्तान को योग्य, आज्ञाकारी एवं शिष्ट बनाने के लिए परमावश्यक है स्वयं माता-पिता का त्याग। अपने स्वार्थ को, अपनी उच्चाकांक्षा को ताक पर धर जब तक हम स्वयं अपना दृष्टान्त सन्तान के सम्मुख नहीं धरेंगे, हम उनके हाथ से चले जाने का दुखड़ा ही किस मुँह से बखान सकते हैं? दूसरी, हमारी दुर्बलता है सन्तान की दुष्कीर्ति को ग्रहण न कर पाना। हम जानते हैं कि हमारा पुत्र चरस का दम खींचता है, ट्रेन यात्रियों को डरा-धमका उनकी घड़ियाँ उतरवा लेने में विशेष रूप से ख्याति-प्राप्त एक दल का भी सदस्य है। कार चुराते भी पकड़ा गया है, पर फिर भी जब कोई हितैषी हमसे आकर कहता है कि "भई, अपने बेटे को सँभालो, हमने आज उसे फलाँ बदनाम लड़के के साथ देखा," तो हम उस हितैषी पर ही झपट पड़ते हैं।

ऐसे ही एक परिवार के पुत्र को मैंने छत पर गाँजे का दम खींचते स्वचक्षुओं से देखा। उसके पितामह से मेरा पुराना परिचय था, इसी से क्षुब्ध अवश्य हुई किन्तु उसके माता-पिता से जानबूझकर ही कुछ नहीं कहा।

जननी पद का सुदीर्घ अनुभव इतना मुझे भी सिखा गया है कि संसार की

कोई भी जननी अपने पुत्र की निन्दा नहीं सुन सकती। किन्तु, अपराधी पुत्र मुझे देख चुका था, उसकी नई-नई उगी दाढ़ी का तिनका उसे स्वयं ही स्पर्शकातर बना गया। पता नहीं, उसने माता-पिता से क्या कहा है कि जो परिवार कभी मेरा परम मित्र था, आज वह मुझे देखकर ही मुँह फेर लेता है।

यदि आज हम अपनी सन्तान के हाथ से निकल जाने का दुखड़ा रोते हैं तो अपने आँसुओं के लिए हम ही उत्तरदायी हैं। प्रत्यंचा से छूटा तीर और हाथ से गया बेटा कभी वापस नहीं आता। इसी से हमें तीर छोड़ने से पूर्व ही निशाना साधना होगा, नहीं तो वह दिन भी दूर नहीं जब जापान की भाँति सम्पन्न-समृद्ध परिवारों का सबसे बड़ा सिरदर्द सन्तान की आत्महत्या हमारा भी सिरदर्द बन जाएगी। टोकियो में गत वर्ष, 70 बालक-बालिकाओं ने आत्महत्या की, जिनमें सबकी उम्र थी दस रो चौदह वर्ष! कुछ का कारण था परीक्षा में अकृत कार्य होना, कुछ का कारण था पारिवारिक परिवेश और कुछ का यौन-संसर्ग के पश्चात् गहन पापबोध की भावना!

बारह

प्रायः ही देखा गया है कि एक ही परिवार में यदि अकल्पनीय दैवी प्रतिभा प्रदत्त दो सन्तानें जन्मती हैं और उनमें से एक की प्रतिभा यदि अधिक ख्याति प्राप्त कर लेती है तो दूसरी प्रतिभा स्वयं ही दब जाती है।

महर्षि देवेन्द्रनाथ ठाकुर भी एक ऐसे ही भाग्यशाली जनक थे जिनकी प्रत्येक सन्तान असाधारण प्रतिभाशाली थी, किन्तु रवीन्द्रनाथ ठाकुर उस परिवार के ऐसे देदीप्यमान-ज्योतिष्मान पुंज बनकर चमके कि परिवार के अन्य ज्योतिपुंज उनकी दिव्य आभा में स्वयं ही दिवसधूसर शशि-से म्लान होकर रह गए।

शायद, बहुत कम हिन्दी पाठक जानते होंगे कि रवीन्द्रनाथ ठाकुर की बड़ी बहन श्रीमती स्वर्णकुमारी की प्रतिभा भी किसी अंश में अपने भाई से कम नहीं थी। जहाँ तक मुझे ज्ञात है, उनके एक-दो उपन्यासों का हिन्दी में अनुवाद हुआ था। उनकी जैसी प्रतिभा थी, वैसा ही प्रखर व्यक्तित्व भी था। मैंने जोड़ासाँको में उनका एक विशाल चित्र देखा था, गौर वर्ण, लम्बे काले केश,

खड़े होने की भंगिमा में तेजोमय आभिजात्य की दीप्ति, रेशमी गद्दीदार कुर्सी को थामे उस महिमामयी महिला के चेहरे का मुझे उस दिन क्वीन विक्टोरिया के चेहरे से आश्चर्यजनक साम्य लगा था।

गुरुदेव की पौत्री नंदिता कृपलानी ने जब मुझे वह चित्र दिखलाया तो मैंने कहा था, "जूड़े के बदले यदि यह चोटी माँग को घेरकर सँवारी जाती और साड़ी न पहने होती तो एकदम क्वीन विक्टोरिया लगतीं।"

"तुझे पता नहीं है क्या, इन्हें क्वीन विक्टोरिया ही तो कहा जाता था..." सुना, उनका परवर्ती जीवन अनेक दुःख-आघातों से क्षत-विक्षत हुआ किन्तु उस चित्र के चेहरे में, जीवन के युद्धक्षेत्र में डटकर, सतर मोहक ग्रीवा को तानकर खड़े किसी वीर सेनानी का-सा ही दृप्त भाव था। चित्र उनकी प्रौढ़ावस्था का था और तब तक निश्चय ही वह जीवन के अनेक आघातों से शरविद्ध हो चुकी होंगी।

साहित्य एवं संगीत के प्रति स्वर्णकुमारी का बचपन से ही अनोखा लगाव था। उन्हें निरन्तर उत्साहित किया उनके अग्रज ज्योतीन्द्रनाथ ठाकुर ने। अनेक अंग्रेज़ी और फ्रेंच उपन्यासों का अनुवाद कर छोटी बहन को सुनाकर कहते, "जा, अब तू भी एक ऐसी ही सशक्त कहानी लिख डाल।"

ज्योतीन्द्रनाथ उनसे 5-6 वर्ष बड़े थे और उनसे 6 वर्ष छोटे थे रवीन्द्रनाथ। भले ही जीवनकाल में अद्वितीय ख्याति प्राप्त करनेवाले छोटे भाई की प्रतिभा ने स्वर्णकुमारी की प्रतिभा को प्रस्फुटित होने का समुचित सुअवसर न दिया हो, इसमें कोई सन्देह नहीं कि बंगला साहित्य एवं संस्कृति के क्षेत्रों में उनका नाम आज भी उसी आदर से लिया जाता है।

उस युग की जिन दो श्रेष्ठ महिला साहित्यकारों ने अपनी कृतियों से अपना सुनाम प्रतिष्ठित किया, उनमें एक थीं स्वर्णकुमारी, दूसरी शरतकुमारी चौधरानी। इन दो नामों में भी स्वर्णकुमारी अपने नाम की महिमा को सार्थक करती खरे सोने-सी ही चमकीं। उनकी सूक्ष्म दृष्टि, सशक्त भाषा एवं नारी-चरित्रों को जीवन्त बना देने के नैपुण्य ने जहाँ उन्हें एक सफल उपन्यासकार के रूप में ख्याति प्रदान की, वहीं पर तत्कालीन प्रसिद्ध साहित्यिक पत्रिका 'भारती' के 11 वर्षीय सुदीर्घ सुदक्ष सम्पादन ने उन्हें एक ऐसी सफल सम्पादिका के रूप में प्रतिष्ठित किया, जिसने किसी भी अनुभवी पुरुष सम्पादक से कुछ कम दक्षता का परिचय नहीं दिया। 'भारती' उन दिनों की एकमात्र साहित्यिक पत्रिका थी। जिन अनेक प्रख्यात लेखकों की रचनाएँ, उन

दिनों इसके पृष्ठों का प्रमुख आकर्षण रहती थीं, उनमें थे श्री रामदास सेन, चन्द्रनाथ बसु, जलधर सेन, दीनेन्द्रकुमार राय और स्वयं रवीन्द्रनाथ।

नगेन्द्रनाथ गुप्त ने उन दिनों 'भारती' के माध्यम से सर्वाधिक लोकप्रियता प्राप्त की। मुझे भी उनके ऐसे अनेक रोमांटिक उपन्यासों के जादू ने बाँधा है। छात्रावास में वार्डन की दृष्टि बचा, मोमबत्ती के क्षीण प्रकाश में उनके उपन्यास पढ़ते-पढ़ते कभी-कभी सारी रात बीत जाती। एक मैं ही नहीं, बंगाल की अधिकांश किशोरियाँ तब उनकी लेखनी के मोहजाल में बँधी थीं। अँधेरे में घिरी जमींदार अट्टालिका, रहस्यमय चरित्र कौशल से बुना गया परिस्थितियों का जटिल जाल। रोमांस का ऐसा रम्य रूप तब शायद ही किसी अन्य बंगला लेखक ने दिया होगा। वैसे, उनके उपन्यास उन्हें ही अच्छे लग सकते थे, जिन्होंने पहले बंकिम की लेखनी का लोहा माना हो। जलधर सेन की ख्याति 'भारतवर्ष' के सम्पादक-रूप में ही अधिक है किन्तु उनकी यात्रा-कथाएँ भी अनूठी होती थीं। यात्रा-साहित्य के रूप में उन्होंने बंगला साहित्य के लिए जो विराट् वाङ्मय ऐश्वर्य की विरासत छोड़ी है, वह परवर्ती साहित्यकारों को सदा उनकी ऋणी रखेगी। मुझे उनके दर्शन का भी सौभाग्य प्राप्त हुआ है। तब वह बहुत बूढ़े हो चुके थे किन्तु कहानी-किस्से सुनाने लगते तो हमारे ही हमउम्र बन उठते। आज भी उनकी हस्तलिपि में लिखा आशीर्वाद मेरे पास सुरक्षित है। जननी, पत्नी एवं पुत्री की मृत्यु ने उन्हें भरी जवानी में ही संन्यासी पर्यटक बना दिया था। वर्षों हिमालय की गहन वन-कन्दराओं में घूमते रहे। लौटने पर उन्होंने अपनी इसी भ्रमण-कहानी का प्रथमांश 'भारती' में छपने भेजा, प्रेरणा दी थी स्वयं सम्पादिका स्वर्णकुमारी ने। इसके पश्चात् उनकी उस सहज शैली में लिखी गई वह भ्रमण-कहानी इतनी लोकप्रिय हुई कि महीनों तक अपनी मोहक धारावाहिक किस्तों में पाठकों को बाँधती रही।

दीनानाथ राय का सम्भवतः बँगला का प्रथम जासूसी उपन्यास 'अजीत सिंहेरकुठी' भी पहले 'भारती' में ही 'पट' नाम से छपा। स्वयं स्वर्णकुमारी का सम्पादकीय ही 'भारती' का प्रमुख आकर्षण रहता। उनके प्रथम प्रयास की ही अनुभवी सच्ची बानगी देखिए—

"आज पूजनीय श्री द्विजेन्द्रनाथ ठाकुर वर्तमान वत्सर में 'भारती' के सम्पादकीय भार से अवसर ग्रहण कर रहे हैं, इसके परिवर्तन में हमने आज यह भार ग्रहण किया है। 'भारती' आज तक जिस उत्कृष्ट रूप में सम्पादित होती रही, उससे अधिक उत्कृष्ट रूप उसे दे पाना हमारे लिए दुर्घट है, इसी

से ऐसी आशा का स्वप्न न देख हम केवल इसी आशा के वशवर्ती रहेंगे कि इसकी पूर्व प्रतिष्ठा पर कभी आँच न आने पाए। एक बार यह भी स्थिर हुआ था कि इसका प्रकाशन बन्द कर दिया जाए, हमारे देश की एवं बँगला भाषा की वर्तमान दुरवस्था में 'भारती' जैसी पत्रिका की अकाल मृत्यु हम सबके लिए बड़ी कष्टकर होती, इसी से इसकी अकाल मृत्यु से रक्षा करने की इच्छा ने ही हमें इसका सम्पादन-भार ग्रहण करने को विवश किया। माता, पिता, आत्मीय स्वजन छोड़कर जब कन्या श्वसुरालय जाती है तो गम्भीर दुख से अश्रुजल की वन्या बहा उठती है।

" उसके माता-पिता भी दुख से अभिभूत हो उठते हैं कि उनकी साध की प्रतिमा आज पराये गृह में प्रतिष्ठित होने जा रही है। उनका-सा दुलार-यत्न क्या वे उनकी कन्या को दे पाएँगे? किन्तु वहाँ जाने पर जब कन्या देखती है कि वहाँ भी उसे वही आदर-यत्न देनेवाले स्नेही जन हैं तो फिर उसका वह सुख माता-पिता का भी सुख बन जाता है। 'भारती' के सम्बन्ध में भी हमें इसके सहृदय पाठकों से विनीत भाव से यही कहना है कि 'भारती' हमारे हाथों में भी वही स्नेह-आदर-यत्न पाएगी। इसके पूर्वतन बन्धुगण उसके मंगल निमित्त जैसा श्रम करते थे, वैसा ही हम भी करेंगे। और एक बात, कन्या के ससुराल जाने पर भी उसके माता-पिता कभी पराए नहीं बनते, उनका स्नेह पूर्ववत् बना रहता है, इसी प्रकार 'भारती' के हस्तांतरित होने पर भी अपने पूर्वतन बन्धुगणों से स्नेह की डोर कभी शिथिल नहीं होगी। इसी से निवेदन है कि यह आज पराये गृह में भले ही जा रही हो, आज भी अपने पाठकों के लिए वही 'भारती' है और सदा रहेगी।"

सचमुच ही ससुराल जाकर 'भारती' और निखर आई। एक दिन इसके सम्पादक बने स्वयं विश्वकवि रवीन्द्रनाथ। किन्तु उनके पास समय था ही कहाँ? एक वर्ष पश्चात् उनके विदा-ग्रहण के दीर्घ वक्तव्य की एक-एक पंक्ति पठनीय है।

"मैंने एक वर्ष तक सम्पादन किया, इस बीच अनेक त्रुटियाँ हुईं और उन त्रुटियों की एकाएक कैफियत व्यक्तिगत है। सांसारिक चिन्ता, चेष्टा, आधि-व्याधि, क्रिया-कर्म ने सम्पादक के साथ-साथ 'भारती' को भी समय-समय पर विक्षिप्त किया है। निरुद्विग्न अवकाश के अभाव में जहाँ एक ओर अपने पाठकों को निराश किया, वहीं अपने सम्पादकीय कर्तव्यादर्श को भी स्वयं खंडित किया। किसी भी पत्र या पत्रिका को अपने मन के अनुसार निकालना

तब ही सम्भव है, जब सम्पादक अनन्य कर्मा बन स्वयं उसका एकच्छत्र कर्णधार बने, किन्तु प्रकृत पक्ष में हमारे देश के सम्पादक का पत्र-सम्पादन कुछ-कुछ उस क्लान्त गाय के दूहने-सा है, जिसे दिन-भर हल में जोता जाए, सारा दिन खेत में जुती कृशकाया उस धेनु के रसावशेष में प्रचुर मात्रा में जल मिला ग्राहकों को देने पर एक-न-एक दिन परम धैर्यवान उस जन्तु का प्राणान्त अवश्यम्भावी है। उधर भोक्ता भी जलमिश्रित सामग्री को देख भुनभुना उठते कि हमारे तीन रुपए वार्षिक चन्दे के बदले में यह पानी!

"धनिकों की बस्ती में रहनेवाले दरिद्र का आचरण कभी ठीक नहीं रह सकता; उसका व्यय एवं व्यवहार बड़ी जल्दी उसकी औकात से बाहर छिटक जाते हैं। यूरोपीय पत्र-पत्रिकाओं के आदर्श पर हम अपने देश के पत्र-पत्रिकाओं को चलाना चाहते हैं, अथवा हमारी अवस्था है विपरीत! हमारी सहाय सम्पदा अर्थ-बल, लोक-बल, लेखक-बल, पाठक-बल सब ही स्वल्प है, पर हमारी चाल है एकदम विलायती, नियम है अत्यन्त कठोर। इसी विभ्राट में एक न एक दिन या तो पत्रिका मरती है या बेचारा सम्पादक।"

एक ही वर्ष तक इसका सम्पादन कर जहाँ रवीन्द्रनाथ ने धैर्यच्युत होकर हाथ धो लिए, वहीं पर स्वर्णकुमारी ने ग्यारह वर्ष तक इसकी सुदक्ष सम्पादना कर यह सिद्ध कर दिया कि असामान्य धैर्य एवं अध्यवसाय में नारी पुरुष से दो कदम पीछे नहीं, दो कदम आगे ही निकलने में पूर्ण रूप से समर्थ है।

तेरह

अभी तीन दिन पूर्व, मेरी एक परिचिता मिलने आईं। पास ही में घटी एक अप्रीतिकर घटना ने उन्हें बहुत चिन्तित कर दिया था। घटना ऐसी थी कि उनका चिन्तित होना स्वाभाविक भी था। वही नहीं, उनके स्थान पर कोई भी सयानी पुत्री की जननी होती तो उसे भी वह घटना भयत्रस्त अवश्य कर जाती। फिर उन्होंने उस घटना का ब्यौरा इधर-उधर की बतकही से नहीं बटोरा था, स्वयं घटना से सम्बद्ध गृहिणी के मुख से सुनकर आई थीं। संध्या को लगभग सात बजे उनका पुत्र अपनी चचेरी बहन को लिवाकर घर आ रहा था। बहन रिक्शा में थी, अंगरक्षक बना भाई रिक्शा के पीछे-पीछे साइकिल पर था। सहसा सड़क पर रुकी एक फिएट से एक लड़का उतरा और बड़ी दुःसाहसिक

धृष्टता से किशोरी की चेन ख़ींचने लगा। वह बेचारी जोर-जोर से चीखने लगी, क्योंकि गाड़ी में तीन-चार लड़के और भी बैठे थे। इतने ही में लपककर भाई घटनास्थल पर पहुँच गया। उसे देखते ही दुःसाहसी आरोही नौ-दो ग्यारह हो गए। किन्तु फिएट के अदृश्य होने के पूर्व भाई की प्रत्युत्पन्नमति कार का नम्बर नोट कर चुकी थी। जैसाकि प्रायः ऐसे अवसरों पर होता है, डिसाइफर करने पर कार के नम्बरों के स्थान पर मानस की वही चिरपरिचित पंक्ति उभर आई, जो प्रायः कानून के सशक्त हाथ को भी जकड़ उसे विवश बना देती है, 'समरथ को नहिं दोष गोसाईं'।

यह सचमुच ही हमारे अभिशप्त देश का बहुत बड़ा दुर्भाग्य है कि यहाँ 'असमरथ' से 'समरथों' की संख्या बहुत बड़ी है। संध्या सात बजे ही जो महाअशोभनीय घटना किसी सम्भ्रान्त गृहस्थ की पुत्री के साथ घटी है, वह कल स्वयं हमारी पुत्री के साथ भी घट सकती है, उस कटु सत्य को हमारा विशुद्ध-उदार, क्षमाशील भारतीय चित्त कभी उदरस्थ नहीं कर सकता। हमारे विवेक की रसलोलुप भारतीय जिह्वा को मीठे नुक्ती के लड्डू ही पसन्द हैं, कड़वी नीमकौड़ी नहीं, भले ही उसमें रोगों की मृत्युंजया शक्ति निहित हो! 'फलाँ हमारा मित्र है,' या 'फलाँ से व्यर्थ का बैर मोल लेकर क्या लाभ?' या 'हमारा क्या, यह घटना क्या हमारी पुत्री के साथ घटी थी?' सच, कभी-कभी भारत के गौरवमय अतीत के वे दिन याद करती हूँ तो चित्त खिन्न हो उठता है, जब किसी भी गाँव की बेटी, किसी एक की बेटी न होकर पूरे गाँव की बेटी होती थी। जबकि उसकी लज्जा, उसका अपमान समग्र ग्राम की लज्जा एवं समस्त ग्राम का अपमान होता था।

'अब भई तुम्हीं सोचो, हमारे मित्र हैं, हम क्या एक्शन लें,' या 'व्यर्थ बैर मोल लेकर क्या लाभ,' आदि ऐसे निर्वीर्य-स्वार्थी अकाट्य कुतर्क आज हमारी भारतीय रक्त-मज्जा में रस-बस गए हैं। यह ठीक है कि कानून की मर्यादा का हम आज भी आदर करते हैं, किन्तु कानून के विचारकों तक पहुँचने में; और पहुँचने पर भी उनके परिचित इष्ट-मित्रों के दायरे को अपने अभियोग की गुलेल के पत्थर से बचाने में एक आहत नागरिक को जैसी मर्मान्तक व्यथा का अनुभव होता है, उसे देख, फिर वह कभी न्याय या सुविचार की कामना भी नहीं करता। 'सबसे भली चुप' में ही स्वयं अपनी जटिल समस्या का समाधान पा सोंठ खींच लेता है।

इसी सप्ताह के 'देश' के सम्पादकीय में भी सम्पादक ने ऐसी ही आशंका

व्यक्त की है। सम्पादक ने लिखा है कि जनजीवन की सुरक्षा के लिए सर्वसुलभ न्याय-व्यवस्था का अत्यन्त महत्त्व है। 25 दिसम्बर की 'आनन्द बाजार पत्रिका' में प्रकाशित पाँच एडवोकेटों के अभियोग के एक सम्मिलित पत्र का उल्लेख कर उन्होंने लिखा है कि यह पत्र जनजीवन की दुर्भाग्यमय अदृष्ट लिपि का एक अंश है। न्याय विचार एवं विचारनिष्ठा की कैसी भयानक आदर्शच्युति सम्भव हो सकती है, इसी का उस पत्र में स्पष्ट संकेत है। विशेषकर ये पंक्तियाँ, "सियालदह पुलिस कोर्ट में घूस का खुल्लमखुल्ला बोलबाला है। किसी-किसी हाकिम की घूस की राशि दस रुपए तक उतर आई है। बिना घूस के निकल पाना कल्पनातीत है। हाकिम के दिव्य चक्षुओं के सामने, कोर्ट के दरवाजे से लेकर, कोर्ट रूम तक दलालों एवं प्रतारकों का अबाध राजत्व चल रहा है।" यानी कोर्ट न हो, कोठा हो गया। ऐसे एक अन्य समाचार में, जज, वकील एवं मामलादार व्यक्ति, तीन पक्षों का एकसाथ बैठकर मद्यपान का भी उल्लेख किया गया है। इस सम्मिलित मद्यपान में क्या विवेक एवं न्याय, दोनों के भी मदालस होने का भय नहीं बना रहता?

आज जब जनता ही स्वयं राजा है और जनता ही प्रजा, तो उसे अपने कर्तव्यबोध, अपनी सामाजिक निष्ठा के प्रति सदैव सजग, सचेत रहना होगा। शासन यदि अनाचारग्रस्त है तो दोषी कुछ अंश में स्वयं हम भी हैं। अपराधी को चीन्हकर भी छोड़ देना भला हमारा कैसा पराक्रम है? उसे दंडित न कर पाना क्या स्वयं हमारी बुजदिली नहीं है? रवीन्द्रनाथ ने अन्याय करनेवाले को दोषी नहीं ठहराया है, उनकी विवेकशील अनुभवी दृष्टि में, चुपचाप अन्याय सहनेवाले का ही दोष अधिक है। आज हमारी कायरता ही हमारा सबसे अधिक अहित कर रही है। 'देश' के सम्पादकीय की समापन पंक्तियों के उद्धरण का लोभ मैं संवरण नहीं कर पा रही हूँ। "प्रख्यात चीनी दार्शनिक कनफ्यूशियस ने एक दिन देखा कि एक जनशून्य पार्वत्य अंचल में श्वापद संकुल एक निर्जन अरण्य में पत्रों की झोंपड़ी बनाकर एक वृद्धा बैठी है। विस्मित कनफ्यूशियस ने पूछा, 'आप ऐसे भयावह बघहे जंगल में झोंपड़ी बनाकर क्यों बैठी हैं?' वृद्धा ने कहा, 'यहाँ बाघ अवश्य है, किन्तु कोई राजा नहीं है, इससे निरापद स्थान और मुझे कहाँ मिल सकता है?' " इस कहानी में शासन-दंड के प्रति कैसी गूढ़ व्यंग्योक्ति है! प्रजा के जीवन में जो राजा नाम का विग्रह शान्ति के विधायक रूप में विवेचित है, वही क्या अब प्रजा के लिए भय का विग्रह बन गया है? उसी के हाथ से अनाचारग्रस्त शासन के

प्रतीक राजदंड की भाँति, हमारे देश का 'रूल ऑफ ला' भी यदि उसी हीनदशा का प्रतीक बन गया तो हमारे जीवन का अवलम्ब ही क्या रह जाएगा?"

चौदह

अभी-अभी मेरी दृष्टि मेज पर धरी कुमाऊँ की 'समता' समाचार-पत्रिका की कतरन पर जाती है तो हँसी भी आती है और दुख भी होता है। हँसी इसलिए कि जिस उत्तराखण्ड शिल्पकार संघ ने शिवानी की 'रति विलाप' और 'सुरंगमा' पर प्रतिबन्ध लगाने की माँग कर गृहमन्त्री चरणसिंह को सुदीर्घ पत्र भेजा है, उसे मेरे 'रति विलाप' में 'डोम' या 'डोमनी' शब्द के प्रयोग पर घोर आपत्ति है। स्पष्ट है कि उक्त संघ ने मेरे उपन्यास को पढ़ा ही नहीं है, क्योंकि 'रति विलाप' में इस शब्द को प्रयोग में लाने का सौभाग्य कम-से-कम मुझे तो प्राप्त नहीं हुआ। फिर 'सुरंगमा' पर प्रतिबन्ध लगाने का प्रस्ताव, वह भी इसी शब्द के प्रयोग के कारण सचमुच हास्यास्पद प्रतीत होता है। इस उपन्यास में तो मैंने आरम्भ से अन्त तक अपनी ही जाति का दौर्बल्य अंकित किया है, जबकि एक ब्राह्मण होने के नाते यह मेरा अक्षम्य अपराध है। ब्रह्माण्ड एवं वायु पुराण के निर्देशानुसार ब्राह्मण के आचरण के विषय में तर्क करना वर्जित है। बृहदारण्यक उपनिषद में भी ब्राह्मण की निन्दा करना निषिद्ध है—'ब्राह्मणान्ननिन्दते।' ब्राह्मण होने से ही कोई व्यक्ति सर्वश्रेष्ठ नहीं कहा जा सकता, यह तथ्य मैंने अपनी कई कहानियों में अंकित किया है, किन्तु आज जब ये पंक्तियाँ पढ़ीं, "लेखिका कुमाऊँ की मूल निवासिनी है, वह जान-बूझकर इस घृणित शब्द का प्रयोग कर साम्प्रदायिकता उभार रही है, अतएव उस पर मुकदमा चलाया जाए। कुमाऊँनी भाषा में 'डोम' शब्द है ही नहीं..." तो शिल्पकार संघ की अल्पज्ञता पर तरस ही अधिक आया। कुमाऊँनी में इस बहुप्रचलित शब्द पर अनेक पहाड़ी लोकप्रिय मुहावरे भी आधारित हैं, जैसे 'मुख लगै डुमणि द्वार लैं ठाड़ि'—डुमणी को बहुत मुँह लगाने से वह नित्य द्वार पर आकर खड़ी हो जाती है, आदि। फिर, जिन्होंने बिना ठीक से पढ़े मेरे उपन्यासों पर प्रतिबन्ध लगाने का प्रस्ताव रखा है, उन्हें क्या विष्णुपुराण, मनुस्मृति, मत्स्यपुराण पर भी पहले प्रतिबन्ध नहीं लगाना चाहिए? चारों पुराणों में उल्लेख है कि,

त्वन्मुखाद ब्राह्मणोस्त्वत्ते, बाहोः क्षत्रमजायत।
वैश्यास्तवोरुजाः शूद्रास्तव परम्यां समुद्गताः।

ब्राह्मण, क्षत्रिय, वैश्य तथा शूद्र के उत्पत्ति-स्रोत विष्णु के मुख, बाहु, जंघा तथा चरण हैं। इसमें भी 'शूद्र' शब्द का प्रयोग तथा विष्णु के चरणों से उसकी उत्पत्ति पर भी शिल्पकार संघ को आपत्ति हो सकती है। ऐसे ही चारों पुराणों ने जो स्पष्ट कर दिया है कि स्वकर्मनिरत ब्राह्मण प्राजापत्य लोक के अधिकारी हैं। वे क्षत्रिय जो युद्धभूमि से न भागे, ऐन्द्रलोक के; वैश्य मरुत लोक के एवं शूद्र, जिनका निश्चित कर्तव्य परिचर्या है, गांधर्व लोक को प्राप्त करते हैं। विष्णुपुराण की इस अन्यायपूर्ण व्यवस्था पर भी तो आपत्ति की जा सकती है। मेरे कहने का तात्पर्य यह है कि कोई भी साहित्यकार ऐसी छोटी-छोटी बातें ध्यान में रखकर किसी वर्ण-विशेष को आहत करने के लिए कहानी या उपन्यास नहीं लिखता। किसी वर्ण या जाति-विशेष की विसंगतियों की वर्णना करना किसी भी रचनाकार का अभीष्ट नहीं होता, किन्तु उसका कर्तव्य है कि मानव चरित्र की दुर्बलताओं को वह ईमानदारी से उजागर करे। चाहे वह ब्राह्मण हो, क्षत्रिय हो, वैश्य हो या शूद्र हो, मानव हमेशा मानव ही रहेगा। यह आवश्यक नहीं है कि ब्राह्मण है तो उसका चरित्र एवं आदर्श अनुकरणीय ही होगा या परिचर्यावृत्ति ही शूद्र के लिए यज्ञ-कल्प है। क्योंकि जहाँ एक ओर हमारे पुराणों में प्रत्येक वर्ण के लिए भिन्न-भिन्न व्यवस्था है, वहीं पर वायु एवं ब्रह्मांड पुराणों के अनुसार यदि शूद्र भक्ति करे, शराब न पिए, अपनी इन्द्रियों को संयत रखे तो वह मोक्ष प्राप्त कर सकता है। ऐसे ही मनुस्मृति में ऐसे क्षत्रियों का उल्लेख किया गया है जो अपने कर्म के कारण शूद्र हो गए थे।

हमारा चातुर्वर्ण्य विभाजन सामाजिक व्यवस्था का विधायक है। प्रत्येक युग का अवसान होने पर समाज में जो अव्यवस्था आ जाती है, उसी के निवारणार्थ वर्णों का विभाजन किया जाता है। चारों वर्ण अपने-अपने कर्तव्यों से एक-दूसरे को अनुगृहीत करते हैं, 'परस्परमनुब्रताः'। ब्राह्मण, क्षत्रिय, वैश्व, शूद्र से संयुक्त सृष्टि की जिस व्यवस्था को हमारे पुराणों ने शाश्वत घोषित किया है, उसे अपनी ऐसी संकीर्ण विचारधारा से यदि हम दूषित हैं तो दोष हमारा है, वर्ण-व्यवस्था का नहीं। यदि हमारी चरित्रगत दुर्बलताओं या विसंगतियों का कहीं उल्लेख हो तो हममें इतना साहस होना चाहिए कि उस कड़वे घूँट को हम घुटक सकें।

शिल्पकार वर्ग का यह आरोप कि मैं उन्हें नीच, चरित्रहीन, अपमानजनक शब्दों में संस्काररहित दिखाती आ रही हूँ, सर्वथा निर्मूल है। मेरी लेखनी को न कभी ब्रह्म तेज ने सहमाया है, न अन्य किसी वर्ण तेज ने। यदि मुझ पर भी प्रतिबन्ध लग सकता है तो मुझसे बहुत पहले प्रेमचन्द एवं निराला पर भी प्रतिबन्ध लग सकता था! क्या पता, शायद निराला को भी 'चतुरी चमार' का शीर्षक बदलना पड़ता!

पन्द्रह

हमारे प्रदेश में नवीन सत्तारूढ़ सरकार ने अपना प्रथम जन्मदिन मना लिया है, किन्तु चेष्टा करने पर भी आज शासित जनता हृदय से अपनी शुभकामनाओं के ये पारम्परिक उद्गार नहीं निकाल पा रही है कि ईश्वर करे, यह दिन बार-बार आए। जनता और शासक वर्ग के बीच की खाई पटने के स्थान पर और भी गम्भीर हो उठी है। कानून और व्यवस्था की स्थिति इतनी बिगड़ चुकी है कि गुरुतर अपराधों को भी हम अब गुरुतर अपराध नहीं मानते। यात्रा चाहे वह कितनी ही आवश्यक क्यों न हो, हमें यात्रापूर्व ही सहमाकर अधमरा करने लगती है। प्रदर्शन, हड़तालों ने जहाँ एक ओर सामान्य जन-जीवन ठप्प कर दिया है, वहीं पर सत्तारूढ़ जनता सरकार का स्वार्थपरता का मोतियाबिन्द उसके विवेक-चक्षुओं को लगभग दृष्टिहीन बना चुका है।

कहते हैं कि अप्रिय सत्य कभी नहीं कहना चाहिए किन्तु अनिश्चय एवं अस्थिरता के विषम ज्वर ने इसमें से अधिकांश को सन्निपातीय अवस्था में पहुँचा दिया है। एक ओर जनता सरकार अपने ही अन्तर्द्वन्द्वों में उलझ दिन-प्रतिदिन अपनी कार्यक्षमता, अपनी कर्मठता, अपनी शक्ति और सर्वोपरि जनता का विश्वास खो रही है, दूसरी ओर उसकी भोगजन्य विलासी प्रवृत्ति दानवी गति से बढ़ रही है।

अभी, इसी सप्ताह एक अंग्रेज़ी साप्ताहिक में कोवलम समुद्रतट स्थित एक ऐसे सुख्यात होटल का विवरण छपा था, जहाँ के एक मालिश कक्ष में जाकर पटु कर्मचारियों द्वारा किसी आयुर्वेदिक तेल की मालिश के लिए मन्त्री, एम.पी. आदि अन्तहीन क्यू में सदैव खड़े रहते हैं। वहाँ पुरुष अतिथियों के लिए पुरुष मालिश करनेवालों की एवं नारी अतिथियों के लिए नारी

परिचारिकाओं की विशेष सुविधा रहती है। कुछ दिन पूर्व उस ख्याति से आकर्षित हो कुछ सांवादिक भी वहाँ गए और मालिश की इच्छा प्रकट की किन्तु उन्हें खेद सहित सूचित किया गया कि कुछ ही क्षणों में एक केन्द्रीय मन्त्री वहाँ काफिले सहित मालिश करवाने के लिए पधार रहे हैं, अतएव उन्हें अपनी दुखती रगें लिए ही निराश लौटना पड़ेगा। थोड़ी ही देर में पैंसठ वर्षीय वार्धक्य-जर्जरित मन्त्री पधारे। पीछे-पीछे थी मोटरों की लम्बी बरात। बड़ी तत्परता से मन्त्रीप्रवर की मालिश हुई। यही नहीं, चलते-चलते उन्हें उस दिव्य-औषधियुक्त मालिश तेल की दो शीशियाँ भी भेंट की गईं। यदि होटल प्रबन्धकों को जरा भी सांसारिक दिशाज्ञान होता तो उन्हें सांवादिकों को भी अपने मालिश-कलाप से सन्तुष्ट कर लेना चाहिए था, पर बेचारे सम्भवतः नहीं जानते थे कि किसी असन्तुष्ट सांवादिक की दुखती रगें और चरमराती क्लान्त हड्डियाँ कभी भी वज्र बनकर उन पर बरस सकती हैं।

कोवलम का अत्यन्त लुभावना समुद्रतट—अपने सौन्दर्यमात्र से ही किसी भी क्लान्त पर्यटक की दुखती रगों की क्लान्ति हरने में सक्षम है, यह मैं देख चुकी हूँ, फिर यह व्यर्थ के चोंचलों का बाजार कैसा? क्या जब नगरों और ग्रामों में सामान्य जनजीवन अपने को ऐसा अरक्षित अनुभव कर रहा है, जैसा इतिपूर्व उसने कभी नहीं किया, जब प्रदर्शन, हड़ताल, मजदूरों का असन्तोष और सर्वोपरि स्वयं सत्तारूढ़ जनता सरकार का अन्तर्द्वन्द्व, प्राणिमात्र को क्षुब्ध कर विद्रोही बना रहा है, तब सुदूर कोवलम तट स्थित मालिश-कक्ष में जाकर मालिश द्वारा ऐसे व्यर्थ कायाकल्प की ऐयाशी क्या हमें शोभा देती है? हमारे देश में मानव की यह चौथेपन की अवस्था वानप्रस्थी अवस्था कहलाती है, जब भोगैषणा, वित्तैषणा का मानव के लिए कोई मूल्य नहीं रहता। किन्तु अब इस अवस्था में भी बिना वायुयान के हमें यात्रा नहीं सुहाती, पृथ्वी को छोड़ हमारे पैर सामान्य-सी यात्रा का आह्वान पाने पर ही स्वयं गगन की ओर उठने लगते हैं। प्रथम श्रेणी की यात्रा भी सत्तारूढ़ शासकों को सन्तोष नहीं दे पाती। वातानुकूलित कक्ष न मिले तो उनकी तनी भृकुटियों का विलास देखिए। यह सब भी शायद हम घुटक लेते, यदि उनकी कुछ ठोस उपलब्धियों का सशक्त प्रमाण हमारी मुट्ठी में होता।

विश्वविद्यालयों में आज व्यापक छात्र अशान्ति है, श्रमिक असन्तोष अपनी चरम पराकाष्ठा पर है, महार्घता दिन-प्रतिदिन बढ़ती जा रही है, आरक्षण की नीति हमारा अनिष्ट ही अधिक कर रही है। इस सब गन्दगी का टोकरा सिर

पर लादे हम मालिश करवाने जा रहे हैं कोवलम समुद्रतट पर! मुझे वर्षों पूर्व नैनीताल की टेढ़ी-मेढ़ी पगडंडी पर सिर पर मल-भरी बाल्टी का दुर्गन्धमय बोझा धारण किए एक जमादार कर बरबस स्मरण हो आता है। (तब, और कहीं-कहीं अब भी पहाड़ों में मल ऐसे ही बाल्टियों में भर, सिर पर धरकर ढोने की लज्जाजनक कुव्यवस्था है।) सिर पर वह दुर्गन्धमय बाल्टी थी और वाहक मस्त स्वर में गा रहा था–

'हर फूल में खुशबू है
हर पत्ता 'खोस खोस है'
(खुश-खुश है।)

भले ही हम भी ऐसा ही गाना गाकर अपने अशान्त चित्त को स्वयं भरमाने की चेष्टा करें किन्तु एक-न-एक दिन यह दुर्गन्ध असह्य हो उठेगी और हम मलपूरित बाल्टी स्वयं पटक देंगे।

सोलह

आज इस नैराश्यजनक सत्य को हमें मानना ही पड़ेगा कि देश की आईन-व्यवस्था दिन-प्रतिदिन भयावह वेग से गिर रही अपराध वन्या को रोकने में एक प्रकार से असमर्थ हो उठी है। जब तूफान मेल जैसी वेगवती रेलगाड़ी के तूफानी वेग को भी पराजित कर प्रथम श्रेणी के यात्रियों को लूटपाट दुःसाहसी अपराधी मनचाहे अरण्य में उतर सदा-सदा के लिए कानून की गिरफ्त को अँगूठा दिखा सकते हैं तो सामान्य राहजनी या दुःसाहसी अशिष्ट व्यवहार को दंडित करने का प्रश्न ही कैसे उठ सकता है?

चलती रिक्शा रोक किसी महिला का बटुआ छीना जाना या गले की चेन खींच लेना हमारे लिए छींक-खाँसी जैसी ऐसी सामान्य व्याधियाँ बन गई हैं, जिनके उपचार के लिए अनुभवी डॉक्टर, वैद्य, हकीम को बुलाने भागना अब हमारी मूर्खता ही कही जाएगी। ऐसी व्याधियों के लिए घरेलू उपचार करना ही हमारे लिए वांछनीय है, यह हम समझने लगे हैं। ऐसी घटना यदि हमारे साथ घटती है तो सार्वजनिक सहानुभूति की आशा करना भी व्यर्थ है, उल्टा लोग हमें ही फटकार सकते हैं कि "बटुआ लेकर जाने की या सोने की चेन पहनने की मूर्खता ही क्यों की? गले में चेन है तो जरूर खींची जाएगी या

हाथ में बटुआ है तो बुद्धिमान छीननेवाला जरूर छीनेगा!" अर्थात् चेन पहनने की नारीसुलभ इतनी ही प्रबल इच्छा है, तो पहले चेनसहित गला काटकर घर पर ही रख आइए! बटुआ हाथ में झुलाना ही है तो खाली बटुआ झुलाइए!

स्वामी विवेकानन्द जैसे दिग्गज मनस्वी ने अपने कर्मकांड के मूल सूत्र का उल्लेख इन शब्दों में किया है, "मैं मानव की सेवा कर सकूँ, यही मेरा एकमात्र काम्य है, शक्ति और साहसिकता ही धर्म है, दुर्बलता और कापुरुषता पाप।" किन्तु आज शक्ति और साहसिकता दोनों ही शब्द शब्दकोष में ही सिमटकर रह गए हैं। वास्तविक जीवन में इनका निर्वाह कितना कठिन हो उठा है, इसका प्रत्यक्ष प्रमाण मुझे स्वयं कुछ दिन पूर्व मिल गया। हम ढोल-दमामे बजाकर नारी-वर्ष भले ही मना लें, भारत की नारी आज भी उतनी ही असहाय है, उतनी ही विवश।

मैं नियमित रूप से प्रातः घूमने निकलती रही हूँ। प्रायः साथ में मेरी नौकरानी की लड़की भी रहती थी। इधर, जब भी मैं उसे लेकर निकलती, कालोनी के ही दो नौकरों को मैं संदिग्धपूर्ण ढंग से उसका पीछा करते देखती। दो दिन तो मैं चुप रही, तीसरे दिन मैंने पलटकर उन्हें बुरी तरह फटकारा। सौभाग्य से घूमने निकले दो बुजुर्गों ने भी उन्हें उनकी इस हरकत के लिए लताड़ा। मैं दूसरे दिन से अकेली ही जाने लगी, अन्तर इतना ही था कि अब साथ में लड़की के बदले एक थानेदारी डंडा अवश्य रख लिया। तीसरे दिन जब मैं लौट रही थी तो देखा, निर्जन सड़क घेरे सात नौकर, वर्तुलाकार पंक्ति में खड़े हैं, जिनमें दो वे ही उद्दंड छोकरे थे, जिन्हें मैंने दो दिन पूर्व फटकारा था। मुझे देखकर उन्होंने शायद सोचा, मैं घबराकर लौट जाऊँगी, पर जब बढ़ती ही गई तो घेरा स्वयं बिखर गया और उनमें से एक जिस आक्रामक मुद्रा में भन्नाकर निकला, मुझे लगा, शायद मेरे गले की चेन खींचने आ रहा है। पर फिर शायद मेरी कठोर मुद्रा देख वह स्वयं खिसक गया। मैं आगे बढ़ी तो उस छोकरे ने मुझे रोक दिया, जिसे मैंने डाँटा था, "सुनिए, आपने हमें उस दिन डाँटा क्यों?" उसकी चोरी और सीनाजोरी देखकर मैं स्तब्ध रह गई। इस कॉलोनी में विगत दस वर्षों से रहती आई हूँ, और इतिपूर्व किसी भृत्य का ऐसा दुःसाहस देखने का सौभाग्य प्राप्त नहीं हुआ। "बड़े बदतमीज हो, सड़क पर ऐसे बात करने की हिम्मत तुम्हें कैसे हुई?" मैंने कहा तो क्रोध से मेरी कनपटियाँ फड़क रही थीं।

"बदतमीज आप हैं, आपने भी तो हमें सड़क पर डाँटा।" और फिर वह

उसी उद्दंड अबाध्यता से मार्ग अवरुद्ध कर खड़ा हो गया।

एक बार तो जी में आया, डंडे के एक ही प्रहार से उसका मुँह उत्तर से दक्षिण को मोड़ दूँ किन्तु इसी बीच वहाँ पर खड़े कुछ साहसी लड़कों ने उसका अशिष्ट स्वर सुन लिया और फिर मेरे लाख मना करने पर भी उसे और उसके साथियों को लड़कों ने उसी भाषा में खूब समझा दिया, जिस एकमात्र भाषा को यह अशिक्षित वर्ग समझता है।

जिस बात से चित्त अत्यधिक खिन्न हुआ, वह यह थी कि यह घटना कॉलोनी की ही मुखर सड़क पर घटी और जब सात-सात ऐसे अवांछनीय तत्त्वों के चक्रव्यूह में अकेली अभिमन्यु बनी मैं खड़ी थी तो केवल कुछ साहसी लड़कों के और एक प्रतिवेशी परिवार के कोई भी बाहर नहीं निकला, जबकि पर्दों की दरार से झाँकते अनेक कौतूहली, परिचित चेहरों को मैं पहचान रही थी। जिनके उद्दंड भृत्यों ने इस चरम अशिष्ट व्यवहार का परिचय दिया था, उनके स्वामियों को भी मैं जानती थी। केवल औपचारिक क्षमा-याचना के उनमें से एक को छोड़ किसी ने भी अब उन असामाजिक तत्त्वों के दुखते दाढ़ों को जड़ से उखाड़ने का सामान्य-सा आश्वासन भी नहीं दिया। शायद इसलिए कि उनमें से अधिकांश सरकारी नौकर हैं, और सरकारी मुलाजिम नाज-नखरों में दुहेजू बीवी और बादशाह की घोड़ी से कुछ कम नहीं होते अर्थात् जितना ही कूदे, उतना थोड़ी!

इन निरंकुश स्वेच्छाचारी सम्राटों पर किसी प्रकार का अंकुश लगाना न उनके प्रभुओं के लिए वांछनीय है न सम्भव, क्योंकि न जाने कब उग्र तुरुप लगाकर साहब ही को ढेर कर दें। ''साहब, घर का काम करवाते हैं।'' इसी से वे आधी-आधी रात तक फ्लैटों के बाहर बनी बेंचों पर तालियाँ बजा सकते हैं, अश्लील सीटियों में सीना फुला सकते हैं, निरीह गरीब लड़कियों को अकारण छेड़ सकते हैं और आप उन्हें फटकारिए तो फुफकारते विषधरों की भाँति आप ही को डँसने रास्ता रोककर पसर भी सकते हैं। किन्तु, जो आज किन्हीं गरीब लड़कियों को छेड़ सकता है, वह कल हमारी सयानी लड़कियों पर भी बुरी नजर डाल सकता है। स्वयं हमारा भी मार्ग अवरुद्ध कर, हमें अशिष्टता से दग्ध कर सकता है। यह सत्य हम स्वार्थवश स्वीकार नहीं करना चाहते।

आज, हमारी सबसे बड़ी दुर्बलता यह वर्ग जान गया है कि हम आधुनिक गृहिणियों को आधुनिकता के मोह ने स्वयं ही गृहस्थी की मोहक परिधि से

बहुत दूर ठेल दिया है। हम नौकरों पर निर्भर होते-होते उनके हाथ ही कठपुतली मात्र बन गए हैं। नौकर दो दिन की छुट्टी पर जाता है या बीमार पड़ जाता है तो हमारे प्राण कंठागत हो जाते हैं। वह जानता है कि ठसके से ठसकेदार मेम साहब के प्राण भी आज उसकी मुट्ठी में बन्द हैं। जब चाहे साहब से अपनी नौकरी स्थायी करवा ले और एक बार वह कनफर्म हुआ तो उसी क्षण उसे गृह की पटरानी का ओहदा मिल गया। रात-भर की अड्डेबाजी, ट्रांजिस्टर की सस्ती फ़िल्मी धुनें, आधी रात के सिनेमा शो, और फिर रही-सही कसर साहब का टेलीविजन पूरी कर देता है, इसी से आज प्रायः प्रत्येक समृद्ध गृह का भृत्य ईदी अमीन बन गया है।

"आप चिन्ता न करें, अब वह सहम गया है।" एक स्वामिनी ने मुझसे कहा, "वैसे मुझे भी वह कभी-कभी मुँह में जवाब दे देता है।" मैं उन्हें वह सीख देना चाहती थी, जो कभी मेरे एक उद्दंड पहाड़ी छोकरे नौकर की अशिष्टता को परम औदार्य से उदरस्थ कर उसे न निकालने पर मेरी माँ ने मुझे दो पंक्तियाँ सुनाकर दी थी–

दुष्टा भार्या, शठं मित्रम्
भृत्यश्चोत्तरदायकः।
ससर्पे च गृहेवासः
मृत्युरेव न संशयः।।

दुष्टा पत्नी, शठ मित्र, मुँह में जवाब देनेवाला नौकर घर में बसे साँप की भाँति कभी भी प्राण ले सकता है, इसमें कोई संशय नहीं।

सत्रह

नैमिषारण्य सीतापुर हरदोई प्रान्त का पवित्र वन है एवं वहाँ की तीर्थमहिमा असाधारण मानी गई है, यह पढ़ा था। यह भी ज्ञात था कि सूत, शौनक आदि शान्तचित्त यज्ञ करते हुए यहीं तपस्या में लीन रहते थे। यही वह वनश्री थी, जहाँ संस्कृति और साहित्य का संरक्षण एवं संवर्द्धन हुआ था। ऐसी भव्य तीर्थस्थली का वर्णन करना सरल नहीं है। वायुपुराण में कहा गया है कि तीर्थों में धैर्य एवं श्रद्धा के साथ इन्द्रियों को वश में रखने से शुद्धि मिलती है। "तीर्थान्यनुसरन् धीरः श्रद्धानो जितेन्द्रियः," सम्भवतः इसीलिए सूत, शौनक

आदि ने यह शान्त पावन श्रीमंडित वनस्थली चुनी होगी। मुझे अनेक तीर्थस्थानों की पावन धूलि ग्रहण करने का सौभाग्य प्राप्त हुआ है, किन्तु संक्षिप्त अवधि में भी जो अद्‌भुत शान्ति का अनुभव मुझे यहाँ हुआ, वह इतिपूर्व नहीं हुआ। चाहे वह कोलाहलपूर्ण ब्रह्मकुंड की गोलाकार परिधि हो, नवीन पुराण मन्दिर की सँकरी गली, दधीचि कुंड का मौलिक एकान्त या हनुमानगढ़ी का भव्य गाम्भीर्य! सर्वोपरि, व्यास गद्दी का वह शान्त वातावरण, जहाँ कोयल की कूक भी मुझे एक भिन्न ही कूक प्रतीत हुई थी, विराट् वृक्ष, उसके नीचे धरी वेदी पर बनी खड़ाऊँ, आसपास धरी चार वृत्ताकार प्रस्तर की बेंचें। जब मैं गई तो द्विप्रहर प्रौढ़ भी नहीं हुई थी, फिर भी लग रहा था, संध्या घनायमान हो आई है। पेड़ों के झुरमुट से दिख रही क्षीणकाया गोमती। लखनऊ की गोमती से कितना भिन्न रूप है इस गोमती का! वह शान्त-गम्भीर नील जलधारा मुझे कनकनन्दी-सी ही महिमामयी लगी, जहाँ स्नाने करने से स्वेच्छाचारी विहंगम भी स्वर्ग प्राप्त करते हैं। विष्णुस्मृति में तीर्थपूत ब्राह्मण को पंक्तिपावन कहा गया है, किन्तु इस तीर्थ में ब्राह्मण को पंक्तिपावनता को कसने के लिए भी एक अनोखी कसौटी है—व्यासतीर्थ की वर्तमान वेदी, जिसे पापी कभी देख नहीं पाता, 'सिद्धैस्तु सेवितः नित्यं दृश्यते नाकृतात्मभिः'' । उस युग के जाँच कमीशन क्या इस युग से कुछ कम थे? किन्तु कैसी अद्‌भुत शक्ति उनमें रही होगी! तपःपूत ऋषि-मुनियों का कैसा अद्‌भुत तेज रहा होगा कि आज भी वहाँ बैठकर ऐसी विचित्र अनुभूति होती है, जैसे किसी दिव्य पारसमणि ने हृदय को छू लिया हो। किन्तु, वहाँ जाकर आचार्य हजारी प्रसादजी की बहुत पहले कही गई एक बात याद हो आई कि हम अपनी विरासत को भूलते जा रहे हैं, कपूत हो गए हैं। ऐसा दिव्य पावन भूखंड, जहाँ भारतीय संस्कृति और साहित्य की सृष्टि एवं संवर्धन हुआ, उसे क्या हम सामान्य-से प्रयास से अधिक शोभनीय नहीं बना सकते? एक ओर दक्षिण के महाबलिपुरम में विदेशी पर्यटकों के लिए दर्शनीय वातानुकूलित झोंपड़ियाँ बनाने में हमारी सरकार ने लाखों रुपया बहा दिया है (ऐसी नकली झोंपड़ियाँ बना क्या हमने अपनी आदि संस्कृति का खोखला प्रचार ही नहीं किया?) किन्तु जो आडम्बरहीन कुछ ऐसे दिव्य स्थान हैं जो आज भी बिना किसी प्रचार-प्रसार के स्वयं अपने ही प्रभामंडल से देदीप्यमान हैं, उनके संरक्षण के लिए हमारे पास न समय है न धन!

बहुत पूर्व सन् 1957 में ही जिस जिलाधिकारी ने वहाँ का सामान्य

सौन्दर्यीकरण किया था, उनका नाम एक संगमरमरी शिला में अंकित है। क्या ऐसे तीर्थस्थलों पर भी अपने नाम की महिमा अंकित करना शोभनीय लगता है? भले ही वह शिलान्यास अत्यन्त महिमामय करों से ही हुआ हो। व्यास वेदी के सम्मुख किसी मानव नाम की महिमा कम-से-कम मुझे तो असंगत लगी। वहाँ की दीर्घदेही हनुमान की विराट् मूर्ति भी दर्शनीय है। पहले केवल मूर्ति थी, अब रोटरी क्लब में एक चिकनी संगमरमरी शिला का प्रांगण भी बना दिया है। उसकी भी एक रोचक कहानी सुनी। ठेकेदार ने मजदूर को आदेश दिया था कि मोजेइक फर्श बनाया जाए, किन्तु जब बनकर तैयार हुई तो उस चित्रांकित प्रांगण के अतिरिक्त व्यय का लेखा-जोखा उसी बनानेवाले से माँगा गया। उसने हाथ बाँधकर कहा, "मैं क्या करता हुजूर, जब बनाने जाता था, हनुमानजी स्वयं आकर खड़े हो जाते और कहते, यह भी बनेगा, वह भी।"

मिश्रित नैमिष में दर्शनीय स्थान है दधीचि कुंड—भगवती का मन्दिर। वह स्थान जहाँ दधीचि मुनि ने अपने शरीर में दही एवं हल्दी लगा गायों से चटवा शरीर त्यागा और अपनी अस्थियाँ इन्द्र को समर्पित कीं।

महर्षि दधीचि ऋग्वैदिक कालीन ऋषि थे। दधिमती अर्थात् लक्ष्मी के आशीर्वाद से उनका नाम पड़ा दधीचि। शिवपुराण के अनुसार भगवान शिव के वरदान से उनका शरीर वज्रमय हो गया। उनके विषय में एक कहानी और भी है कि काशी में तपस्यारत दधीचि जब स्नान कर रहे थे, तब उन्होंने खखारकर जल में ही थूक दिया। वहीं एक तपस्विनी गन्धर्व कन्या भी नहा रही थी, अज्ञानवश उसने उसी जल का आचमन किया और पी गई। उसी खखार से वह गर्भवती हो गई। पता चलने पर क्रुद्ध होकर उसने शाप दिया, "जिसकी खखार ने मेरा सर्वनाश किया है, वह कुष्टरोगी हो।"

अभिशप्त दधीचि उसी कुष्ठ रोग से मुक्ति पाने इस तीर्थ में आए। इसी समय त्विष्टा के यज्ञकुंड से मन्त्रों के मल उच्चारण से महाबली दैत्य वृत्रासुर का जन्म हुआ। उसके अत्याचारों से पीड़ित देवगणों को ब्रह्माजी ने दधीचि की वज्रमय अस्थियों से अस्त्र बनाने का सुझाव दिया। महर्षि अस्थि देने को तैयार तो हो गए किन्तु एक शर्त पर। पहले समस्त तीर्थों का भ्रमण करेंगे और तब देह त्यागेंगे। असम्भव को भी सम्भव करनेवाले देवगणों ने कहा, "महाराज, आप वहाँ नहीं जाएँगे, तीर्थ यहाँ आएँगे। समय बहुत कम है, तीर्थ-भ्रमण में समय लगेगा।" इस प्रकार आश्रम के समीप ही सब तीर्थों का

आह्वान कर महर्षि की इच्छापूर्ति कर दी गई और लोककल्याण हेतु महर्षि ने फाल्गुनी पूर्णिमा की पुण्यतिथि को गउओं से शरीर चटवा अपनी अस्थि देवताओं को अर्पित कर दी। वहीं इस तीर्थ का अभ्युदय हुआ—मिश्रित तीर्थ। विश्वकर्मा उष्ना ने अस्थियों से वज्र आदि अस्त्र-शस्त्रों का निर्माण किया—गांडीव अर्जुन के पास गया, राम-विवाह पर तोड़ा गया पिनाक बना और सारंग विष्णु के करकमलों में शोभित हुआ।

वज्र शक्ति से वृत्रासुर को परमपद प्राप्त हुआ। इन्द्र ने इस वज्र से केवल उसी को नहीं, उसके 810 साथियों को भी समाप्त किया। इसी से, जो वित्ताभाव से, समयाभाव से भारत के सम्पूर्ण तीर्थों का भ्रमण करने में असमर्थ हैं, आज भी उन दिव्य अस्थियों की वह स्मृतिस्थली उन्हें उसी पुण्य का भागी बनाने में समर्थ मानी जाती है जो समस्त तीर्थों का भ्रमण करने से प्राप्त होता है।

अट्ठारह

दो सप्ताह वातायन के पट न खुलने पर मुझे इस बीच अनेक स्नेही पाठकों ने पत्र एवं फोन से एक ही प्रश्न पूछा है—क्या मैं अस्वस्थ हूँ? जहाँ तक शारीरिक अस्वस्थता का प्रश्न है, मैंने इतिपूर्व अस्वस्थ होने पर भी नियमित रूप से यह स्तम्भ लिखा है, किन्तु वातायन के पट खोलने का आनन्द तब ही है जब स्वच्छ हवा का झोंका तन-मन को समान रूप से पुलकित कर दे। यदि खिड़की खोलते ही किसी दिगंतव्यापी दुर्गन्ध का भभाका धृष्ट दस्यु-सा कमरे में धँसने लगे तो फिर स्वयं ही हाथ हड़बड़ाकर खिड़की बन्द कर देने को व्याकुल हो उठते हैं। कुछ समय पूर्व भारतीय राजनीति की नाड़ी जिस उत्साह एवं कौतूहल के नवीन स्पन्दन से फड़की थी, आज वह स्वयं ही शिथिल होकर निस्पन्द-सी हो चली है।

हितैषी सरकार की सद्भावना एवं जनसाधारण के बीच एक विराट् विच्छिन्नता की खाई को हम स्वाधीनता के सुदीर्घ तीस वर्षों में भी नहीं पाट पाए हैं। भले ही नवीन राजनीतिक बृहत् परिकल्पना या आदर्शों में हमने कोई त्रुटि न रहने दी हो, किन्तु जब तक देश के साधारण मनुष्य एवं सरकार के मध्य अन्तरंग सम्बन्ध स्थापित नहीं होता, जब तक हमारे नेता जनता का पूर्ण

विश्वास प्राप्त नहीं कर लेते, तब तक गणतन्त्र को हम मानव जीवन के गूढ़ सत्य के रूप में कदापि स्वीकार नहीं कर सकते।

देश में आज सर्वत्र, जनजीवन के प्रत्येक क्षेत्र में, अभियोग की गुनगुनाहट प्रतिक्षण बड़े दुःसाहस से प्रखर होती जा रही है। अपराधी, वह भी जघन्य अपराधी, आज के जनजीवन की अवांछनीय अनिवार्यता बनकर स्थायी रूप से प्रतिष्ठित होकर हमारे धैर्य को चुनौती देने लगे हैं। विराट भारत की कोटि-कोटि जनसंख्या स्वयं अपने ही भावी घातक विस्फोट की आशंका से त्रस्त थरथर काँपने लगी है। परिवार नियोजन का केवल नाम परिवर्तन कर परिवार कल्याण परिकल्पना कहने से या इन्द्रिय-निग्रह, ब्रह्मचर्य का उपदेश देने से हम जनसंख्या-विस्फोट की निश्चित सम्भावना को नहीं नकार सकते, भले ही हम इस ओर निष्क्रिय न हुए हों, उदासीन तो हो ही गए हैं। उस पर विभागीय उच्च अधिकारियों का मनोबल भी क्षीण-क्षीणतर होता अब प्रायः सम्पूर्ण रूप से विनष्ट हो चुका है। वे मानते हैं कि आज का उत्साह उन्हें भविष्य में महँगा पड़ सकता है।

अब 'कोउ नृप होय हमें का हानी' का युग नहीं रह गया। आज का प्रत्येक सजग, व्यवहार-कुशल सरकारी अधिकारी जानता है कि वह कैसी ही स्वतन्त्र विचारधारा का प्रवर्त्तक क्यों न हो, प्रत्येक नवीन नृप के साथ उसकी ललाट-रेखा सदा संलग्न रहेगी। इसी से भविष्य की प्रचंड भर्त्सना से बचने का एक ही उपाय है—सम्पूर्ण निष्क्रियता, हाथ पर हाथ धरे बैठे रहिए, केवल इतना ध्यान रखिए कि आपका भार वहन करने आपकी कुर्सी बनी रहे और हाथ में लगाम। फिर शासन का घोड़ा जिधर चले चलने दीजिए, जिधर मुँह मारे मारने दीजिए। यह आदर्शहीन अफसरी निष्क्रियता हमारा जो स्थायी अहित कर रही है, उसे हम अभी नहीं समझ पा रहे हैं, और यही हमारा दुर्भाग्य है।

मवाद बहाकर फूट जानेवाले दुर्गन्धमय फोड़े से घातक विष उस बन्द फोड़े का होता है, जिसका घेरा ही घेरा दिखता है, मुख नहीं। एक दिन भीतर-ही-भीतर जहर फैलाता वह विषव्यापी प्राणघातक फोड़ा बन उठता है। आज हम इस निष्क्रियता के विष को भले ही न देख पाएँ, घेरे का हमने देख लिया है। उसकी टपकन को हममें से प्रत्येक स्पष्ट रूप से अनुभव कर रहा है, चाहे वह मुँह फाड़े बढ़ती चली आ रही महार्धता हो या अपहरण, डाकेजनी, बलात्कार हो या बूढ़ी मालगाड़ी के स्थैर्य से घिसटती हमारी मेलगाड़ियाँ हों।

न हमारे जीवन में आदर्शों का कोई मूल्य रह गया है न किसी आचार

संहिता का महत्त्व। नियमों को चाहने पर हम लचीले बेंत-सा तोड़-मरोड़कर झुकाना भी सीख गए हैं, तानना भी, अर्थात् जब चाहे उसी नियम को किसी रोगी के लिए पथ्य बना दें और किसी के लिए कुपथ्य। आज के वैद्य को रोगी के हित-अहित से अपने हित की अधिक चिन्ता है।

आवास आवंटन में पगड़ी के अस्तित्व की चर्चा उतनी वेदनादायक नहीं लगती, जितनी उस पगड़ी के उछाले जाने की चर्चा। हमारी भाषा, हमारी संस्कृति, हमारा आचरण अपनी ऐतिहासिक गरिमा एकदम ही खो बैठा है। चरित्रहनन का चूरन जैसे देश के अपच अजीर्ण के लिए अनिवार्य हो उठा है। जिसे चाहें कपड़े उतारकर चौराहे पर नंगा खड़ा कर दीजिए, मजाल है जो देखनेवाले आँख फेर लें!

हम आज यह भूलते जा रहे हैं कि किसी की भी बुराई करने में स्वयं हममें भी उस बुराई का कुछ-न-कुछ अंश अवश्य उतर ही आता है। वास्तव में अपने नैतिक स्तर की अधःपतित अवस्था से सामान्य जनजीवन आज स्वयं स्तब्ध है। किन्तु जनता इस अवनति के प्रकोप के लिए केवल अपने ही को दोषी मानने को तैयार नहीं है। उसे इस संकटापन्न स्थिति से मुक्ति दिलाने के लिए देश के कर्णधार क्या कर रहे हैं, यह वह स्पष्ट शब्दों में सुनना चाहती है। केवल कर्णप्रिय मीठे आश्वासन अब उसे सन्तुष्ट नहीं कर सकते। अतिरंजित वक्तव्यों की मरीचिका में आज का प्रबुद्ध मानव अब नहीं भटक सकता। अपनी प्रत्येक ईमानदार शंका की ईमानदार कैफियत तलब करने का उसे पूर्ण अधिकार है।

ऐसी ही एक कैफियत का प्रश्न सम्प्रति मेरे सम्मुख भी आया है जिसके रूक्ष आघात ने ही मुझे वातायन के पट मूँदने को बाध्य किया। मैं यह स्तम्भ विगत चार वर्षों से नियमित रूप से लिखती आ रही हूँ। इस स्तम्भ लेखन ने मुझे जहाँ पाठकों का अनन्य स्नेह एवं प्रभूत प्रशंसा प्रदान की, वहीं उत्तर प्रदेश प्रेस मान्यता समिति ने मुझे अस्थायी मान्यता भी प्रदत्त की थी। मैं निरन्तर लिख रही थी एवं मुझे पारिश्रमिक भी मिलता था, इसी से मान्यता समाप्त किए जाने का प्रश्न उठ भी नहीं सकता था। किन्तु जब इसके नवीनीकरण का प्रश्न उठा तो राज्य सूचना विभाग ने परमौदार्य से मुझे सूचित किया है कि मैं उक्त पत्र से अंशकालिक रूप से सम्बद्ध हूँ, इसी से मेरी पूर्वप्रदत्त मान्यता समाप्त कर दी गई है।

जिस दिन मुझे यह कृपापत्र प्राप्त हुआ, उस दिन मेरी एक मित्र बम्बई

मेरे पास आई थीं। वह स्वयं एक सुख्यात विदुषी लेखिका हैं एवं भारत सरकार के फ़िल्म डिविजन की अधिकांश पटकथाएँ लिखती हैं।

उन्होंने वह पत्र देखा तो कहा, "आश्चर्य है, आपके साथ यह हुआ! महाराष्ट्र सरकार तो अस्थायी प्रेस मान्यता केवल 'पुलिस वैरिफिकेशन' की औपचारिकता के बाद ही स्थायी कर देती है।"

मैं उनसे कैसे कहती कि इसी राज्य सरकार ने मेरे इसी 'वातायन' के संकलन पर गत वर्ष मुझे रामचन्द्र शुक्ल पुरस्कार से सम्मानित किया था। हो सकता है, पुलिस वैरिफिकेशन के बाद मुझे बिल्ला या रंगाखुश की श्रेणी में रख दिया गया हो। हमारा प्रदेश जिस उत्साह से ताजपोशी करता है, उसी उत्साह से ताज उतारना भी जानता है। मैं जानती हूँ कि इस स्तम्भ के माध्यम से मैंने सामाजिक, राजनीतिक एवं मानवीय विकृतियों को निर्भीक लेखनी से चित्रित करने की धृष्टता कर अनेक मित्रों को शत्रु बनाया है। अनेक आत्मीय स्वजनों से वैर मोल लिया है, किन्तु व्यक्तिगत द्वेष या प्रतिशोध की भावना ने मुझे कभी प्रेरित नहीं किया न मिथ्या चाटुकारिता को ही मैंने कभी प्रश्रय दिया। रुद्रट, कल्हण और विल्हण की उक्तियाँ आज भी प्रत्येक साहित्यकार के स्वाभिमान को ऊँचा उठाने में समर्थ हैं। उनका कहना है कि राजाओं के बनाए देव मन्दिर नष्ट हो गए, उन राजाओं का नाम भला किस माध्यम से शेष रहता यदि उनकी यशगाथा लिखनेवाले न होते! जिन महान विक्रमशाली राजाओं के भुज वन-रूपी वृक्षों की छाया सेवन कर समुद्र की करधनी पहने यह पृथ्वी निर्भय बनी रही, वे राजा भी जिसके अनुग्रह के बिना वरण नहीं किए जाते, प्रकृष्ट कवि की महती उस कवि-कर्म को हम प्रणाम करते हैं—

"भुजवन तरु छायांयेषांनिषेधब्य महौजसां
जलधिरशन मेदिन्यासीदसाव कुतोभया।
स्मृतमपि न ते यान्तिक्ष्मापाबिना यदनुग्रहं
प्रकृति महते कुर्मस्तस्मै नमः कविकर्मणे।"

उन्नीस

मत्स्यपुराण के अनुसार, आचार्य ब्रह्मा की मूर्ति है। गुरु को ऐसी आवाहनीय अग्नि माना गया है, जिसकी उपासना करने से मनुष्य तेजस्वी बनता है,

''आचार्यो ब्रह्मणे मूर्तिः गुरुराहवीनयश्च दीप्यमानः स्ववपुया।'' शिष्य में, गुरु के प्रति सम्मान एवं श्रद्धा की जो भावना गृहस्थाश्रम में प्रवेश करने पर भी बनी रहती थी, वह आज हममें नहीं रह गई है और शायद यही कारण है कि वपु को दीप्यमान बनानेवाला वह तेज भी स्वयं तिरोहित हो गया है।

लखनऊ के ही एक ऐसे विस्मृत गुरु को, जिन्होंने अपने त्यागमय कर्मठ जीवन से गुरु के नाम को पूर्ण रूप से सार्थक किया है, हम उनके जीवनकाल ही में भूलने लगे हैं। यह लखनऊ के संगीत-जगत् के लिए क्या कम लज्जा की बात है?

आज किसी भी उल्लेखनीय संगीतानुष्ठान के सभापतित्व ग्रहण करने या उद्‌घाटन कराने के लिए हमारे संयोजक या तो मन्त्रियों से करबद्ध प्रार्थना करते हैं या उच्चपदस्थ अफसरों से भले ही मुख्य अतिथि की व्यस्तता उन्हें कुछ विलम्ब से ही वहाँ आने को विवश करें, किन्तु उनकी वह विवशता भी क्षम्य है। उन्हें संगीत का कितना ज्ञान है, उनका सारगर्भित भाषण क्या वास्तव में उपस्थित संगीत-प्रेमियों को उपकृत कर पाएगा, इसकी चिन्ता हमें नहीं रहती। आज के युग में पद की महिमा का महत्त्व रह गया है, गुण की महिमा का नहीं।

आज भी हमारे बीच पंडित गोविन्दनारायण नाटू जैसे प्रख्यात संगीतविद् हैं, जिनकी मुख्य अतिथि रूप में उपस्थिति ही ऐसे अनुष्ठानों के मंडन के लिए पर्याप्त है फिर भी उनसे हम ऐसा आग्रह क्यों नहीं कर पाते? क्या इसलिए कि वह अवकाश ग्रहण कर नेपथ्य में चले गए हैं? किन्तु किसी भी स्वनामधन्य कलाकार के जीवन को अवकाश क्या कभी म्लान करने की धृष्टता कर सकता है? पर हमारा संसारी चित्त इन तर्कों से उलझने में विश्वास नहीं रखता।

गुरु शब्द की व्युत्पत्ति के अनुसार, गुकार का अर्थ है, अन्धकार और रुकार का अर्थ है, निरोध की क्रिया; अन्धकार का जो निरोध करे वही गुरु है—''अन्धकार निरोधित्वाद्‌गुरुरित्यभिधीयते''। इस व्युत्पत्ति के अनुसार पंडित गोविन्दनारायण नाटू ने केवल गुरु ही नहीं, एक आदर्श गुरु की परिभाषा को सार्थक किया है। भारतखंडे संगीत विद्यालय में पचास वर्ष तक वह पहले प्रोफेसर, फिर वाइस प्रिंसिपल, प्रिंसिपल के पद पर रहे। फिर निपुण के विद्यार्थियों को दस वर्ष तक प्रशिक्षित किया, अनेक सुश्राव्य खयालों की रचना की, जिनका उपयोग कई 'लौंगप्लेइंग' रिकार्डों में किया गया। किन्तु आरम्भ से ही प्रचार-प्रसार या आत्मविज्ञापन की भावना से अछूते रहे, फलतः आज

उनकी अनेक दुर्लभ रचनाओं में से केवल मुट्ठी-भर ही प्राप्य हैं।

जन्म हुआ ग्वालियर के संगीत-प्रेमी गृह में। उनके पितामह माधवराव सिंधिया के शिक्षक थे। पंडित नाटू की प्रारम्भिक शिक्षा पिता द्वारा ही हुई। बारह वर्ष की अवस्था में माधव संगीत विद्यालय में प्रवेश लिया किन्तु उनकी वास्तविक सांगीतिक प्रतिभा प्रस्फुटित हुई राजा भैया पूँछवाले को गुरु रूप में पाने पर। धीरे-धीरे गुणी शिष्य को गुरु अपने साथ संगीतानुष्ठानों में ले जाने लगे। तब ही केवल 19 वर्ष की अवस्था में पिता की आकस्मिक मृत्यु ने पूरे परिवार का बोझ उनके तरुण कन्धों पर डाल दिया। दयालु चतुर पंडित उन्हें लखनऊ ले आए और राय उमानाथ वली की कोठी में उनके रहने की व्यवस्था की गई।

श्री रतनजनकर, श्री नाटू एवं पाठक की ह्रस्व शिक्षक मंडली ने ही नवीन संगीत विद्यालय का कार्यभार ग्रहण किया, फिर धीरे-धीरे छोटे मुन्नेखाँ (गायन), अहमद खाँ (गायन), आबिद हुसेन (तबला), सखावत हुसेन (सरोद), हामिद हुसेन (सितार), सखाराम (पखावज), आदि आए। छात्र मंडली में थे केवल तीस-चालीस शिष्य, जिनमें से अधिकांश सम्भ्रान्त परिवारों के संगीत-प्रेमी ऐसे प्रौढ़ छात्र थे, जिनमें कुछ को उनका उत्कट संगीत-प्रेम वहाँ खींच लाया था और कुछ युवा पीढ़ी के सम्मुख एक आदर्श प्रस्तुत कर उनमें सांगीतिक चेतना प्रस्फुटित करना चाहते थे। उनमें थे सान्याल बन्धु डी.एन. सान्याल एवं पहाड़ी सान्याल, राय बन्धु एच.एल. राय एवं सुप्रसिद्ध गायिका मालविका कानन के पिता रवीन्द्रलाल राय। लखनऊ के अनेक संगीत-प्रेमी काश्मीरी डॉ. हकू, डॉ. अटल, ब्रज मुल्ला, श्री चक आदि। तब शिक्षक मंडली में दो शिक्षिकाएँ भी थीं, श्रीमती वाडेकर एवं कुमारी खुर्शीद, जिन्हें श्री भारतखंडे ने बम्बई गायन मंडली में विशेष रूप से प्रशिक्षित किया था। इस बीच संगीत विद्यालय का स्थान परिवर्तित किया गया, जहाँ वह आज भी स्थित है। इस बार अपेक्षाकृत अल्पवयसी छात्रों ने प्रवेश लिया। कुछ पिता, सन्तान सहित छात्र बने—डॉ. भावे, उनकी पुत्री शान्ता; डॉ. साने, उनकी पुत्री मालती; चिन्मय लाहिड़ी, समर बहादुर सिंह, सुनिल बसु आदि।

पंडित नाटू आज भी अपनी उस छात्र मंडली के दुर्लभ चित्र को यत्न से सँजोए हैं। किन्तु वे भी शायद जानते हैं कि जीर्ण चित्र में धुँधले पड़ते चित्रों के समान ही मानव स्मृति भी धुँधली पड़ जाती है। उन चित्रों के अनेक चेहरे इस समर्पित गुरु के अनेक प्राक्तन छात्र आज संगीत-जगत् में पूर्ण रूप से

प्रतिष्ठित हैं।

इस सन्दर्भ में मुझे वर्षों पूर्व इलाहाबाद में श्री निगम से सुनी एक रोचक घटना का स्मरण हो आता है। श्री निगम तब उच्चपदस्थ आई.सी.एस. अधिकारी थे एवं किसी महत्त्वपूर्ण विभाग में सचिव के पद पर थे। पब्लिक सर्विस कमीशन में विभागीय हेड मास्टर के पद का चुनाव चल रहा था। श्री निगम भी निर्णायकों में से एक थे। चेयरमैन थे एक अन्य वरिष्ठ सिविल सर्विस के अंग्रेज अफसर। सहसा जिस व्यक्ति को वहाँ पहले परीक्षार्थ बुलाया गया, उसे देख निगम अप्रस्तुत हो गए, वह थे उनके बहुत पुराने स्कूल के अध्यापक जिन्होंने उन्हें कभी ग्राम के स्कूल में पढ़ाया था। आज वही अपने छात्र के सम्मुख हेडमास्टर के पद की परीक्षा के छात्र बने खड़े थे। दोनों की मुखमुद्रा देख, चतुर विदेशी अफसर समझ गए कि शायद दोनों का पूर्व परिचय रह चुका है।

"क्यों, क्या आप इन्हें जानते हैं?" उसने श्री निगम से पूछा।

"जी हाँ," श्री निगम उठकर जाने लगे, "मेरा निर्णायक रूप में यहाँ रहना उचित नहीं होगा। यह मेरे अध्यापक रह चुके हैं, इन्होंने मुझे स्कूल में पढ़ाया है।"

"आप बैठिए," अफसर ने उन्हें बिठा दिया, "इन्होंने आपको पढ़ाया है, इतना ही पर्याप्त है, मुझे अब इनसे कुछ नहीं पूछना है, आप जा सकते हैं।" तत्काल उनके गुरु को चुन लिया गया था, जिसका शिष्य आज आई.सी.एस. बन स्वयं गुरु बन गया है, फिर उसकी कैसी परीक्षा?

श्री नाटू केवल एक सुयोग्य गुरु ही नहीं, अपने समय के सुप्रतिष्ठित सुगायक भी थे। इलाहाबाद, मेरठ, कानपुर, बनारस, बम्बई की अनेक कान्फ्रेसों में प्रायः ही गायन प्रस्तुत कर उन्होंने प्रभूत प्रशंसा अर्जित की, पंडित रतनजनकर के साथ उनकी युगलबन्दी उन दिनों प्रचुर ख्याति प्राप्त कर चुकी थी। कभी-कभी उनकी शिष्यमंडली भी उसमें योगदान देती, जिनमें रहते चिदानन्द रागारकर, दिनकर कैंकणी आदि।

तत्कालीन छात्र डॉ. सुशीला मिश्रा के शब्दों में, "उन अद्भुत संगीत गोष्ठियों में हमें खयाल बड़हत की अपूर्व स्वर-व्यंजना सुनने को ।मेलती। कूट तानें, बोलतान, ग्वालियर, आगरा और जयपुर घराने की कैसी अद्भुत स्वर छटा!"

संगीत के क्षेत्र में उनका एक उल्लेखनीय योगदान रहा। उनके संगीत के

सोने में साहित्यिक सोहागा मिलाने का सर्वथा नवीन मौलिक प्रयोग, जिसकी छटा उनके 'विलासखानी', 'बसन्त मुखारी' एवं 'देसी' में प्रखर होकर उभरी है। यही नहीं, 'भटियार', 'पंचम', 'ललित पंचम', 'रागेश्री', 'श्याम कल्याण' में निबद्ध उनकी रचनाएँ आज भी उतनी ही लोकप्रिय हैं, किन्तु आज कितने लोग उस लोकप्रियता के उत्स से परिचित हैं?

ऐसे गुणी गुरु को, जिनकी विशद छात्रमंडली आज भारत में यथेष्ट ख्याति एवं प्रशस्ति प्राप्त कर चुकी है और कर रही है, मैं जब लखनऊ के किसी सांगीतिक अनुष्ठान में एक अपरिचित अनजान-नगण्य अतिथि की भाँति किसी पिछली पंक्ति की कुर्सी में बैठा देखती हूँ तो मेरा मस्तक लज्जा से नत हो जाता है।

अपने इस त्यागमय जीवन की म्लान गोधूलि में उन्हें न किसी से शिकायत है, न शिकवा, न उन्हें किसी अभिनन्दन की आकांक्षा है, न किसी आर्थिक सहायता की अभिलाषा। ठीक भी है, 'हीरा मुख से ना कहे लाख टका मेरो मोल', उसका मूल्य आँकना तो परखनेवाले जौहरियों का काम है। एक जन्मजात कलाकार के आत्मसम्मान से इस वयस में भी उनकी तनी ग्रीवा उतनी ही सतर है, किन्तु मानव-स्मृति की क्षणभंगुरता इसी वयस में कभी पैनी खंजर की तेजी से कलेजा फाड़कर रख देती है।

वह घाव दिखता नहीं, न दिखाया जा सकता है, वह केवल रिसता है, और वह पीड़ा असह्य होकर सालने लगती है, जब परिचित चेहरे, अतीत की स्मृतियाँ उसे कुरेदने लगती हैं।

जिसने लखनऊ की सांगीतिक चेतना का अभ्युदय करने में समस्त जीवन लगा दिया, बड़ी चेष्टा से किसी अंतेवासी दुर्बल नवजातक-से संगीत शिशु को पाला, पोसा, बड़ा किया, वही यदि आज उन्हें देख मुँह फेर ले तो यह दुर्भाग्य उनका नहीं, दुर्भाग्य लखनऊ के संगीत-जगत् का है।

बीस

गांधीजी के शब्दों में, 'धर्म' का सीधा-सादा अर्थ है नैतिक आचरण। मेरे लिए सत्य से परे कोई धर्म नहीं है और अहिंसा से बढ़कर कोई परम कर्त्तव्य नहीं। 'सत्य और अहिंसा' को गांधीजी ने सर्वोच्च महत्त्व दिया था, इसी से जब

जनता के नवनिर्वाचित प्रतिनिधियों ने अपनी सरकार बनाने से पूर्व राजघाट में गांधीजी की समाधि के सामने शपथ ली थी कि 'वे सदा गांधीमार्ग पर चलेंगे' तो जनता जनार्दन ने चैन की साँस ली थी। हमें लगा था कि अब हमारे दुर्दिनों का अन्त सन्निकट है। मनुष्य द्वारा मनुष्य का शोषणरहित समाज अब शीघ्र ही राम-राज्य में परिणत हो उठेगा, किन्तु जनता शासन के पन्द्रह ही महीने में सत्ता की डगमगाहट ने आज हमारे मुँह का स्वाद कड़ुवा कर दिया है। इसका अर्थ यह नहीं है कि शपथ लेनेवालों के मन में तब आन्तरिक शुद्धता नहीं थी और वह केवल एक नाटक मात्र था। उस समय के वातावरण के ईमानदार उत्साह को भी आज नकारा नहीं जा सकता। किन्तु उस समय भी हम शायद गांधीजी के कठिन आह्वान के वास्तविक सत्य को नहीं समझ पाए थे। गांधीजी का आह्वान कुछ-कुछ कबीरी आह्वान का-सा था, 'जो घर फूँकै आपना, चलै हमारे साथ,' जो स्वयं अपने हाथों अपने भोग-सत्तालोलुप चित्त अश्व की लगाम खींच सके, वही इस गांधीमार्ग पर चल सकता है।

कारण जो भी रहा हो, घोड़ा कमजोर रहा हो या सवार, इतना हमें स्वीकार करना ही होगा कि हम उस गांधीमार्ग से छिटककर बहुत दूर चले गए हैं और यदि कभी प्राणांतक चेष्टा से पश्चात्तापी मुद्रा में सिर झुकाए उस मानव मार्ग पर लौट भी आएँ, तो हमारे उस अकड़ से तने तेजोमय सवार का रूप, अब वह रूप नहीं रह सकता। एक बार गिरकर हम अपने कलेवर धूलि-धूसरित कर अपने अनाड़ी सवार होने का परिचय जनता को दे चुके हैं।

समाचार-पत्रों के सिर अब यह दोष मढ़ना कि घटनाओं का विकृत विवरण प्रकाशित कर वे जनता को दिग्भ्रमित कर रहे हैं, हमारी आईन-कानून-व्यवस्था या अपराध-स्थिति कदापि ऐसी अधःपतित नहीं हुई है कि जनता उद्विग्न होकर धैर्यच्युत हो उठे, यह उचित प्रतीत नहीं होता, अपितु हास्यास्पद भी लगता है। अपनी इस बहुत बड़ी असफलता को शासन को अब ईमानदारी से स्वीकार कर सामान्य जनजीवन को निरापद बनाने के लिए सक्षम प्रयास करना चाहिए। वह छात्र विक्षोभ हो या राजनीतिक दलों का संघर्ष, शहर में हुई दिन-दोपहर में घटी युवा नौकरानी की हत्या हो या कैंटोनमेंट जैसी सजग सड़क पर खींची गई किसी महिला के गले की चेन, प्रत्येक का विवरण एवं उस दिशा में उठाया गया प्रशासनिक ठोस कदम, दोनों ही का लेखा-जोखा माँगने का जनता को पूर्ण अधिकार है।

आखिर क्या कारण है कि अपराधों की वन्या में हम असहाय तिनके बने

बहे जा रहे हैं? एक बार इसी की चर्चा मैंने अपने एक निकटस्थ आत्मीय से की जो आज स्वयं केन्द्रीय सत्ता के नवनक्षत्र खचित व्योम-मण्डल के एक जाज्ज्वल्यमान नक्षत्र हैं, तो बोले, "आश्चर्य होता है कि आप भी ऐसी बचकानी बातें करने लगी हैं। अपराध कब नहीं हुए और कब नहीं होते? अन्तर इतना है कि इमरजेन्सी में उनका ब्योरा आप लोगों को अख़बारों में पढ़ने को नहीं मिलता था, अब हमारे औदार्य से मिलने लगा है। अब आप लोगों को इसी में आपत्ति होने लगी। अरे भई, हम क्या जनता से कुछ छिपाते हैं?"

किन्तु, इस औदार्य का हम स्तुति-उपार्जन कैसे करें? यह भी क्या गहना कि गर्दन ही तोड़कर रख दे! यह ठीक है कि आप कुछ नहीं छिपाते पर आप इसके समाधान के लिए क्या कर रहे हैं? आपातकालीन स्थिति में कम से कम औसत अपढ़ नागरिक भी इस तथ्य से आश्वस्त था कि गुंडे सीना तानकर अपनी सतर मूँछें ऐंठते नहीं घूम सकते, सब सींकचों में बन्द हैं। उन्हीं में से अधिकांश आज सरकारी निर्देश से विचाराधीन होने पर भी मुक्ति पा गए हैं।

कलकत्ता हाईकोर्ट बार एसोसिएशन का एक प्रस्ताव बहुमत से समर्थित एवं गृहीत होकर, सम्प्रति यही शंका प्रकाशित कर गया है कि विचाराधीन अपराधी एवं दंडित व्यक्ति को यदि किन्हीं राजनैतिक कारणों से मुक्त कर दिया गया तो सामान्य जनजीवन एक दिन दुर्वह हो उठेगा। किन्तु, राष्ट्रिक कारण से मुक्ति हमारे कानूनी शब्दकोश का एक गृहीत शब्द बन गया है। यह एक ऐतिहासिक सत्य है कि अपराधों में वृद्धि तब ही होती है, जब खुर्रांट अपराधी यह समझने लगता है कि उसके औद्धत्य दमन करने की शक्ति अब सत्ता में भी नहीं रही।

पुलिस, जिसकी ऐतिहासिक लाल पगड़ी कभी अपने दमदार तुर्रे, ऐंठ और कर्मठता-निष्ठा दमन की प्रतीक थी, आज स्वयं धूसर हो उठी है। जब तक पुलिस अपनी वह पूर्व प्रतिष्ठा, निष्ठा, जो कि आज उसके व्यक्तित्व एवं अन्तर दोनों से लगभग अन्तर्हित हो चली है, फिर नहीं पा लेती, स्वेच्छाचारी निरंकुश अपराधी निगरगंड घूमते रहेंगे।

भारतीय इतिहास में ठगी-दमन में जिस विदेशी का नाम एवं कृतित्व आज तक स्मरण किया जाता है, उस कर्नल स्लीमैन ने अपनी रिपोर्ट में स्पष्ट शब्दों में उल्लेख किया है, "पुलिस की कर्त्तव्यनिष्ठा जितनी कठोर होगी, अपराधों की संख्या स्वयं म्रियमाण हो उठेगी..." घाघ से घाघ समाजद्रोही, अपराधी भी

पुलिस की कर्तव्यनिष्ठा से घबड़ाता है किन्तु स्वयं पुलिस ही यदि अपने हाथों अपनी मूँछें नीची कर ले एवं उत्कोच-लोलुप बनकर अलस हो उठे तो फिर अपराधी को किसका भय हो सकता है?

अभी कुछ दिन पूर्व मेरे पिछवाड़े रहनेवाली एक काम करनेवाली रोती-बिलखती मेरे पास आई। फलाँ साहब के नौकर ने उसकी घड़ी और रेडियो चुरा लिया है। रेडियो वह स्वयं उसके पास देख आई, जब लेने पहुँची तो उसे पीटकर भगा दिया। साहब ने कहा, "हम बावन जिला के मालिक हैं, पुलिस हमारा कुछ नहीं बिगाड़ सकती।" अपना फटा ब्लाउज और कटा होंठ दिखाकर वह गिड़गिड़ाई, "सरकार, आप गवाही दे दें, आप तो अख़बार में लिखती हैं।" मैंने उसे समझाया कि केवल कटा होंठ और फटा ब्लाउज देखकर ही तो गवाही नहीं दी जा सकती। वह जाकर थाने में रपट लिखा आई। पुलिस आकर औपचारिक परिक्रमा भी कर गई, पर आज एक लम्बी साँस खींचकर वह मुझसे फिर कह गई, "साहिब, पैसे की माँ ही पहाड़ चढ़ती है, खूब भर दिहिस पुलिस की टेंट। न हमार 'रेडियो' मिला न घड़ी।"

मेरी इसी कॉलोनी में एक-डेढ़ साल की अवधि में छः-सात साइकिलें दिवंगत हुईं, जिनमें एक मेरी बदनसीब बूढ़ी साइकिल भी थी, एक मोटरसाइकिल और एक परिचित प्रतिवेशिनी लेडी डॉक्टर की कार की बैटरी! पुलिस बड़ी तत्परता से आई, रिपोर्ट भी दर्ज की गई किन्तु अपराधी मूँछों ही मूँछों में मुस्कराता न जाने किस क्षितिज में विलीन हो गया।

दुरवस्था सर्वत्र एक-सी है। अभी 'देश' के सम्पादकीय में याज्ञवल्क्य संहिता से, जनजीवन की निरापदता के समर्थन में एक सत्य रूपक घटना का वर्णन था। "सालंकारा सुन्दरी एकाकिनी युवती स्वगृह से बहिर्गत होकर रात्रि में किसी भी वृक्ष तले निश्चिन्त मन से जिस दिन निद्रायापन करेगी, वही दिन इस सत्य को प्रमाणित करेगा कि राजा एवं राज्य शासन, उभय की प्रकृति कर्तव्यनिष्ठा के पुण्य से अभिषिक्त है, निरापद नागरिक जीवन, शासन एवं जाति दोनों ही का गौरव.."

इक्कीस

भारतीय इतिहास में हमें ऐसे अनेक उदाहरण मिलते हैं, जहाँ एक ही विद्वान

ने अनेक विषयों पर महत्त्वपूर्ण ग्रन्थों की रचना की है। आज जब विज्ञान के इस युग में अतीत के युग की अपेक्षा अनेक शिक्षा सुविधाएँ हमें उपलब्ध हैं, शायद ही हमें कोई ऐसा दुर्लभ व्यक्तित्व दृष्टिगत होगा, जिसने साहित्य एवं चिकित्सा के क्षेत्र में समान रूप से ख्याति प्राप्त की हो। किन्तु भारतीय इतिहास में ऐसे अनेक आचार्य हुए हैं, उदाहरणार्थ शार्ङ्गधर, हेमाद्रि, जो एक उच्च प्रशासनिक अधिकारी थे, साथ ही उन्होंने 'चतुर्वर्ग चिन्तामणि' और 'आयुर्वेद रसायनव्याख्या' जैसे ग्रन्थों की रचना की। केशव के पुत्र बोपदेव 'मुग्धबोध व्याकरण' के रचयिता थे, साथ ही 'हृदय दीपक' जैसे ग्रन्थों के प्रणेता। महेश्वर एक ख्याति प्राप्त कोशकार थे। 'विश्वप्रकाश' जैसा ग्रन्थ भी उन्होंने लिखा, जिसके प्रारम्भ में ही लिखा है—

'वैद्यराज चक्र मुक्ता शेखरस्य गद्यपद्य विद्यानिधे
श्री महेश्वरस्यकृते विश्वप्रकाशे।'

भट्टार एक सिद्धहस्त गद्यकवि ही नहीं, कुशल वैद्य एवं वैद्यक ग्रन्थों के प्रणेता भी थे। वाग्भट के 'अष्टांगहृदय' ग्रन्थ की लोकप्रियता एवं उपादेयता से प्रभावित हो चीनी यात्री इत्सिंग ने इस ग्रन्थ का चीनी भाषा में अनुवाद किया, बाद में यह ग्रन्थ अरबी भाषा में भी अनूदित हुआ।

महाकवि कालिदास ने जिस प्रकार तत्कालीन संस्कृति का पूर्ण प्रतिनिधित्व कर परम्परा के साथ-साथ मानवीय मूल्यों की प्रतिष्ठा भी सम्पादित की, उसी प्रकार वाग्भट भी गुप्तकाल के प्रतिनिधि निर्माता रहे। वे शब्दों के शिल्पी थे, नुस्खे की छन्दयोजना में भी उनकी विशिष्ट शैली थी कि श्लोक के अन्तिम चरण में छन्द का नाम अर्थ को सार्थक करता उल्लिखित रहता था, जैसे द्रुतविलम्बित में बद्ध यह श्लोक—

'सहचरं सुरदारु सुनागरं
क्वथितमम्भसि तैलावमिश्रितं
पवन पीड़ित देह गतिः पिवन,
द्रुतविलम्बित गोभवतीच्छया।'

किसी भी साहित्य रसमर्मज्ञ वायु-विकार पीड़ित की व्यथा क्या इसे पढ़ते ही नहीं चली जाएगी? आज के चिकित्सा-विशेषज्ञों को साहित्य के लिए तो दूर, अपने परिवार के लिए ही समय नहीं मिलता, उस पर ख्याति हमारे अधिकांश विशेषज्ञों को और भी मदान्ध एवं धनलोलुप बना देती है। मैं कुछ विशेषज्ञों को भी जानती हूँ, जिनकी ऊँची फीस ही नहीं, शहर के बाहर जाकर

मरीज देखने की यात्रा-फीस भी पूर्वनिर्धारित रहती है। वे केवल हवाई यात्रा पर ही जाएँगे। मरीज देखकर वैसे ही गगनचारी बनकर उनका प्रत्यावर्त्तन भी होगा। खर्चा उठाएगा मरीज का परिवार। किन्तु आज से कोई सत्तर वर्ष पूर्व, कैसा ही ख्यातिप्राप्त चिकित्सक क्यों न हो, मुँह खोलकर कभी अपनी फीस नहीं माँगता था। फिर भी तब रोगी को रोगमुक्त करने पर बिन माँगे ही उसे कैसे खरे मोती मिलते थे, इसका रोचक विवरण अपनी माँ से सुनने को मिला।

मेरे नाना डॉ. हरदत्त पंत लखनऊ के तत्कालीन ख्यातिप्राप्त सिविल सर्जन थे। अवध की लगभग सम्पूर्ण ताल्लुकेदारों की नाड़ियाँ तब उनकी मुट्ठी में बन्द थीं। ऐसे ही उनके एक समृद्ध यजमान संडीला के राजा साहब बीमार पड़े तो उन्हें बुलाया गया। साथ में पूरे परिवार को भी आमन्त्रित किया गया, जिससे डॉक्टर साहब तब तक परिवार की चिन्ता से मुक्त रहें जब तक राजा साहब पूर्ण रूप से स्वास्थ्य-लाभ न कर लें। चार महीने वहाँ रहकर उन्होंने राजा साहब को रोगमुक्त कर दिया। तब शाही विदाई का अवसर आया। भारी-भारी गहनों से विभूषित हाथी की सुसज्जित अंबारी पर उन्हें बिठाकर पहले उनकी सवारी निकाली गई। तब रजवाड़ों में किसी भी चिकित्सक के सफल होने पर ऐसे ही सवारी निकाल उसे हाथी भेंट किए जाने की प्रथा थी। यह अनुग्रह और सम्मानसूचक प्रथा सम्भवतः बहुत पुरानी चली आई थी। वाग्भट ने भी सर्वार्थ सिद्ध अंजन विधान में ऐसी शोभा यात्रा का वर्णन किया है।

किन्तु मेरे नाना को वह सवारी कुछ महँगी पड़ी। राजकीय आदेश था कि हाथी चूँकि राजा साहब का मुँहलगा हाथी रह चुका है, उसे सुबह नाश्ते में नित्य 5 सेर जलेबी खाने का अभ्यास है। खाने में दिन-भर मन-भर आटे की रोटी, जिन्हें भट्ठी में पकवाया जाता है। एक सप्ताह तक तो हाथी मेरे ननिहाल में बँधा नित्य 5 सेर जलेबी और मन-भर आटा उदरस्थ करता रहा। "तब ऐसी कोई बड़ी बात भी नहीं थी।" अम्माँ ने कहा, "1 रुपए का 36 सेर गेहूँ तुलता था और चवन्नी सेर जलेबी, पर फिर हमारी माँ ने कहा, 'या तो यह मुआ हाथी ही पाल लो या परिवार।' "

हारकर पचास हजार में हाथी बेच दिया गया और उसके गहने बैंक में धर दिए गए। फिर दलीपपुर के नवाब साहब बीमार पड़े। इस बार नानाजी को गहनों से लदी-फँदी नचनिया घोड़ी मिली, जिसके नखरे किसी यौवन-मदमत्ता बाईजी से कम नहीं थे। शादी-बारातों में ऐसा गजब नाचती थी कि पूरे लखनऊ में उसकी ख्याति फैल गई। किन्तु नृत्य-कुशला घोड़ी ऐसी नकचढ़ी

निकली कि ऐसी-वैसी बारातों में नाचना तो दूर, पैर भी उठाकर नहीं देती थी। बहरहाल उसे भी वहीं विदा कर दिया गया।

तीसरी बार, हाथी-घोड़ी की फीस से ऊबकर नानाजी ने अपने एक समृद्ध मरीज से अभिनव फीस मुँह खोलकर माँगी थी। ऐसे कठिन रोग से ग्रस्त होकर महाराज कुमार ने उन्हें बुला भेजा था, जिसे गोपनीय रखना उनके सुनाम एवं सुख्याति के लिए अनिवार्य हो उठा था। उधर मेरे नाना को इसी कुख्यात रोग का दुर्लभ नुस्खा ज्ञात था, जिसका प्रतिदान वे कभी आर्थिक रूप में ग्रहण नहीं करते थे। सुदीर्घ इलाज के पश्चात् महाराज कुमार रोगमुक्त हुए और तब ही नानाजी ने कहा, 'मुझे यह सब नहीं चाहिए, मुझे छेदीलाल की धर्मशाला खरीदकर दे दीजिए, मेरी और मेरे मित्र रमेशचन्द्र दत्त की इच्छा है कि लखनऊ में लड़कियों का कोई स्कूल नहीं है, वहाँ पहली कन्या पाठशाला बने।''

इसी प्रकार उस धर्मशाला में ही लखनऊ की पहली कन्या पाठशाला बनी जो आज महिला कालेज का रूप ले चुकी है। मेरी माँ के साथ पाँच अन्य छात्राओं ने वहाँ पहले प्रवेश लिया था।

तब चिकित्सकों को धन के प्रति आसक्ति नहीं थी। शायद इसीलिए उनके हाथ में यश था एवं रोग को पकड़ने की ऐसी सूक्ष्म दृष्टि भी थी। ऐसा ही एक रोचक संस्मरण अम्माँ से और सुना।

मेरे पिता जब जूनागढ़ नवाब के एडवाइजर थे। बिरावल के एक प्रसिद्ध बौने हकीम साहब थे—मामू हकीम, प्रसिद्ध हकीम, अजमल खाँ के मामू। मेरी बड़ी बहन को उन्होंने कठिन हृदयरोग से मुक्त किया था। अम्माँ बताती हैं कि ''जीर्ण पाजामा पहन बित्ते-भर के मामू को देखा तो दिल डूब गया। फटी दरी पर डेस्क लगाए बैठे थे। कमरे की बल्लियाँ नीचे झूल रही थीं। मैंने सोचा, जो अपना फटा पाजामा नहीं सी सकता, वह मेरी लड़की का क्या इलाज करेगा? पर नाड़ी देखी तो उसका पूरा रोग उगल दिया। फिर फटी दरी के नीचे हाथ डाल एक थैली निकाली, दवा घोंटी और कहा, 'मलमल के टुकड़े को बकरी के दूध में भिगोकर, छत पर रखो। रखते ही सूख जाएगा। ऐसा करते-करते जब पाव भर दूध सूख जाए तब बकरी के दूध से ही यह पुड़िया खिला दो। इंशाअल्ला, फिर यहाँ नहीं आना पड़ेगा।' वही हुआ, जिस असाध्य रोग को विदेश के प्रख्यात डॉक्टर भी नहीं जीत पाए थे, उसे मामू हकीम की बीस पुड़ियों ने जीत लिया।''

इसी से जब जूनागढ़ की बेगम साहिबा बीमार पड़ीं तो मेरे पिता ने उन्हीं

हकीम साहब की चर्चा की। एक तो जूनागढ़ की रियासत उन दिनों सौराष्ट्र की रियासतों में सिरमौर, उस पर स्वयं बेगम की बीमारी, कुछ उल्टा-सीधा हो बैठता तो मेरे पिताजी की जान पर भी बीत सकती थी।

हकीम साहब आए पर वे तो दर्शन-स्पर्शन से ही रोगी की परीक्षा करते थे या फिर मूत्र-परीक्षा से, किन्तु उस पर भी नवाब साहब के मुसाहिबों को घोर आपत्ति थी। इतनी बड़ी रियासत की बेगम साहिबा का 'कारुरा' भला परीक्षा के लिए कैसे जाएगा? अन्त में हकीम साहब ने ही एक मार्ग ढूँढ़ निकाला। बेगम साहिबा पर्दे के पीछे आराम फर्माएँ। एक पतला सूत उनकी नाड़ी में बाँध दूसरा सिरा उन्हें थमा दिया जाए। वह उसी क्षीण सूत्र के माध्यम से रोग दस्यु को पकड़ लेंगे। यही किया गया और उन्होंने रोग एवं रोगिणी का जैसा वर्णन किया, उसे देख सब दंग रह गए। दवा दी, पथ्य बतलाया और कह गए, आठवें दिन फिर आकर देखेंगे।

इसी बीच, कुछ जलनेवालों ने भाँजी मार दी, "हुजूर, बित्ते-भर का हकीम भला क्या इलाज करेगा! एक से एक हकीम आपकी रियाया हैं, पर उसने जो रोग एवं रोगिणी का आवेहूब नक्शा खींचकर रख दिया था। किसी बाँदी को मिला लिया होगा।" बस, नवाब भड़क गए।

आठवें दिन फिर मामू हकीम आए तो नवाब बोले, "हमने सोच लिया है अभी पता लग जाता है, कितने गहरे पानी में हैं मियाँ।"

हकीम साहब बैठे। पर्दे की आड़ से सूत का सिरा उन्हें थमाया गया। पर उधर चल रही थी सरासर बेईमानी। नवाब ने अपनी प्यारी पालतू बिल्ली के गले से इस बार सूत का एक सिरा बाँध दिया था, बेगम की नाड़ी पर नहीं। हकीम साहब बड़ी देर तक डोरा हाथ में लिए बैठे रहे, फिर थामा, फिर आँखें बन्द कीं, फिर सुना और चेहरा अजीब हो गया।

"क्या बात है हकीम साहब, चुप क्यों हैं?" नवाब ने पूछा।

"हुजूर, गुस्ताखी माफ हो तो कुछ अर्ज़ करूँ..."

'कहिए, कहिए..."

"लगता है, आज मेरी बताई मूँग की दाल के पानी के बदले कुछ" कहकर मामू चुप हो गए।

"कहिए, कहिए... कुछ और खा लिया है क्या?" नवाब ने पूछा।

"जी हाँ, उसी सकते में तो हूँ। लगता है, सरकार गलती से चूहा खा गई हैं।" और मामू हकीम उठकर भन्नाते हुए बाहर निकल गए थे।

बाईस

अतीत के किसी प्रभावशाली व्यक्तित्व से मिली सीख कभी-कभी अवसर पड़ने पर खरे पुराने सोने की लीक-सी ही जीवन-कसौटी पर खरी उतरकर चमकने लगती है।

विदेशियों को हमने अपने ही साहस एवं सूझबूझ से वर्षों पूर्व भारत से खदेड़ दिया, यह सत्य आज भले ही हमारे विशुद्ध भारतीय अन्तःकरणों को उल्लसित कर दे, किन्तु शासन की बागडोर स्वहस्तों में समेटकर भी क्या हम उनका अनुशासन या उनकी सहृदय न्यायप्रियता ला पाए हैं? इसमें कोई सन्देह नहीं कि अपने मातहतों के लिए अपनी समस्त खामियों के बावजूद अधिकांश अंग्रेज हाकिमों ने अपने को एक आदर्श हाकिम ही सिद्ध किया। भारतीय मातहतों की ईमानदारी, कर्तव्यपरायणता एवं निष्ठा को आँककर उसका उचित मूल्य चुकाने में अंग्रेज कभी कृपणता नहीं बरतता था।

नैनीताल में मैं एक बार जिमकारबेट के एक वृद्ध गढ़वाली खानसामा से मिली थी, जिसे विदेश जाने से पूर्व कारबेट अपनी बहुमूल्य क्रौकरी, गलीचा, फर्नीचर दे गए थे। यही नहीं, जब तक जीवित रहे, अफ्रीका से उसकी पेंशन भी नियमित रूप से भेजते रहे।

ऐसे ही एक उच्चपदस्थ विदेशी हाकिम को मैं भी जानती थी, जिन्होंने अपने एक सामान्य-से अविवेकी आचरण का जो हर्जाना मृत्युपर्यन्त चुकाया, उससे बढ़कर गरिमामय प्रायश्चित्त और हो नहीं सकता था। द्वितीय विश्व युद्ध के दौरान मिस्टर हेनरी तब बंगलौर में वार सेक्रेटरी थे, मेरे पिता के अफसर भी थे और अन्तरंग मित्र भी। निःसन्तान दम्पत्ति वहीं के प्रख्यात 'वेस्ट ऐंड' होटल में रहते थे। वेस्ट ऐंड तब आज के किसी भी पंच नक्षत्र-खचित होटल से अधिक महिमामय था। अपना टेनिसकोर्ट, अपना पोस्ट ऑफिस, दर्शनीय कमरे, विराट अहाता, बुर्राक बैरे, बटलर और मखमली लान। टोक की चमकती रेलिंगदार सीढ़ियों और चिकने फर्श की दूधिया सुघड़ स्वच्छता छूने से मैली होती थी। तब पूरे बंगलौर में केवल मि. हेनरी के पास ही एकमात्र रोल्स रॉयल गाड़ी थी, जिसे वह हथेली पर उठाए फिरते थे। जब देखो तब लगता था, अभी-अभी खरीदकर लाए हैं और पहली बार बैठकर उन्होंने चाबी घुमाई है। हमें भी उसमें बिठाने से पूर्व मिसेज हेनरी निःसंकोच असंख्य हिदायतें देती थीं। बार-बार हमारा सिर सूँघतीं कि कहीं तेल तो नहीं

डाला है। कहीं ऐसा न हो कि सर्राती सुन्दर गाड़ी में बैठने का सुख हमारा तेल-सना माथा उनकी गुदगुदी गद्दी से सटकर सत्यानाश कर दे।

फिर उनका अल्पभाषी चालक बिजली, अपनी भुवनमोहिनी विनम्रता से एक पाँव पोंछ हमारे कदमों के सामने डाल देता, जिससे चप्पल पर लगी धूल-गर्द हम बाहर ही झाड़ लें। और फिर कार को अपनी अपूर्व देह-परिमल से सुवासित करती मिसेज हेनरी हमारे साथ पीछे बैठतीं। आगे बैठते मिस्टर हेनरी और बिजली। नाम के ही अनुरूप बिजली का व्यक्तित्व भी था। वही चटक-मटक और तेज, दुबला-पतला पर गजब का फुर्तीला। कसी खाकी जोधपुरी ब्रीचेस में सधी पतली टाँगें, वैसा ही डबल पाकेट का खाकी कोट, बैंजनी, सुनहली किनारी का सफेद साफा जिसका तुर्रा बंगाल के शंखचूड़ा नाग के उद्धत फन-सा तना रहता। गाड़ी चलाता क्या था, हवा में उड़ाता था।

भाई-बहनों में धरा की इस उड़ान का सुख सर्वाधिक मुझे ही प्राप्त था क्योंकि मिसेज हेनरी का मुझ पर अत्यन्त स्नेह था, विशेषकर दो अवसरों पर मेरी पुकार अवश्य होती। एक तो जब वे दर्जी से अपने किसी बाल के लिए नया गाउन सिलाने निकलतीं या फिर जिस दिन उनका मिष्टदन्त जलेबी की फरमाइश करता।

साउथ परेड में एक ही दरजी था, जो उनकी परिमार्जित रुचि के साथ पूर्ण न्याय करने में समर्थ था और उनके आँख के एक-एक इशारे को समझ हूबहू गाउन में उतारने में सुई तोड़कर रख देता था।

मलमल में लपेटे रेशमी आलपाके की फसरफसर समेटे वे मेरी प्रतीक्षा में बैठी रहतीं जिससे अवसर पड़ने पर मैं उनकी बताई गई चुन्नट-तुरपनों की दुभानिया बन सकूँ।

बिजली अपनी फौजी सैल्यूट दागकर मुझे सूचित करता, "मेम साहब ने सलाम भेजा है, ठीक दस बजे साउथ परेड जाएँगी। पन्द्रह को मास्क बॉल है, नया गौन सिलेगा।" और फिर उस गाउन की सन्दर्भ सहित व्याख्या में कभी घंटों लग जाते--कैसी लेग ऑफ मटन स्लीव बनेगी, "कमरा में एकदम फिट माँगता, लूज नहीं।" वे अपनी कमर की विराट परिधि को अपने गुदगुदे गोरे हाथों में थामकर टेलर मास्टर को हिदायतें देती।

"ओ ऐलीना, 'कमरा' इज़ रूम, से 'कमर'।" मि. हेनरी कहते और फिर परिहास-प्रवण साहब की नीली आँखों में चुहल की सहस्र तरंगें तरंगायित हो उठतीं—"हे, व्हट डू यू से गौरा, इट इजंट ऐज बिग ऐज कमरा।"

फिर किसी रविवार को बिजली सैल्यूट दागकर मुझे बुलाने आ पहुँचता, "हजूर, मेम साहब ने सलाम भेजा है, जलेबी आई हैं।

जलेबी क्या आती कि पूरे कमरे में बहार आ जाती। जाकर देखती, गले में बड़ा-सा दुग्ध धवल नैपकिन लटकाए, पायरेक्स के डोंगे में गर्म जलेबियों को क्षुधातुरलोलुप अधीर दृष्टि से ही निगलती मिसेज हेनरी बैठी हैं।

"देयर शी इज़, हेनरी डियर, अब मैं नहीं रुक सकती, लाओ अपनी-अपनी प्लेट।" जल्दी-जल्दी हमारा हिस्सा परस वह जलेबियों पर शत्रु की निर्ममता से टूट पड़तीं। उन्हें जलेबी खाना देखना स्वयं में एक तृप्तिदायक पर्व प्रतीत होता। पूरी जलेबी मुँह में भर वह तुरन्त बत्तीसी जमा देतीं और टपाटप रस चूता उनके उत्तुंग वक्षक्षितिज को भिगोने लगता, परितृप्त आँखें मुँद जातीं, पतले खानदानी नथुने फड़कने लगते, लाल-लाल गाल और लाल हो उठते, हाथ सन जाते पर वह एक के बाद एक जलेबी दागे चली जातीं।

"ओ ऐलीना, यू आर वर्स दैन ए चाइल्ड।" मिस्टर हेनरी लपककर पत्नी के चिबुक पर बहती अशिष्ट रसधार को पोंछकर कहते।

पर वहाँ किसे चिन्ता थी। इसी मेज पर सर सुल्तान अहमद, सर मिर्जा इस्माइल, निजाम की रूपसी पुत्रवधुओं नीलोफर और दुरेशवार के साथ उन्हें कठोर मेज़ी अदब-कायदों की परम्परा निभाते भी मैंने देखा था और उसी मेज पर उनकी वह नितान्त स्वाभाविक भारतीय मुद्रा।

"देखो, हेनरी, तुम मुझे खाते वक्त मत रोका करो, क्या मजेदार हिन्दुस्तानी चीज है! इसे ऐसे ही चटखारे लेकर खाया जाता है। क्यों, है ना?" वह मेरी ओर मुस्कराकर देखतीं और चट से दूसरी जलेबी मुँह में धर लेतीं।

द्वार पर सन्तरी की मुद्रा में बिजली द्वारपाल बना खड़ा रहता कि कहीं मेम साहब की छोटा हाजरी के नन्दन-कानन में विघ्न डालने होटल का कोई बैरा आकर उनका यह अनाड़ी जलेबी-पर्व न देख ले। बिजली पर उनका अनन्य स्नेह था और स्वयं उसकी स्वामिभक्ति भी अपने में एक अनोखी मिसाल थी। मजाल है कि रात-आधी रात कभी भी साहब एक हाँक दें और वह उठकर न आ जाए। रियासत में रह चुका था, रियासती अदब-कायदे उसके जिह्वाग्र पर थे। मेरे पिता जब रामपुर में गृहमन्त्री थे, तब वह वहाँ था। उन्हींने उसे यहाँ बुला भेजा था, इसी से वह हमारे परिवार के प्रति भी अत्यन्त कृतज्ञ था। वह कृतज्ञता भले ही कभी उसके जिह्वाग्र पर न आई हो, हमें देखते ही वह कृतज्ञता उसके पोर-पोर से टपकने लगती और फिर अचानक एक दुर्घटना

ने उसे हमारे और निकट ला दिया।

एक बार अपने पिता के साथ मैं मिस्टर हेनरी की कार में एक डिनर पार्टी में जा रही थी। गाड़ी हमारे घर से निकली ही थी कि कभी न चूकनेवाले बिजली के हाथ विचलित हो गए। एक झटके के साथ खम्भे से टक्कर खा गई गाड़ी अचल हुई। मिस्टर हेनरी तत्काल कार की क्षति देखने उतर पड़े, साथ ही उतरा अपराधी चालक। मडगार्ड पर एक सामान्य-सा डिंग ही पिचका था किन्तु मेम साहब नीचे गिर पड़तीं और कुहनी टूट जाती तब भी शायद मिस्टर हेनरी इतने विचलित नहीं होते। देखते ही वे आपे से बाहर हो गए। आव देखा न ताव, तड़ातड़ बिजली के गाल पर दो-तीन करारे तमाचे जड़ दिए। मेरे पिता ने उसी क्षण उतरकर उनका हाथ थाम लिया, "हेनरी, दिस इज वेरी अनब्रिटिश ऑफ यू।"

उनकी उस ह्रस्व भर्त्सना का एक-एक शब्द मुझे आज भी याद है। और उसी क्षण मिस्टर हेनरी ने सिर झुकाकर अपना खिसियाया हाथ बिजली की ओर बढ़ा दिया, "आई ऐम वैरी सॉरी बिजली," भरी भीड़ के सम्मुख उस उच्च विदेशी अधिकारी को अपने अपराधी चालक से क्षमा माँगने में रंचमात्र भी संकोच नहीं हुआ था। उन्होंने उससे हाथ मिलाया और गाड़ी में बैठ गए।

जब हम लौटने लगे तो मिस्टर हेनरी ने मेरे पिता से कहा था, "पांडे, तुमने मुझे याद दिला दिया कि हम ब्रिटिश अफसरों के लिए भारतीय हृदय में जो सहृदय अफसर होने का आदर्श अंकित है, उसे अपने क्षणिक आवेश में मैं स्वयं मिटाने की मूर्खता कर बैठा था। मैं तुम्हारी सीख आजन्म गाँठ से बाँधकर रखूँगा।"

उन्होंने उस सीख को आजन्म गाँठ से बाँधकर ही नहीं रखा, कब्र में जाने तक अपनी उस भूल का स्मरणीय प्रायश्चित्त किया। पिता की मृत्यु के अनेक वर्षों बाद मुरादाबाद के स्टेशन पर वृद्ध बिजली मुझे फिर मिला। पहचानते ही उसकी आँखें चमक उठीं, "खुदा बाबू साहब को जन्नत बख्शे! उन्हींने तो साहब को उस दिन समझाया था। विलायत चले गए पर बराबर 200 रुपया हर महीना हमें भेजते रहे। पाँच-पाँच बेटियों की शादियाँ कीं, हर बार खत भेजा तो बदस्तूर दो-दो हजार का चेक हमें भेजते रहे। जवानी-भर रियासत के मुलाजिम रहे। अपने हिन्दुस्तानी हाकिमों के न जाने कितने घूँसे-थप्पड़ खाए पर वे तो उसे अपना हक समझते थे और हम अपनी बदकिस्मती। एक अंग्रेज हाकिम ने हाथ भी उठाया तो कब्र में जाने तक हर्जाना भरा। साहब

नहीं, फरिश्ता था हुजूर।"

आज दीया लेकर ढूँढ़ने पर भी क्या हम अपने हाकिमों में ऐसे फरिश्ते ढूँढ़ पाएँगे?

तेईस

सिरहाने की खिड़की खोलते ही दक्षिणी समुद्री बयार जब मुझे आपादमस्तक झकझोर जाती है, तब पहली बार आभास होता है कि इस बयार का यह किसी दुःसाहसी दस्यु का-सा व्यवहार उत्तर की बयार से एकदम विपरीत है। वहाँ की पुरबिया या पछुवा में यह तीव्रता भला आ भी कैसे सकती है! समुद्रतट मेरे निवास से प्रायः सटा-सा ही है। इसमें कोई सन्देह नहीं कि मद्रास का समुद्रतट भारत के सर्वश्रेष्ठ समुद्रतटों में एक उल्लेखनीय समुद्रतट है। आज सुदूर विस्तृत इस दमकीली-भड़कीली नगरी को देखकर कौन कह सकता है कि चार सौ वर्ष पूर्व यह कुछ मछुओं की एक निभृत बस्ती-मात्र थी। यदि देखा जाए तो मद्रास का इतिहास मायलापुर तिरुवोत्रियूर, पल्लेवरम की तुलना में अपेक्षाकृत कम प्राचीन है।

सत्रहवीं शताब्दी के आरम्भ में, मद्रास समुद्रतट पर धरणी की एक प्रशस्त पट्टीमात्र था। इसके उत्तर में एक छोटा-सा ग्राम था, मद्रासापट्टनम। उसी नाम का अब यह संक्षिप्त प्रचलित नाम है मद्रास। पट्टनम तमिल में शहर को कहते हैं।

इसी ग्राम के सीमान्त के उस प्रशस्त मुरब्बे को ईस्ट इंडिया कम्पनी ने 22 जुलाई, 1639 में कैसे प्राप्त किया, इसका भी एक रोचक अतीत है। अयप्पा नायक जौन कम्पनी के फैक्टरी-प्रभु फ्रांसिस डे के परम मित्र थे। उन्होंने अपने भाई वेंकटाद्रि से, जो विजयनगर राज्य के तत्कालीन गवर्नर थे, अनुरोध किया कि वे उस जनशून्य जमीन के मुरब्बे को फ्रांसिस डे को भेंट कर दें। इस प्रकार वह जमीन आबाद हुई। कुछ झोंपड़ियों का निर्माण कर सन् 1640 में नवीन आंग्ल फैक्टरी को जन्म दिया गया, और वे ही झोंपड़ियाँ धीरे-धीरे 1654 में प्रख्यात फोर्ट सेंट जॉर्ज के रूप में परिवर्तित हो गईं। देखते ही देखते कर्मठ आंग्ल प्रभुओं ने वहाँ अपनी घनी बस्ती बसा ली और मद्रास के पहले गिरजाघर का निर्माण हुआ। जैसाकि तब प्रायः ही इन नवीन बस्तियों

को एक विशिष्ट अवांछनीय रंगभेद की लक्ष्मण-रेखा से विभक्त किया जाता था, यहाँ भी दो बस्तियाँ बन गईं 'ह्वाइट टाउन' अर्थात् सफेद शहर केवल सफेद चमड़ी के लिए और 'ब्लैक टाउन' कृष्णवर्णी निवासियों के लिए, बीच में खड़ी कर दी गई एक अभेद्य दीवार।

वैसे 'ब्लैक टाउन' को मद्रास की जमीन भेंट रूप में देनेवाले अयप्पा नायक के पिता की स्मृतिरूप में ही मान्यता प्राप्त हुई। इसी ब्लैक टाउन में पट्टनम पेरुमल के प्रख्यात मन्दिर की स्थापना हुई, जो फ्रांसीसी आक्रमण को तो झेल गया, किन्तु 1757 में अंग्रेज शासकों ने इसे भग्न कर 1766 में इसका पुनर्निर्माण किया। अब मद्रासपट्टनम की मछुओं की छोटी-सी बस्ती पूरे शहर का रूप ले चुकी थी। आसपास के अनेक छोटे-छोटे ग्राम मद्रास शहर में मिलकर स्वयं उसकी सीमावृद्धि करते गए। गवर्नर येल ने, जिन्होंने बाद में प्रसिद्ध येल विश्वविद्यालय की स्थापना की, औरंगजेब से प्रार्थना की कि वह एगमोर को भी मद्रास में सम्मिलित करने की अनुमति प्रदान करें। उधर नवाब दाऊदखान ने पाँच महत्त्वपूर्ण बड़े ग्रामों को भी उन्हें भेंट कर दिया। 1749 में मायलापुर एवं सेंट थॉम ने मद्रास की श्रीवृद्धि की। उत्तर में एनोर से लेकर दक्षिण में तम्बरम तक, मद्रास अपने पूरे पैर फैला चुका था। आज उसी ऐतिहासिक फोर्ट सेंट जॉर्ज से, सम्पूर्ण तमिलनाडु का राज्य संचालन होता है। यहाँ के बीस ऐतिहासिक स्तम्भ आज भी उसी शान से पूरे तमिलनाडु की बागडोर थामे खड़े हैं, जैसे 1732 में खड़े थे। यहीं सेंट मेरी का एशिया का प्राचीनतम गिरजाघर है। इसी ऐतिहासिक गिरजाघर में गवर्नर येल का विवाह हुआ था। यहीं क्लाइव ने अपनी नववधू को अँगूठी पहनाई थी।

हर पत्थर में इतिहास

देखा जाए तो मद्रास के इस क्षेत्र के हर पत्थर से इतिहास बोलता है। क्लाइव हाउस, जहाँ कभी क्लाइव ने अपने जीवन का चरमोत्कर्ष देखा, जहाँ बेचैन करवटें बदलीं। वैलेजली हाउस, जिसे वाटरलू के प्रख्यात योद्धा ड्यूक ऑफ वेलिंगटन ने अपना निवास स्थान बनाया। फोर्ट सेंट जॉर्ज, जहाँ क्लाइव ने कभी क्लर्की की, कलम घिसी। और फिर भारत में ईसाई धर्म का प्रथम स्मृति-चिन्ह सेंट थॉमस का गिरजाघर। कहा जाता है कि सन्त थॉमस के साथ ही

भारत में पहली बार ईसाई धर्म ने पदार्पण किया। मार्कोपोलो के वृत्तान्तानुसार, कुछ मछुओं ने उनकी हत्या कर दी, और उन्हीं की स्मृति में इस गिरजाघर का निर्माण हुआ। जब पन्द्रहवीं शताब्दी में पुर्तगाली यहाँ बसने आए, तो खुदाई में उन्हें एक ताजे रक्त से सना क्रॉस प्राप्त हुआ। जितनी ही बार रक्त पोंछा जाता, उतनी ही बार ताजे रक्त की बूँदें फिर उभर आतीं। उन्हीं लोगों ने उस स्थान पर इन सन्त की स्मृति में इस गिरजाघर का निर्माण किया।

1846 में साउथ बीच रोड का निर्माण हुआ, आज वही मेरीना बीच मद्रास का शृंगारमुकुट है, विदेशी पर्यटकों का मुख्य आकर्षण। 10-12 कि.मी. लम्बे इस आकर्षक समुद्रतट का आरम्भ होता है 'अन्ना समाधि' से। पास ही में बड़ा-सा पार्क है। मेरीना से संलग्न इमारतों में सबसे शानदार आलमगीर इमारत है—कर्नाटक के नवाबों का महल। लगभग उसी के पीछे है—प्रसिद्ध क्रिकेट का मैदान। इसी सड़क पर दूसरी उल्लेखनीय इमारत है 'विवेकानन्द हाउस,' जो अंग्रेजों के समय में बरफखाना कहलाता था। विलासप्रिय आंग्ल प्रभुओं के आसवपात्रों को सुशीतल बनाने हेतु यहाँ विदेश से मँगाकर बर्फ सेंती जाती थी! बाद में, स्वामी विवेकानन्द जब यहाँ आकर ठहरे तब इसका नाम स्वयं परिवर्तित हो गया। कर्नाटक के नवाबों का महल मुख्यतः दो भागों में निर्मित है, एक में अब सार्वजनिक निर्माण विभाग का दफ्तर है, दूसरा है हुमायूँ महल। नवाब उमरत-उल-उमराह ही अन्तिम नवाब थे, जिन्होंने इस महल में अन्तिम साँस ली। 1801 में उनकी मृत्यु के पश्चात् अंग्रेजों ने इसे अपने कब्जे में ले लिया। 1855 में जब नवाब गुलाम गौशखान बहादुर की मृत्यु हुई, तो नवाबशाही खत्म कर दी गई। उनके उत्तराधिकारी नवाबशाही की महिमामय पदवी से वंचित कर दिए गए। अब वे कहलाए गए 'प्रिंस ऑफ अर्काट'। 1870 में उन्हें 'अर्काट महल' की जागीर प्रदान कर पेंशन बाँध दी गई। किन्तु, दिल्ली उजड़ने पर भी दिल्ली ही रहती है। अभी गत वर्ष बँगलौर में मुझे दो दिन उस परिवार का साथ प्राप्त हुआ। शताब्दियों का आभिजात्य कभी बासी नहीं पड़ता, इसका मुझे बार-बार अनुभव हुआ। नवाब भले ही प्रिंस बना दिए जाएँ, नवाब नवाब ही रहते हैं, बेगम बेगम! मद्रास के प्रत्येक गिरजाघर के साथ एक-न-एक दन्त-कथा अवश्य जुड़ी है। सेंट थॉमस से लगभग डेढ़ कि.मी. की दूरी पर एक ऐसा ही गिरजाघर है, लज चर्च। कहा जाता है कि एक बार कुछ पुर्तगाली जहाजी भयानक समुद्री तूफान में फँस गए। अचानक मद्रास की उद्धत तरंगों के बीच उन्हें प्रकाशपुंज का आलोक

दिखा। निरन्तर वह प्रकाशपुंज उन्हें संरक्षण देता तट पर पहुँचा गया, और फिर रहस्यमय ढंग से अदृश्य हो गया। उसी दैवी प्रकाश के प्रति कृतज्ञता का स्मृतिचिन्ह पुर्तगालियों द्वारा निर्मित लज चर्च आज भी खड़ा है।

मायलापुर, जो कभी ब्लैक टाउन कहलाता था, अब मद्रास की प्रमुख बस्ती है। मायलापुर अर्थात् मयूर नगरी आज अपने कपालेश्वर देवालय के लिए ही अधिक प्रसिद्ध है। एक तो दक्षिण के मन्दिरों की सांध्यकालीन छटा वैसे ही दर्शनीय होती है। उस पर कपालेश्वर के मन्दिर पर तो जैसे एक रहस्यमय कोहरा-सा मँडराता रहता है। कोलाहल, कलरव, मृदंग और मन्त्रध्वनि के बीच भी मन्दिर प्रांगण में बैठते ही लगता है, ऐसा सुरम्य-शान्त स्थल और कोई हो ही नहीं सकता।

मन्दिर के बाहर सँकरी सड़क के दोनों ओर फूलों की असंख्य दुकानें पुष्पों की मदिर सुगन्ध, कतारबद्ध टँगी अजगर-सी मोटी-मोटी पुष्पमालाएँ, चन्दन, धूप-अगरबत्ती, कपूर, रोली, अक्षत—सबकुछ पत्रसंपुट में तैयार। यही नहीं, मन्दिर के बाहर चप्पलों-जूतों के सदा जागरूक सचेत नन्हें-नन्हें चौकीदार, जो आपके पैरों से एक प्रकार से चप्पल उतारकर छीन लेते हैं। आराम से दर्शन कीजिए। यह नहीं कि बचपन में सुनी, उस कहानी के संसारलिप्त भक्त की भाँति 'त्वमेव माता' देवमूर्ति की ओर देखकर कहा, और फिर बाहर खोले गए जूतों की ओर संदिग्ध दृष्टि से निहार उसी भक्ति भाव से 'च पिता त्वमेव' कहा! चौकीदार का भाड़ा भाव दस पैसे। पूरे मन्दिर की विराट परिक्रमा करने और विभिन्न मूर्तियों के दर्शन करने में पौन घंटा तो कम-से-कम लगता है। इस सुदीर्घ अवधि का दस पैसे का चप्पल-जूता बीमा किसी कृपण दर्शनार्थी को भी नहीं खल सकता।

लगाव मातृभाषा से

मद्रास में नागरिकों की जिस विशेषता ने मुझे सर्वाधिक प्रभावित किया, वह है उनकी अटूट धर्मनिष्ठा एवं मातृभाषा के प्रति प्रगाढ़ लगाव। भारत में सम्भवतः अन्य कोई ऐसा शहर नहीं हो सकता जहाँ नित्य ऐसी प्रभूत धर्मचर्चा होती हो। इतने दिनों से यहाँ के सर्वाधिक लोकप्रिय दैनिक समाचार-पत्र 'द हिन्दू' के रोजनामचे को ध्यानपूर्वक पढ़ रही हूँ, उसमें मद्रास के महत्त्वपूर्ण

कार्यक्रमों की सूची, नित्य नियमित रूप से एक विशिष्ट स्तम्भ में छपती है। आधे से अधिक स्तम्भी कलेवर इन्हीं सूचनाओं से भरा रहता है—रामायणम्—श्री वेंकटारमण शास्त्री—स्थान शिवांबिष्णु मन्दिर, टी.नगर। (2) श्री सिंगार सुब्रह्मण्यम शास्त्री—साई समाज, मायलापुर, सन्ध्या 7 बजे। (3) श्री एन. लक्ष्मी नारसिंहम, विनायक मन्दिर 7.15। (4) श्रीमती कृष्णाजी अवादि रोड, 7.15। यह तो रही रामायण चर्चा, उसी के नीचे छिपी है महाभारतम् सूचना—श्री टी. एस. बालकृष्णन् शास्त्री, वीनस कॉलोनी—श्री आर. कानन आयंगर, शृंगेरीमठ—फिर है, भागवतम् चर्चा सुनने की सुव्यवस्था—श्री के. श्रीनिवासन गौडीयमठ। इसी प्रकार गीता, विवेकचूड़ामणिम्, सर्व शिवमयं, रामकृष्ण-चरितामृत आदि। यह मैं समाचार-पत्र के पृष्ठ से केवल एक दिन का रोजनामचा ज्यों का त्यों उतारकर रख रही हूँ। इसके अतिरिक्त, इसी पृष्ठ के पीछे किसी भी उल्लेखनीय प्रवचन की सुलिखित व्याख्या भी अवश्य छपती है। यही लगाव अपनी मातृभाषा के प्रति भी है। ऐसा नहीं कि वे हिन्दी समझते ही नहीं हैं, या टूटी-फूटी बोल नहीं सकते, क्योंकि मद्रास के उन सिनेमा के प्रेक्षागृहों के सम्मुख तमिल-भाषियों की सर्वाधिक भीड़ जुटी रहती है जहाँ हिन्दी फ़िल्म लगी हो। भीड़ भी ऐसी कि थाली फेंकिए तो सिर ही सिर होकर उछलती चली जाए। यही नहीं, चटपटे फ़िल्मी कथोपकथन के बीच उनकी प्रशंसात्मक तालियाँ और कहकहे भी इसी सत्य का समर्थन करते हैं, कि चाहने पर वे हिन्दी खूब समझ सकते हैं, किन्तु वे अपने इस हिन्दी ज्ञान का किसी भी रूप में प्रदर्शन करने में विश्वास नहीं करते।

अन्य भाषा-भाषी भी यदि तमिलनाडु आते हैं, तो ये कट्टर परम्परावादी मेजबान यही चाहते हैं कि वे भी मर्मांतक चेष्टा से पहले उनकी भाषा सीखें, तब ही उनकी मैत्री सहज, सुलभ रूप में उपलब्ध हो सकती है अन्यथा नहीं। इसी से यहाँ अन्य प्रदेशी पर्यटकों के लिए मुख्य समस्या है भाषा की। हिन्दी तो दूर, अंग्रेजी में पूछे गए प्रश्नों का उत्तर भी जब यहाँ मुंडी हिलाकर 'इल्लै-इल्लै' अर्थात् नहीं-नहीं में मिलता है, तो मुझे गुरुदेव से सुना हेरंब मित्र के विषय में एक रोचक प्रसंग याद हो आता है। श्री हेरंब मित्र तब बंगाल के एक प्रख्यात ब्रह्मसमाजी थे, सिनेमा के कट्टर विरोधी। एक बार सांध्यकालीन भ्रमण के लिए निकले तो एक हड़बड़ाए से युवक से टकरा गए, "मोशाई, बोलते पारेन 'छाया' सिनेमा हॉलटा कोथाय (महोदय, बता सकेंगे, 'छाया' सिनेमा हाल किधर है)?" युवक शायद सिनेमा का समय हो जाने के कारण

बहुत जल्दी में था।

"ना," गम्भीर स्वर में रूखा उत्तर देकर श्री मित्र आगे बढ़ गए, किन्तु सत्यवादिता भी उनके संयमित जीवन का एक अभिन्न अंग थी, इसी से सोचा, यह तो ठीक नहीं किया। वह सिनेमा हॉल बीस कदम पर है, फिर भी झूठ बोल गए। तेजी से आगे बढ़कर, उस युवक को पुकारकर बुलाया और उसी तेजी से एक साँस में कहा, "मोशाई, जानी किन्तु बोलबो ना। (महोदय, रास्ता जानता हूँ, किन्तु बताऊँगा नहीं)।" इतना कहते ही छड़ी घुमाते आगे निकल गए। यहाँ की 'इल्लै-इल्लै' भी मुझे श्री हेरंब मित्र की 'जानी किन्तु बोलबो ना' वाली जिद्दी सनक-सी लगती है। यदि ऐसा नहीं है तो हिन्दी फ़िल्मों का ऐसा अपूर्व रसास्वादन लेनेवाले दर्शक हमारी एक सामान्य-सी जिज्ञासा का भी उत्तर क्यों नहीं दे सकते? किन्तु फिर भी मुझे उनकी इस जिद्दी सनक के पीछे, उनका अपनी मातृभाषा के प्रति प्रगाढ़ लगाव ही अधिक दृष्टिगत होता है। साथ ही अपनी वेशभूषा, खान-पान के प्रति भी उनका यह अनुराग अनुकरणीय है और हम हिन्दीभाषी उन हिन्दी समर्थकों को बहुत कुछ 'सिखा सकती' हैं, जो हिन्दी प्रचार के लिए नगाड़े-दमामे बजाने ही में अपनी समग्र शक्ति चुका बैठते हैं।

मेरे आवास के निकट ही एक प्रशस्त सड़क पर नित्य स्कूली बस की भीड़ कोलाहल करती बस अड्डे की ओर उमड़ती जाती है, शायद ही उस भीड़ में कोई ऐसा बालक दृष्टिगत होता है जिसका श्यामवर्णी ललाट भस्म-विभूषित न हो! क्या हमारे प्रदेश के बच्चे या स्वयं उनके आधुनिक माता-पिता बालक को इस बहुरूपिया मुद्रा में स्कूल भेजने का साहस कर सकते हैं, भले ही वह कारपोरेशन का स्कूल ही क्यों न हो। प्रातःकाल उठते ही प्रत्येक गृहद्वार को स्वयं बाल्टीभर पानी से धों-पोंछ रंगोली बनाते मैं लगभग हर गृहस्वामिनी को नित्य देखती हूँ, जबकि मेरा आवास सेंट थॉमस की उस बस्ती में है, जहाँ सम्भवतः मद्रास का समृद्धतम वर्ग रहता है। रविवार के दिन यहाँ की भ्रमणप्रिय जनता परिवार सहित घूमने निकलती है। पुरुषों का परिधान लुंगी, जिसकी यवनिका को अवसर का गाम्भीर्य देख ह्रस्व या दीर्घ कर दिया जाता है, अर्थात् फार्मल होना हो तो लुंगी झटककर घुटनों के नीचे उतार दी जाती है, केवल इष्ट मित्रों का परिचित परिवेश हो तो वहीं लुंगी घुटनों के ऊपर उठ जाती है। देखनेवालों की अनभ्यस्त दृष्टि को दक्षिण का यह मर्दाना परिधान भले ही मर्यादाशील न लगे, पहननेवालों को इससे अधिक हवादार और

आरामदायक परिधान और कोई नहीं जुट सकता।

शायद यही कारण है कि इस परिधान की उपादेयता अब हमारे प्रदेश में भी प्रतिष्ठित होकर अत्यन्त लोकप्रिय बन बैठी है। मैं मद्रास आने लगी तो मेरी एक परिचिता ने आग्रह किया, "आप मद्रास जा रही हैं, वहाँ लुंगियाँ बहुत सस्ती मिलती हैं, चार लेती आइएगा।" यहाँ आकर सोच रही हूँ कि यदि यहाँ से कोई दक्षिणी पर्यटक हमारे प्रदेश में जाता तो उससे भी कोई यह फरमाइश करता कि "आप लखनऊ जा रहे हैं, वहाँ के चिकन के कुर्ते प्रसिद्ध हैं, चार लेते आइएगा।"

शायद, कभी नहीं। हम भले ही उनके परिधान को ललक से ग्रहण कर लें, हमारे परिधान ग्रहण करने की उन्हें कोई ऐसी ललक कभी विचलित नहीं कर सकती। स्त्रियों को भी मैंने यहाँ बहुत कम शिफोन या नायलोन की साड़ियों का व्यवहार करते देखा है। चटकीले रंगों की जरीदार कन्नी की दक्षिणी कांजीवरम या धर्मावरम साड़ियाँ, बालों में पाव-पाव भर के पुष्पगुच्छ, कृष्णवर्णी नासिका पर नन्हीं-नन्हीं सर्चलाइट-सी दोनों ओर चमकती हीरे की लौंग! यहाँ अधिकांश शिक्षण संस्थाओं में सह-शिक्षा की व्यवस्था है। कई बार इस मिश्रित भीड़ को देखा है, छात्राओं की कटि तक झूलती वेणी का या छात्रों की कृपणता से छोड़ी गई विरल केश-सज्जा का हमारे छात्रों की कन्धे तक झूलती मस्तानी अयाल या छात्राओं के लड़कों जैसे छँटे बालों का कोई साम्य नहीं है। फिर भी कुछ बातों में मद्रास अपनी आधुनिकता में दिल्ली, कलकत्ता, बम्बई से कुछ कम नहीं है।

पर्यटकों का आकर्षण : महाबलीपुरम

महाबलीपुरम, जिसे यहाँ महामल्लपुरम कहा जाता है, विदेशी पर्यटकों को विशेष रूप से आकर्षित करता है। शायद इसलिए भी कि इसी के निकट कोवलोंग का दर्शनीय समुद्रतट है। महाबलीपुरम में पर्यटन विभाग ने एक से एक सुन्दर पर्यटक निवास बनाए हैं। कुछ झोंपड़ीनुमा छोटे-छोटे डिब्बे-से आवासगृह। हैं तो निराडम्बर झोंपड़ियाँ लेकिन उन वातानुकूलित भव्य सज्जा-मंडित झोंपड़ियों में केवल बादशाह ही रह सकते हैं। किन्तु महाबलीपुरम की गुदड़ी में छिपे हैं अद्‌भुत प्राचीनतम देवालयों के लाल! पल्लव कला की वह

दर्शनीय छटा कलाप्रिय चित्त को सुशीतल ही नहीं करती, चट्टानों को खोदकर बनाई गई विराट् मूर्तियाँ पल भर को स्तब्ध कर देती हैं। कौन कह सकता है कि ये सातवीं शताब्दी की बनी मूर्तियाँ हैं। लगता है, अभी-अभी मूर्तिकार यहाँ से छैनी-हथौड़ी उठाकर विदा हुआ है। समुद्रतट पर बना भव्य मन्दिर ही यहाँ का सबसे प्रसिद्ध मन्दिर है। मैं जब गई तो उद्धत जलधि तरंगें मन्दिर की प्रस्तर भित्ति पर क्रुद्ध पछाड़ें खा रही थीं और एक आकर्षक दक्षिणी महिला अपने कृष्णवर्णी स्कन्ध पर लाल धर्मावरम साड़ी का शोख आँचल फहराती कुछ विदेशी पर्यटकों को समझा रही थी, "यह अनन्तशयनम की मुद्रा है, उधर दूसरे शयन की मुद्रा है, उधर तीसरी..." फटाफट कैमरे चटक रहे थे।

प्रांगण में ही एक सँपेरा साँप की पिटारी खोले कुछ विदेशी पर्यटकों से दनादन नोट झाड़ रहा था—"ओनली इंडियन मनी सर, नो डॉलर..." नेवले से नुचे जा रहे विवश कृष्णचूड़ का फन बार-बार उग्र फूत्कार में तना जा रहा था और विदेशी पर्यटकों के ललछौंहें चेहरे उत्तेजना से रक्तिम पड़े जा रहे थे। यह है हमारा भारत! विदेशियों के उदार मनोरंजन के लिए हम केवल कृष्णचूड़ को ही नेवले से नहीं नुचवाते, स्वयं अपने सहनशील कर-पृष्ठ पर भी उसके दन्तक्षत सह लेते हैं। बार-बार सँपेरा अपनी मुट्ठी बाँध जानबूझकर क्रुद्ध नागराज के सम्मुख घुमाता उसके डंक ग्रहण कर रहा था और फिर एक बूटी घिस उसी क्षण सशक्त विज्ञापन भी करता जा रहा था, "बाय, सर?" (खरीदोगे, साहब), "वेरी इफेक्टिव" (बहुत असरवाला)। समुद्र की लहरें कब मुझे आपादमस्तक भिगो गईं, जान भी नहीं पाई किन्तु उस अनुपम देवालय को इस उदासीनता से क्यों छोड़ दिया गया है, समझ में नहीं आया। अनन्तशयन मुद्रा ही में क्यों न हो, देवमूर्ति तो है ही, पर न पूजा न पुजारी। लम्ब-धड़ंग विदेशी जूते सहित मन्दिर के गर्भद्वार में प्रवेश कर तस्वीरें खींच रहे थे, पर कोई उन्हें नहीं रोक रहा था। पक्षीतीर्थ में नियम-कानून सख्त हैं। वहाँ भी मेरे पीछे-पीछे दर्जनों विदेशी थे। 585 सीढ़ियाँ चढ़कर जब मन्दिर तक पहुँचे, तो मैंने बड़े सन्तोष से देखा कि हमारी चप्पलों के साथ-साथ मेम साहब भी अपनी आठ गिरही एड़ियों की जूती उतार रही थीं। चिंगलपेट और महाबलीपुरम के मध्य स्थित तिरुकल्लीकुरनम में एक ऊँची चोटी पर ही यह पक्षीतीर्थ है। ठीक साढ़े ग्यारह बजे घड़ी के काँटे के साथ पक्षियों का एक जोड़ा जिस तत्परता से आकर पुजारी के हाथ से अन्न ग्रहण करता है, उसे देख सचमुच आश्चर्य होता है। कहा जाता है कि ये गरुड़ पक्षीद्वय अनादि

काल से ठीक इसी समय वाराणसी से रामेश्वरम की यात्रा के बीच इस विश्रामस्थली पर उतरते हैं। आज तक इनके विषय में पढ़ा ही था, अपनी आँखों से देखा तो द्विजेन्द्रनाथ राय की पंक्ति का सत्य कानों में बज उठा—

ऐमन देशटी कोथाय खूँजे पाबे नाकोतूमी
सकल देशेर रानी शेजे आमार जन्मभूमि

सचमुच ही ऐसा विचित्र चमत्कारों का देश क्या कहीं और मिल सकता है?

महाबलीपुरम से मद्रास के प्रत्यावर्तन के बीच पड़ता है—अडियार, जहाँ श्रीमती रुक्मिणी देवी ने सन् 1936 में कलाक्षेत्र की स्थापना की थी। कलाक्षेत्र के अतिरिक्त अडियार प्रसिद्ध है अपने दर्शनीय उन प्राचीन आवासों के लिए, जहाँ कभी अंग्रेज रहते थे। उन प्रशस्त बरामदों में खड़े गोल स्तम्भों की विशिष्ट बनावट मद्रास के आधुनिकतम मकानों से बहुत कुछ मिलती-जुलती है। मैंने अभी हेमामालिनी का भव्यप्रासाद देखा था। बाहर से ही जितना देख पाई, मुझे लगा, उसमें भी वही दक्षिणी लटका है—ठोस द्वार, एक-एक कमरे में दर्जनों हवादार, दरवाजेनुमा खिड़कियाँ, घुमावदार बरामदे, प्रहरी-से खड़े कन्धे से कन्धा मिलाए नारियल के वृक्ष, जो समुद्री बयार का सामान्य-सा संकेत पाते ही विजन डुलाने लगता है। दोनों ओर प्रांगण, वह भी प्रशस्त, दक्षिणी स्थापत्य कला का एक अनिवार्य अंग है।

किन्तु परम्परा के कठिन रज्जुबन्धन में बँधे इस शहर की प्रत्येक गतिविधि में एक मशीनी तत्परता आ गई है, और इसी तत्परता ने यहाँ के निवासियों को स्वयं अपने ही में लिप्त-सा कर दिया है। अधिकांश गृहों में ठीक नौ बजे बत्ती बुझ जाती है। कम-से-कम मेरी बस्ती ठीक दस बजे मुर्दा बन जाती है।

लखनऊ में इतने वर्षों से रहती आई हूँ, इसी से नवीन प्रतिवेशियों की यह अस्वाभाविक उदासीनता कभी-कभी चित्त खिन्न कर देती है। लखनऊ के किसी भी मुहल्ले में कोई नया किराएदार आ जाए तो मुहल्ले-भर में ऐसी जिज्ञासा की लहर उमड़ जाती है, जैसे कोई मंगल ग्रह यात्री पृथ्वी पर उतर आया हो! पर यहाँ, राम राजा हो या रावण राजा, न किसी को कोई जिज्ञासा होती है, न कौतूहल! ऐसी हृदयहीन उदासीनता देख बार-बार लखनऊ की मेज़बानी की याद कलेजा मरोड़ने लगती है। मेज़बानी ही नहीं, फेरीवालों की सुरीली कल्पनाशील हाँक, वहाँ की नफासत, यहाँ तक कि वहाँ के कौओं की काँव-काँव तक के लिए जी तरस उठता है। यहाँ के कौए भी काँव-काँव नहीं

करते, शायद इसलिए भी कि सड़क पर धरे पात्रों में उन्हें इडली-दोसों की पर्याप्त जूठन मिलती रहती है। प्रत्येक फेरीवाले की हाँक का रहस्य जानने के लिए हम हिन्दीभाषियों का बरामदे से झाँकना अनिवार्य हो उठता है, क्योंकि विक्रय की जानेवाली वस्तु का पुकार में परिचय पाना हमारे लिए असम्भव है। एक दिन सुबह-सुबह उठी तो कर्कश स्वर में कोई नारीकंठ टिट्टिभ-सी करुण चीत्कार कर रहा था, 'मरी मरी मरी'। मैं भागकर बाहर गई, हाय बेचारी, कौन न जाने सुबह-सुबह ऐसे 'मरी मरी मरी' करती सड़क पर बिलख रही है!

झाँककर देखा तो एक भारी-भरकम जनाना सिर पर हरी सब्जी की टोकरी धरे सब्जी बेच रही थी, "अम्माँ, किरी किरी?" मुझे देखते ही उसने बत्तीसी निकालकर पूछा तो समझ में आया, 'किरी किरी' है, 'मरी मरी' नहीं!

ऐसे ही छोटे-मोटे मौलिक चुटकुले यहाँ हम प्रवासियों का जी बहलाते रहते हैं।

अभी हम पक्षीतीर्थ की विकट सोपान पंक्ति के आरोह-अवरोह के पश्चात् थककर चूर 'क्रोकोडाइल बैंक' देखकर अपनी गहन क्लांति भुलाने की चेष्टा कर रहे थे कि अचानक कानों में पड़ा एक कंठ-स्वर गुदगुदा गया। एक तो वैसे ही यहाँ यदा-कदा कानों में पड़ गई हिन्दी बतकही वर्षा की प्रथम बूँद की-सी रसवृष्टि कर उठती है; उस पर तीन कंठस्वर एकसाथ हिन्दी में टकराए तो लगा, जलतरंग की कटोरियाँ खनखना रही हैं।

"अम्माँ, कहाँ हो...?"

"यहाँ हूँ मुन्ना...बहू, कहाँ है?"

"मैं यहाँ हूँ अम्माँजी!" हिन्दीभाषी माता, पुत्र और पुत्रवधू तीनों अलग-अलग तीन जलकुंडों में धूप में पसरे, भयावह मगरमच्छों को देखते एक-दूसरे की ओर शब्दबेधी बाण मार रहे थे। तभी विराट् वधू की स्वामिनी अम्माँजी फिर गरजीं, "अरे-अरे, मुन्ना, ये बहू को ये मरे मगरमच्छ मत दिखाइयो, आजकल ऐसे में जैसी चीज देखो वैसी ही जन्मे है।"

बहू मेरे ही पास खड़ी थी। देखने पर उस बेचारी की जिस अवस्था का कोई भी संकेत किसी को नहीं मिल सकता था, उसे ही भरी सभा में अम्माँजी ने स्पष्ट कर दिया। बेचारी सहमी-सकुची मुद्रा में पीछे हट गई। आलस्य से पसरे मगरमच्छों की बीभत्स, भयावह सुदीर्घ काया देख यदि बेचारी दूरदर्शी अम्माँजी घबराकर चेतावनी न देतीं, तो करतीं क्या? संसार की कौन-सी दादी भला चाहेगी कि भावी पौत्र के स्थान पर ऐसा मगरमच्छ उसकी गोदी में खेले?

बहू को एक प्रकार से खींचती वह बाहर की ओर ले गईं और मैंने फिर उस दानव-से खतरनाक मगरमच्छ को ध्यान से देखा। मूर्तिमान आलस्य के रूप में परमानन्द से पसरी उस पथरीली देह को देखते ही मेरे रोंगटे खड़े हो गए। बाहर लिखा था–'खतरनाक–हाथ अन्दर मत डालना!'

मैं सोच रही थी, बुद्धिमती अम्माँजी ने अच्छा किया, जो बहू को समय पर बाहर खींच ले गईं, क्योंकि पानी से निकलकर अभागा उसी ओर लपक रहा था, जहाँ कुछ क्षण पूर्व मुन्ना की फलवती बहू खड़ी थी। इसमें कोई सन्देह नहीं कि परिहास-रसिक विधाता मनुष्य को दुःसह एकान्त के कठिन क्षणों में भी गुदगुदाना खूब जानता है। मेरा एक अनुभव अभी-अभी मुझे बहुत कुछ सिखा गया। यह सुन चुकी थी कि यहाँ ईमानदारी का स्तर गुप्तकालीन उस स्वर्णयुग-सा नहीं है, जहाँ घरों में ताले नहीं लगते थे। जरा-सा द्वार या खिड़की खुली रही तो निमिषमात्र में आपकी कोई भी चीज गायब हो सकती है। कभी बचपन में पढ़ा था कि–"टु डिस्ट्रस्ट ए मैन इज़ टु मेक हिम डिसआनेस्ट (किसी भी मनुष्य पर अविश्वास करना उसे बेईमान बनाना है)।" सब्जीवाला आया, सब्जी खरीदी, तो उसने कहा, "रंडु उरपद्दु।" रंडु तो समझ गई कि दो रुपए, अब इस उरपद्दु के लिए सिद्धान्त कौमुदी का कौन-सा पृष्ठ खोलूँ? मैंने जितनी रेजगारी थी, सब मुट्ठी में फैला दी कि ले बाबा, दो रुपए का नोट थाम और अपना उरपद्दु बटोर, बाकी रेजगारी छोड़ दे। सो उसने नोट उठा बड़ी प्रसन्नता से पूरी रेजगारी बटोर, परम औदार्य सहित दस पैसे टिप के रूप में मेरे लिए छोड़ दिए!

बाद में पता लगा कि उरपद्दु साठ पैसे होता है और बटोरी गई रेजगारी थी पूरे दो रुपए की। यह अनुभव आज मुझे मेरी प्रवास-शिक्षा का प्रथम महत्त्वपूर्ण पाठ पढ़ा गया।

चौबीस

विज्ञान युग के आरम्भ में मोनालिसा के अमरस्रष्टा लियोनार्डो द विंची ने अपनी क्रान्तिकारी विचारधारा से कलामर्मज्ञों को एक नई दृष्टि दी। उसने नवीन सिद्धान्तानुसार, कला जब किसी निर्जीव या सजीव वस्तु को ज्यों का त्यों प्रस्तुत करे, तब ही वह कला के स्थायी स्वर को सार्थक कर सकती है।

इसमें कोई सन्देह नहीं कि उसके सिद्धान्त को प्रमाणित करती, उसकी अमर कृति मोनालिसा आज भी अपनी उस रहस्यमयी मुस्कान से कालजयी बन कलामर्मज्ञों को मुग्ध करने में समर्थ है। उस विचारधारा के अनुसार कला किसी कृति में नहीं होती, प्रतिकृति में होती है। संक्षेप में कहें तो कलाकृति केवल सुन्दर ही न हो, शत-प्रतिशत सही भी हो।

भारतीय चित्रकला भी षडंग सिद्धान्तों में सादृश्य को सर्वाधिक महत्त्व देती है। जहाँ सादृश्य होगा, वही कलाकृति पहचानी जाएगी एवं उसका उचित मूल्यांकन हो पाएगा। कला में सादृश्य के इस अपरिहार्य नियम को शान्तिनिकेतन के कलाभवन ने सदैव महत्त्वपूर्ण स्थान दिया है, चाहे वह चित्रकला हो या मूर्तिकला। शायद यही कारण है कि शान्तिनिकेतन का कलाकार अपनी विशिष्ट व्यंजकता, परिप्रेक्ष्य, परिमाप इत्यादि के कारण कभी-कभी उच्चभृकुटि-दोष का भागी बनता है। मुझे याद है, एक बार एक साहित्य सभा में श्री अवनीन्द्रनाथ ठाकुर ने हमसे कहा था, ''तुम्हारे इस आश्रम की शिक्षा का एकमात्र दोष क्या है, जानते हो? यहाँ से निकलने पर सामान्य स्तर का प्रदर्शन चाहे वह साहित्य का हो, संगीत का या रंगमंच का, तुम्हें कभी बाँध नहीं पाएगा। इसी से मुझे कभी-कभी तुम्हारे भविष्य के लिए चिन्ता भी होती है।''

आज शान्तिनिकेतन के जिन कलाकारों, मूर्तिकारों ने आश्रम का नाम धन्य किया है, अपील उच्च भृकुटि को उच्च रखकर भी सुख्याति अर्जित की, देखा जाए तो उनमें से प्रत्येक ने अपने विशिष्ट स्तर के वैशिष्ट्य को अक्षुण्ण रखा। जन संस्कृति के युग में कला के वाणिज्यीकरण के कारण जनता की रुचि ही अधिकांश कलाकारों को शासित करने लगी। शान्तिनिकेतन के किसी भी आत्मसम्मानी कलाकार ने इस वाणिज्यीकरण का समर्थन नहीं किया—वह सत्यजित राय हो, सुचित्रा मित्रा, कनिका या रामकिंकर, विनोद बिहारी मुखर्जी, मासोजी, खास्तगीर, शंखो चौधरी या अवतारसिंह पँवार। प्रत्येक ने यह प्रमाणित कर दिया कि श्रेष्ठ कृति भी जनप्रिय हो सकती है। यह एक साधारण उपलब्धि नहीं है। आश्रम के जिन दो मूर्तिकारों ने अपनी निःस्वार्थ एकान्त कला साधन से कवि गुरु की शिक्षा को सार्थक किया है, वे हैं—पद्मभूषण रामकिंकर और अवतार सिंह पँवार।

विचारों में बेंत-सी लपलपाती सत्यनिष्ठ उग्रता

टिहरी गढ़वाल के उच्च राजपूत राजघराने में जन्मे अवतार सिंह की कला एवं व्यक्तित्व दोनों में एक राजपूती अक्खड़ बाँकपन है, जिसने उनकी कला को भी एक निर्भीक विशिष्टता प्रदान की है। गुरुदेव ने एक स्थान पर कहा है, "किसी भी कलाकार की कला को परखने के लिए आवश्यक है कि हम पहले उसकी मानवता, उसके जीवन-दर्शन, उसकी विचारधारा को परखें। मनुष्य के स्वभाव एवं उसकी कला अन्तरंग सूत्र में संलग्न रहते हैं, किन्तु ऐसा बहुत कम होता है कि हम कलाकार के हृदय एवं उसकी कला को एकसाथ परखें। यदि ऐसा सम्भव होता, तो उसकी कला की सत्यता को पहचानने में हमें प्रयत्न नहीं करना पड़ता।"

स्वभाव में बेंत-सी लचीली नम्रता किन्तु विचारों में बेंत की छड़ी-सी ही लपलपाती सत्यनिष्ठ उग्रता, जो अन्याय की सामान्य चिंगारी से ही सुलगकर भभकने लगती है, पँवार के सरल, सहज स्वभाव की विशिष्टता है। और फिर, इस विशिष्टता को शान्तिनिकेतन के गुरु की शिक्षा ने और पुष्ट किया—

विपदे मोर रक्षा करो
ए नहिं मोर प्रार्थना
विपदे आमी ना करी
जैनो भय!

"विपत्ति में मेरी रक्षा करो, यह मेरी प्रार्थना नहीं है प्रभु, मुझे इस योग्य बनाओ कि मैं विपत्ति से कभी न डरूँ।" कला एवं कलाकार को कुछ वर्षों पूर्व हमारा प्रदेश कितना संरक्षण दे पाया है, यह एक विवादास्पद विषय है। बहुत पूर्व एक बार एक मुख्यमन्त्री पँवार के कुछ ईर्ष्या कातर विरोधियों के कहने पर उनसे रुष्ट हो गए एवं उन्हें घर से निकालने के लिए पुलिस की सहायता ली। क्रुद्ध-संतप्त कलाकार ने पाँच महीने के कठिन परिश्रम से बनाई गई अपनी दसफुटी लेनिन की मूर्ति को अपने हाथों तोड़कर फेंक दिया। कहा जाता है कि वहीं खड़ा एक पुलिस का सिपाही भी भग्न मूर्ति को देखकर रो पड़ा। पुलिस की आँखों में आँसू सहज ही में नहीं आते, इसी से अनुमान लग सकता है कि उस कलाकृति का सौष्ठव कैसा रहा होगा। और जब मुख्यमंत्री को अपने अन्याय का आभास हुआ और शायद कुछ प्रतिकार करने का ध्यान आया तब ही सहसा उनका मंत्रिमंडल भी भग्न मूर्ति की भाँति मिट्टी में मिल गया।

देश-सेवा में योगदान

भारत-पाकिस्तान युद्ध के समय भी इस कर्त्तव्यनिष्ठ कलाकार ने अपने अनोखे ढंग से देश-सेवा में अपना योगदान दिया। कभी देहरादून की रॉयल इंडियन मिलिटरी ऐकेडमी के छात्र रह चुके थे और शायद वही भूली-बिसरी बिरादरी का मोह उन्हें नित्य चारबाग (लखनऊ) स्टेशन पर खींच ले जाता। फौजियों से भरी ट्रेन आती और वह वहीं पर उनके पेन्सिल-स्केच बनाकर उन्हें थमाते। मुजीबुर्रहमान, रवीन्द्रनाथ एवं जनरुल इस्लाम की दर्शनीय मूर्तियों के अतिरिक्त उन्होंने अनेक सुन्दर मूर्तियों का निर्माण किया। दो वर्ष पूर्व शान्तिनिकेतन के भूतपूर्व अध्यापक श्री अनिल चंदा के आग्रह पर उन्होंने तत्कालीन प्रधानमंत्री की कांस्य प्रतिमा का निर्माण आरम्भ किया, किन्तु अनेक कारणों से वह सुन्दर कृति अभी भी अधूरी पड़ी है। लेकिन मुझे विश्वास है कि बनने पर वह प्रधानमंत्री की सुन्दरतम अनुकृतियों में से एक होगी।

"आप इसे पूरा क्यों नहीं करते?" मैंने पूछा।

"अनेक कठिनाइयाँ हैं," उन्होंने एक दीर्घ श्वास लेकर कहा, "उसके लिए एक विशेष प्रकार की अग्निगर्भा भट्ठी का होना अनिवार्य है। वह किसी रेलवे वर्कशाप में ही जुट सकती है, किन्तु वहाँ वह परिवेश नहीं जुटा सकता। जहाँ परिवेश है, वहाँ सुविधा नहीं है। मैं शान्त निःसंशय चित्त से वहाँ इसे सँवार नहीं सकता।"

एक गौरवमय कला-यात्रा

कलाक्षेत्र में बहुमुखी प्रतिभा के धनी इस कलाकार ने केवल मूर्तिकला ही में नहीं, ग्राफिक्स, चित्रकला में भी नाना प्रकार की निपुणता का परिचय दिया है। अनेक राष्ट्रीय पुरस्कारों का विजेता यह कलाकार जहाँ भी गया, जिस मूर्ति का भी निर्माण किया, उसी में अपनी विशिष्ट् छाप छोड़ दी। सम्प्रति : (इन पंक्तियों के लिखने तक) गढ़वाल में महात्मा बुद्ध की एक सुदीर्घ भीम प्रतिमा के निर्माण में संलग्न हैं। 3658 मीटर की मूर्ति के निर्माण के लिए सीढ़ी लगा सुबह सात बजे चढ़ते हैं और उतरते हैं सन्ध्या सात बजे। वहीं चाय, वहीं भोजन पहुँचा दिया जाता है। इस अद्‌भुत मूर्तिकार के इस अकथ

परिश्रम से बन रही यह मूर्ति शिला में जाग उठेगी। निर्जीव शिला में उकेरे गए महिमामय मुख की रेखाओं को सँवारने में इस प्रतिभाशाली मूर्तिकार को प्रयत्न नहीं करना पड़ेगा। क्षमा के लिए अधरोष्ठ की स्निग्ध भंगिमा हो या चिबुक की सुचिक्कन दृढ़ता, भृकुटि का तनाव हो या विजय का उल्लास, पँवार निश्चय ही अपने अनोखे ढंग से मूर्ति में जीवन्त कर देगा।

पँवार की अनेक बहुचर्चित मूर्तियों में दर्शनीय हैं लखनऊ आर्ट स्कूल के द्वार पर स्थापित बुद्ध की विराट् मूर्ति, जिसे देखकर अनायास ही शान्ति-निकेतन के कला-भवन के प्रांगण में खड़ी, रामकिंकर द्वारा निर्मित, बुद्ध की काली मूर्ति का स्मरण हो आता है। अल्मोड़ा को प्रदत्त इनकी बापू की मूर्ति, मुझे बापू की सुन्दरतम मूर्तियों में भी सर्वश्रेष्ठ प्रतीत होती है। लखनऊ के चिड़ियाघर में सर्पेंटेरियम के द्वार पर बनी सँपेरे की मूर्ति, नेहरूजी की, मिलखासिंह की, ध्यानचन्द की, पटौदी की। किन्तु बापू के बाद उनकी जिस मूर्ति ने मुझे सर्वाधिक मोहा, वह है उनकी एक भारवाहिका की मूर्ति। यह अपूर्व मूर्ति कल्पना एवं भाव-बोधकता में परखम तथा बेसनगर की यक्षिणियों की मूर्तियों के समकक्ष रखी जा सकती है। रूपायन, आकर्षण, सौन्दर्य एवं चेहरे की शालीनता, सभी अभूतपूर्व हैं। शुंगकाल की चँवरधारिणी मूर्ति इतिहास-प्रसिद्ध है। पत्थर की सर्वतोभद्रिका नारी-मूर्ति चँवर धारण किए जिस भंगिमा में खड़ी है वैसी ही भंगिमा इसकी भी है। निर्वस्त्र वक्ष, कटिवेष्टित शिथिल रज्जु-बन्धन, उन्नत नासिका, अर्धोन्मीलित नयन, सबकुछ मिलाकर पँवार की मूर्तिकला का अप्रतिम कृतित्व स्पष्ट रूप से मुखरित हो उठे हैं। केशकलाप से लेकर रज्जु-बन्धन की एक-एक ऐंठ अत्यन्त सजीवता के साथ उत्कीर्ण हैं। इनके इसी मौलिक कृतित्व से प्रभावित होकर पद्मभूषण डॉ. राधाकमल मुखर्जी, पद्मश्री खास्तगीर एवं बैरिस्टर मुकुन्दीलाल जैसे प्रसिद्ध कलाविदों ने इनकी कला के विषय में कहा था, "अठारहवीं शताब्दी के प्रख्यात पहाड़ी कवि चित्रकार मोलाराम के पश्चात् उत्तरप्रदेश ने जो दूसरा महान मूर्तिकार-चित्रकार भारत को दिया है, वह है अवतारसिंह पँवार।" किन्तु हमारे देश का यह दुर्भाग्य है कि किसी भी कलाकार की कला को सराहने के लिए हमारा तृतीय नेत्र तब ही खुलता है जब वह नहीं रहता। मोलाराम को भी क्या जीवन-काल में ही यशप्राप्ति का सौभाग्य प्राप्त हुआ था? जीवन-काल में ही यशप्राप्ति बिरले ही कलाकार को प्राप्त होती है और एक प्रकार से विधि की यह विडम्बना ही उसकी कला को दिन-प्रतिदिन निखारती भी है। भगवान

मनु ने शायद इसीलिए सम्मान-प्राप्ति को विष की भाँति परित्याग करने का आदेश दिया है। निष्ठुर विरोध का प्रभूत दान ही कलाकार का सर्वोच्च सम्मान है। फलों से लदे वृक्ष पर ही पत्थर फेंके जाते हैं, फलहीन नीरस बाँझ तरुवर पर पत्थर फेंकता ही कौन है?

पँवार की मूर्तिकला ने जिस ओजस्वी-ऊर्जस्वित भावना से निर्जीव शिला को प्राण स्पन्दित किया है, उसे मान्यता देने का प्रश्न ही नहीं उठता, एक-न-एक दिन ऐसी कला स्वयं ही मान्यता प्राप्त कर लेती है।

पच्चीस

मद्रास आने पर, जब हिन्दी प्रचार सभा ने मुझे कामाक्षिराव स्मारक भाषणमाला के अन्तर्गत वक्ता के रूप में आमन्त्रित किया और विशेष अनुरोध किया कि मैं अपनी कथायात्रा के विषय में कुछ कहूँ, तब मुझे विशेष आनन्दानुभूति हुई थी। मेरे लिए यह एक सुअवसर ही नहीं, विशिष्ट सुअवसर था।

हिन्दी भाषा का सम्मान

यहाँ आने से पूर्व मुझे हैदराबाद में तेलुगू लेखिका-सम्मेलन की अध्यक्षता के लिए जब आमन्त्रित किया गया तब सुदीर्घ यात्रा के भय से पहले कुछ हिचकिचाई थी। किन्तु तेलुगू लेखिकाओं ने एक अतेलुगूभाषी को अध्यक्षता के पद का सम्मान दिया, यह केवल मेरा ही नहीं, हिन्दी भाषा का सम्मान है, नागरी लिपि का सम्मान है। यह गूढ़ मर्म हृदयंगम करते ही अपनी अल्पज्ञता का आभास हुआ। पहले मुझे अंग्रेज़ी में बोलना पड़ा, क्योंकि अनेक अतिथि हिन्दी नहीं जानते थे, किन्तु हिन्दी में बोलने पर मेरे पास कितनी ही ऐसी तेलुगू लेखिकाएँ आईं, जिन्होंने मेरी रचनाएँ पढ़ी थीं। भले ही उनकी हिन्दी उतनी सहज न हो, व्यवहार था एकदम सहज। उन्हीं के आग्रह पर मैं उनकी तीनों गोष्ठियों में हिन्दी ही में बोली और जो आनन्द मुझे हैदराबाद की उस साहित्यिक गोष्ठी में आया, वह आज तक किसी हिन्दी गोष्ठी में नहीं आया। तेलुगू की लगभग सभी ख्यातिलब्ध लेखिकाएँ वहाँ उपस्थित थीं। इतनी बड़ी

संख्या में इतनी लेखिकाओं का ऐसा वृहत सम्मेलन और वह भी मैत्रीपूर्ण, ईर्ष्याद्वेष रहित, एक-दूसरे से कुछ सीखने का अद्‌भुत आग्रह और जिस बात ने मुझे सर्वाधिक प्रभावित किया, वह थी प्रतिष्ठित पुरुष लेखकों की, विद्वानों की, पत्रकारों की बहुत बड़ी संख्या में उपस्थिति। तेलुगू न जानने पर भी संस्कृतनिष्ठ शब्दों के प्राचुर्य के कारण, तमिल की अपेक्षा तेलुगू समझने में अधिक सुलभ लगती है।

निश्छल प्रशंसा का वह अर्घ्य

सबसे अधिक सुखप्रद अनुभव मुझे तब हुआ जब निज़ाम कॉलेज में मेरे भाषण के पश्चात् छात्र यूनियन का प्रेसीडेंट एक सौम्य कान्ति छात्र मुझसे विनम्र स्वर में कहने लगा, "मैडम, मुझे हिन्दी नहीं आती, किन्तु आपके भाषण की भाषा मुझे छन्दमयी कविता-सी लगी।" उसकी निश्छल प्रशंसा का यह अर्घ्य मेरी समस्त क्लांति दूर कर गया था। मैं सोच रही थी, यदि हमारे किसी विश्वविद्यालय में कोई तेलुगू अतिथि अपनी दुरूह भाषा में भाषण देता तो क्या हमारे छात्र यूनियन का प्रेसीडेंट भी इस शालीनता का परिचय दे पाता? निज़ाम कॉलेज एक ऐतिहासिक संस्था है। वहाँ असाधारण प्रतिभाशाली छात्रों को ही प्रवेश मिलता है, वह प्रतिभा खेलकूद-जगत् की हो या बौद्धिक जगत् की। भारत के अनेक प्रसिद्ध क्रिकेट के खिलाड़ी वहीं के प्राक्तन छात्र रह चुके हैं। प्रथम प्रिंसिपल थे श्री अघोरनाथ चट्टोपाध्याय, श्रीमती सरोजिनी नायडू के पिता, उनके पश्चात् आए अनेक विदेशी प्रिंसिपल, जिनके चित्र अब भी दीवार पर लगे हैं।

उस दिन वहाँ के छात्रों की शालीनता देखकर एक वर्ष पूर्व एक और विश्वविद्यालय की सन्ध्या का स्मरण हो आया, जहाँ मुझे किसी हिन्दी साहित्यिक गोष्ठी की अध्यक्षता का पद ग्रहण करने आमन्त्रित किया गया था। जब पहुँची, तब मेरे सम्मान में मंच पर स्वागत गीत बज रहा था, 'गोरी तेरा गाँव बड़ा प्यारा' और कुछ छात्र तीन-चार कुर्सियों को एक-दूसरे से जोड़ शवासन की भव्य मुद्रा में चित पड़े थे।

वह सामयिक चेतावनी

हैदराबाद के पश्चात् जब मद्रास पहुँची और यह दूसरा निमन्त्रण मिला तब पहले कुछ शंकित अवश्य हुई थी क्योंकि यहाँ आने के पूर्व यहाँ के हिन्दी विरोधी सुदृढ़ गढ़ की प्रचुर ख्याति सुन चुकी थी। यही नहीं, जब मेरी तमिलभाषिणी प्रतिवेशिनी ने सुना कि मैं हिन्दी भाषण देने जा रही हूँ और वह भी टी. नगर में तब उन्होंने मुझे ऐसी सजल सहानुभूतिपूर्ण दृष्टि से देखा, जैसे मुझे अन्तिम बार निहार रही हों और कल हिन्दी भाषण के पश्चात् मेरा मस्तक ग्रीवा स्थित नहीं रहेगा।

"डू यू नो दैट देयर इज़ वेरी स्ट्रांग एंटी हिन्दी फीलिंग इन मद्रास? (क्या आप जानती हैं कि मद्रास में हिन्दी-विरोधी तीव्र भावना है?)" उन्होंने मुझसे पूछा।

मेरी अडिग, दुस्साहसी मुद्रा देखकर उन्होंने दूसरी शक्तिशाली चेतावनी का हथगोला फेंका, "पीपल आर श्योर टू वाक आउट, दि मोमैण्ट यू स्टार्ट स्पीकिंग इन हिन्दी। (आप ज्यों ही हिन्दी में बोलना शुरू करेंगी, जनता सभा त्याग देगी)।"

किसी, दुस्साहसी पेशेवर मन्त्री-स्तर के प्रगल्भ वक्ता को भी शायद उनकी चेतावनी सहमा जाती किन्तु मैं कुछ ही दिन पूर्व मद्रास के उन सिनेमा प्रेक्षागृहों के सम्मुख तमिलभाषी हिन्दी प्रेमी दर्शकों की भीड़ देख चुकी थी, जहाँ 'शोले' और 'भूमिका' लगी थी। इसी से मुझे लगा कि तमिलभाषी यदि 'शोले' के गब्बरसिंह के भीमकंठ की गुरुगर्जना समझ सकते हैं, 'भूमिका' की स्मिता पाटिल के गम्भीर अभिनय को समझ सकते हैं, तो कोई कारण नहीं कि वे प्रेमचन्द को न समझ सकें, हजारीप्रसाद द्विवेदी को न समझ सकें, यशपाल, पन्त, महादेवी, अज्ञेय को न समझ सकें। उनका अपनी मातृभाषा के प्रति प्रगाढ़ लगाव हम उन हिन्दी समर्थकों को बहुत कुछ सिखा सकता है, जो प्रचार के लिए भुजाओं की कर्मठता से अधिक महत्त्व कंठ की गर्जना को देते हैं। कंठ की गर्जना, भले ही वह कितनी ही सशक्त क्यों न हो, भुजाओं को शैथिल्य ही प्रदान कर सकती है और कुछ नहीं।

व्यवहारकुशला जननी का कर्तव्य

भाषा डंडे की मार से नहीं सिखाई जा सकती। कुछ ही दिन पूर्व जब मैंने अपनी मकान मालकिन के तख्त पर हिन्दी सुबोधिनी देखी तब बड़ा आश्चर्य हुआ। आज तक उन्होंने मुझे कभी यह आभास भी नहीं होने दिया था कि उन्हें हिन्दी आती है।

"अरे, आप क्या हिन्दी पढ़ लेती हैं?" मैंने पूछा।

"मैं ही नहीं, मेरी लड़कियाँ भी हिन्दी पढ़ लेती हैं, हमें भी जैसे तब हिन्दी अनिवार्य रूप से पढ़नी पड़ती थी, इन्हें भी हिन्दी पढ़ाई जाती है..." उन्होंने गम्भीर स्वर में कहा, "हम इसलिए हिन्दी नहीं बोलते कि हमें हिन्दी सीखने को बाध्य किया जा रहा है। अब हिन्दी राजनीति बनकर आ गई है।" एक सफल हिन्दी-प्रचारक का कठिन कर्तव्य भी दक्षिण की इसी भावना के कारण बहुत कुछ उस व्यवहारकुशल अनुभवी जननी का-सा कठिन कर्तव्य बन गया है, जो अपने रुग्ण शिशु को बहला-फुसलाकर कड़वी औषधि भी घुटका देती है, किसी अपकार की भावना से नहीं, केवल उपकार की इस भावना से कि उस अबोध शिशु के कंठतले उतरने पर औषधि उसका कल्याण ही करेगी। किन्तु, यदि कोई अनुभवहीना अनाड़ी जननी शिशु के हाथ-पैर पकड़ जबरदस्ती उसके बन्द होंठों के बीच चम्मच डालने की चेष्टा करेगी तो निश्चय ही वह भी औषधि तत्काल उलट देगा। हिन्दी-प्रचारक के इसी वास्तविक रूप को किसी ने पहचाना था तो वह थे बापू। आज दक्षिण में जितना भी हिन्दी-प्रचार हुआ है, आपके यहाँ जितने भी हिन्दी के अच्छे वक्ता, अच्छे पाठक, अच्छे लेखक और हिन्दी के सशक्त समर्थक हैं, उसका समग्र श्रेय उसी महान विभूति को है।

सार्थक दीर्घजीवी साहित्य

इसमें कोई सन्देह नहीं कि जब तक साहित्य, चाहे वह किसी भाषा का क्यों न हो, अपनी सांस्कृतिक अभिव्यक्ति के स्वर को मुखरित नहीं करता तब तक वह सरस, लोकप्रिय, मनोरंजक भले ही सिद्ध हो, सार्थक एवं दीर्घजीवी साहित्य कदापि नहीं कहा जा सकता। किसी धूमकेतु के-से क्षणिक आलोकपुंज से भले

ही देखनेवालों की आँखें पल-भर को बँध जाएँ, स्थानच्युत होने पर नक्षत्र-खचित व्योम की महिमा का उसके अभाव में म्लान होने का भय नहीं रहता। संस्कृति की यह अभिव्यक्ति तब तक सम्भव नहीं है, जब तक हम अन्य भाषाओं के साहित्य से अपनी कल्पना को, अपनी सृजनशीलता को, अपनी ज्ञानगम्य भावराशि को और अधिक समृद्ध न बनाएँ। यह आवश्यक नहीं है कि आप मौलिक रूप में ही किसी साहित्य को पढ़ें, किन्तु साथ ही यह भी सत्य है कि किसी भी साहित्य के रसास्वादन का जो आनन्द उसे मौलिक रूप में पढ़ने में आता है, वैसा आनन्द उसके अनूदित रूप में आना असम्भव नहीं तो कठिन अवश्य है। जैसाकि प्रसिद्ध भाषाविद् डॉ. सुनीतिकुमार चटर्जी ने भी लिखा है, "ए ट्रान्सलेशन मस्ट हैव लिटरेरी क्वालिटीज़ हैविंग डायरेक्ट एण्ड इमीडिएट अपील टु दि पर्सन, हू अण्डरस्टैण्ड्स दि लेंग्वेज आफ दि ट्रान्सलेशन। (अनुवाद में ऐसा साहित्यिक गुण होना चाहिए जो अनुवाद की भाषा समझनेवाले के लिए सीधी और तात्कालिक समझ पैदा कर सके।)" यह डायरेक्ट अपील या पाठक के मर्म को छूना, जिस रूप में स्वयं लेखक कर सकता है, उस रूप में एक अनुवादक, चाहे वह कितना ही सफल, सुयोग्य अनुवादक क्यों न हो, कभी नहीं कर सकता। यह तब ही ज्ञात होता है जब आप मौलिक और अनूदित ग्रन्थ को बारी-बारी से पढ़ें।

अपनी कथा-यात्रा के विषय में

मुझसे यहाँ आग्रह किया गया था, मैं अपनी कथा-यात्रा के विषय में कुछ कहूँ, किन्तु यह भूमिका भी मेरे विषय के लिए एक प्रकार से अनिवार्य हो उठी थी, क्योंकि मेरी कथा-यात्रा, ठीक यहीं से आरम्भ होती है। ईश्वर की असीम अनुकम्पा से मुझे बचपन से ही कतिपय भाषाएँ सीखने का सौभाग्य प्राप्त हुआ। मैंने बंगला, गुजराती, हिन्दी, संस्कृत, अंग्रेजी में जो ग्रन्थ मौलिक रूप में पढ़े, उन्हें जब बाद में अनूदित रूप में पढ़ा तब स्वाभाविक था कि मुझे उनके अनुवाद फीके लगे और यदि आज मेरी कथायात्रा अब तक वैविध्यपूर्ण रही तो उसका कारण भी सम्भवतः यही है कि मेरी लेखनी को इन्हीं विविध भाषाओं के ज्ञान ने गतिशील बनाया।

यदि तैमूर के साथ समरकंद गए भारत के दक्ष कारीगर वहाँ की मस्जिदों

की मीनारों को भारत की स्थापत्य कला से मंडित कर सकते थे, तो लेखनी क्या किसी दक्ष कारीगर की हथौड़ी-छैनी से कुछ कम प्रभावशाली सिद्ध हो सकती है? मैंने बंगला के अनेक सुहावने मुहावरों से अपनी कहानियों को सँवारा, गुजरात की 'पाँणेतर', बुन्देलखंड की कंकरेजी, कुमायूँ का मक्खी बेल लगा सोलह पाटों का काला फहराता लहँगा, बंगाल के लाल पाड़ की गरद, सबकी अनुपम विभिन्न छटाओं से अपने पाठकों को मोहने की चेष्टा की, मेरा सौभाग्य था कि पाठक मुग्ध हुए।

बहुत बचपन में ही पितामह ने, जो स्वयं संस्कृत के प्रकांड विद्वान थे, अमरकोश का वनौषधि पर्व रटा दिया, नीतिशतक के श्लोक कंठस्थ किए, नियमपूर्वक विष्णुसहस्रनाम उन्हें पढ़कर सुनाया। तब जो पठन-पाठन नीरस लगता था, आज वही किसी बहुत पहले किए गए जीवन-बीमा की सहृदय धनराशि की भाँति अभाव के समग्र कंटक स्वयं बटोर लेता है। एक दिन ऐसा आया जब हाथ स्वयं लिखने को चुलबुलाने लगे।

ठीक इसी समय शान्तिनिकेतन जाने का सौभाग्य प्राप्त हुआ। आज मुझे यह कहते हुए भी गर्व होता है कि सहज पाठ का प्रथम पाठ पढ़ाया था स्वयं गुरुदेव श्री रवीन्द्रनाथ ठाकुर ने। शान्तिनिकेतन का वातावरण ही तब ऐसा था कि साहित्य, संगीत, कला की बयार वहाँ हर पेड़ के हर पत्ते से सरसराती थी। आए दिन साहित्य-सभाओं का आयोजन होता, संगीत-नाटिकाएँ होतीं और प्रत्येक छात्र-छात्रा की उपस्थिति वहाँ अनिवार्य होती। एक बार वहाँ ऐसा ही आशुकवित्व की एक सभा का आयोजन हुआ। मेरे अग्रज त्रिभुवन भी तब वहीं पढ़ते थे। अद्भुत प्रतिभा एवं व्यक्तित्व के धनी। कोई भी विषय दिया जाता, वह तत्काल मनोहारी सौनेट की रचना कर सकते थे। फर्राटे से फ्रेंच बोल सकते थे और अभिनय कला में भी निपुण थे। उनकी देखादेखी मैंने भी उन दिनों अंग्रेजी में कविता लिखनी आरम्भ की थी, इसी से उस दिन मैं भी अंग्रेजी की आशुकवित्व-प्रतियोगिता में भाग लेने पहुँची। उस दिन का विषय लड़कों के लिए था, 'इफ आई विअर ए गर्ल' (यदि मैं एक लड़की होता) और हमारे लिए, 'इफ आई विअर ए बॉय' (यदि मैं एक लड़का होती)। उस दिन जीवन में पहली बार अपने प्रतिभाशाली अग्रज को पछाड़ मैंने गुरुदेव के हाथों प्रथम पुरस्कार पाया। निर्णायक भी थे स्वयं गुरुदेव, इसी से वह पुरस्कार मेरे लिए नोबल पुरस्कार से कुछ कम महत्त्वपूर्ण नहीं था। पूरी कविता तो मुझे याद नहीं है, समय मिला था केवल पाँच मिनट का, और उसी समय में जो

दूसरी पंक्ति मेरे दिमाग में तीर-सी छूटी थी, वह थी–

इफ आई विअर ए बॉय,
व्हाट वुड बिकम ऑफ दि बॉय,
आई लव।

यद्यपि पुरस्कार तो मिल गया, तथापि उसी दिन से आश्रम की किसी भी बीथिका से गुजरना मेरे लिए दूभर हो उठा। जहाँ निकलती कि दुष्ट सहपाठियों के शब्दवेधी बाण छेदकर रख देते–

"हे, हू इज़ दी लकी वन (हाय, वह खुशकिस्मत कौन है?)"

कल्पना की स्वच्छन्द उड़ान

उसी दिन ज्ञात हुआ कि किसी लेखिका को कल्पना भी कितनी महँगी पड़ती है। सहज में कोई विश्वास नहीं करना चाहता कि वह कल्पनामात्र है, यथार्थ नहीं। आज पैंतीस वर्ष पश्चात् भी मुझे यही लगता है कि कल्पना की उड़ान कितनी ही ऊँची और सरस क्यों न हो, एक लेखिका के लिए कभी स्वच्छन्द नहीं हो सकती। नारी का नारी होना ही उसकी सबसे बड़ी विवशता है। अपने सामाजिक अस्तित्व पर, अपनी जननी, पत्नी, पुत्री, सहोदरा के पावन रूप पर वह कलंक की छाया भी नहीं सह सकती; भले ही वह छाया काल्पनिक ही क्यों न हो। स्वयं, 'मैं' कहकर लिखी गई किसी भी कहानी को पाठक प्रायः ही लेखिका की आपबीती समझ लेते हैं। किन्तु इतना शायद वे नहीं जानते कि कोई भी नारी, अपनी सौ फीसदी सत्य आत्मकथा कभी नहीं लिख सकती। इसलिए नहीं कि उसके जीवन में कुछ घटनाएँ ऐसी घटी हैं, जिन्हें उजागर करने पर उसके सामाजिक अस्तित्व पर आँच आएगी, अपितु इसलिए कि कच्छप की भाँति अपनी ही देह में मूँडी छिपाने की रहस्यमय गोपनशीलता नारी-जीवन का सबसे बड़ा सुख है।

यही गोपनशीलता गुण है

यही गोपनशीलता उसका गुण है, उसका सबसे बड़ा आकर्षण है, उसका शृंगार

है। किन्तु यह भी सत्य है कि इस निरीह गोपनशीलता के बावजूद जब नारी लेखनी सँभालती है तब अपने सीमित दायरे का ही मूलधन समेट मानवमात्र के हृदय में पैठ उसके अन्तरतम कक्ष की परतें भी बिखेरकर रख सकती है, उसका परम शक्तिशाली आयुध है विधाताप्रदत्त उसकी सूक्ष्म दृष्टि। यथार्थ की पकड़, वह भी भोगे हुए यथार्थ की पकड़, पुरुष की अपेक्षा नारी में ही अधिक है। उसका स्नेहप्रवण स्पर्श-कातर भावुक चित्त उस कच्चे सीमेंट की भाँति है जिस पर पाँच अँगुलियों की छाप पड़ते ही सदा के लिए अमिट होकर उभर आती है। वह न प्रेमी को भूल पाती है न प्रवंचक को। किन्तु एक समस्या एक लेखिका के सम्मुख एक गम्भीर समस्या बनकर उभरती है। नारी के छलनामय रूप को चित्रित करने में उसका संस्कारशील चित्त स्वयं लेखनी की गति अवरुद्ध कर देता है। उसके छलनामय रूप की परतें खोलने में उसे लगता है, जैसे वह स्वयं अपने अंग उघाड़ रही हो। 'विधिहु न नारि हृदय गति जानी' की दूसरी पंक्ति को जानबूझकर ही कंठ में घुटक ले रही हूँ किन्तु तुलसीदासजी ने उसमें जो-जो अवगुण नारी के गिनाए हैं, अनेक बार उन्हें उसे विकृत करते देख लिखना चाहा तो कलम काँपी ही नहीं, थर्रा गई।

जन्मदायिनी जननी की भर्त्सना

मैं नहीं जानती कि मेरी ही भाँति अन्य लेखिकाओं को भी यह विचित्र अनुभव हुआ है या नहीं। अभी कुछ दिन पूर्व एक बहुचर्चित आत्मकथा की लेखिका का दर्पपूर्ण वक्तव्य पढ़ा था कि "बिना व्हिस्की के घूँट के कभी-कभी लिखना उनके लिए असम्भव हो उठता है।" शायद उनके ऐसे ही कठिन क्षणों को उनके आसव का घूँट सँभाल लेती हो, किन्तु निरामिषभोजी लेखनी ऐसे अवसरों पर अवश्य नई-नई घोड़ी-सी बिदक उठती है। मेरे साथ अनेक बार ऐसा हुआ है चाहे वह 'कृष्णकली' की कली हो, 'करिए छिमा' की हीरामती हो या काल्पनिक मंत्रीजी की रक्षिता 'सुरंगमा'। लिखने के पश्चात् भी कभी-कभी आत्मीय स्वजनों की प्रताड़ना, पाठकों के उपालम्भ दिनों तक चित्त खिन्न कर जाते हैं। लगता है, जैसे कोई अक्षम्य अपराध कर बैठी हूँ! दृष्टान्त के रूप में कहूँ तो मेरी 'करिए छिमा' जब छपी तब स्वयं जन्मदायिनी जननी ने पत्र में मेरी भर्त्सना की, "शर्म नहीं आती ऐसी बेहया कहानी लिखने में।"

किन्तु मेरी जननी की दृष्टि में—जो मेरी बेहया कहानी थी, वह स्वयं मेरी दृष्टि में एक ऐसी ईमानदार कहानी थी जिसमें मैंने एक बार भी कल्पना की बैसाखी नहीं टेकी थी। यही कहानी कभी सुनी थी अपनी संगीत-शिक्षिका रजुला से जो हीरामती बनकर उसमें उभरी है। शब्द उसके हैं, भाषा मेरी।

कथायात्रा का मूल्यांकन

मेरी कथायात्रा कितनी सफल रही, यह मूल्यांकन करना मेरे लिए क्या, किसी भी लेखक के लिए सम्भव नहीं है। यह मूल्यांकन कर सकता है केवल समय। किन्तु, इतना अवश्य सिर उठाकर कह सकती हूँ कि जितना लिखा है, ईमानदारी से लिखा है। यथार्थ को दूर धकेल केवल कल्पना के मसिपात्र में लेखनी नहीं डुबोई। मेरी रचनाएँ कितनी लोकप्रिय हुईं या मेरे कथा-साहित्य ने इस वर्ष कितनी रॉयल्टी बटोरी या मेरा कौन-सा उपन्यास फिल्म बनकर चमक सकता है, इन व्यर्थ की चिन्ताओं ने मुझे कभी विचलित नहीं किया। मुझे यद्यपि एक-दो बार चित्र-जगत् से आकर्षक प्रस्ताव भी प्राप्त हुए हैं, तथापि जिस नायिका को मैंने रात-दिन एक कर बड़े यत्न से गढ़ा है, वह अचानक दिशाज्ञान भूलकर किसी उजड्ड नायक के साथ किसी पेड़ की परिक्रमा करने लगे, यह कल्पना ही मुझे व्याकुल कर देती है। एक बार मेरे उपन्यास 'कैंजा' के फ़िल्मीकरण के अधिकार खरीदने कुछ चतुर घाघ व्यापारी मेरे पास आए—

"शिवानीजी, आपको पन्द्रह हजार देंगे किन्तु शर्त यह है, अन्त में नायक को आपने मार दिया है, उसे जिन्दा करना होगा। आप तो जानती हैं, अच्छी फ़िल्म में नायक कभी मरता नहीं।"

मेरा उत्तर भी मेरे तरकश से तत्काल तीर-सा छूटा, "देखिए, मरे आदमी को जिन्दा करने के लिए पन्द्रह हजार बहुत कम हैं।"

इसके बाद शायद मेरे रूखे अभद्र व्यवहार की चर्चा बम्बई में इतनी फैल गई कि आज तक कोई भी उत्साही फ़िल्म उद्योगी मेरी किसी नायिका का हाथ माँगने मेरे पास नहीं आए।

अल्बर्ट श्वाइत्जर की ये पंक्तियाँ मुझे नित्य नवीन प्रेरणा देती रही हैं और आज भी ये मेरी कथायात्रा का पाथेय बनी मेरे लिए उतनी ही महत्त्वपूर्ण हैं,

"अत्यन्त गहरा चिन्तन विनम्र रहे—उसे केवल यह चिन्ता रहे कि जिस लौ की वह रक्षा कर रहा है, वह तीव्र से तीव्र ऊष्मा और शुद्ध से शुद्ध आलोक के साथ जलती रहे।"

छब्बीस

हिन्दी समिति के सुसज्जित कक्ष में इस वर्ष भी हिन्दी-दिवस बड़े उल्लास एवं उत्साह से मनाया गया। यह देखकर बड़ी प्रसन्नता हुई कि उत्साही श्रोताओं से कक्ष खचाखच भरा था, भाषणों की तालिका सुदीर्घ होने से एक-आध बार वातावरण बोझिल अवश्य हुआ, किन्तु मध्यान्तर में कमला श्रीवास्तव के भजन ने श्रोताओं को आत्मविभोर कर पुनः तरोताजा कर दिया। इस गायिका के कंठ में अद्भुत मांसल माधुर्य है। लोकगीत गायिका के रूप में कमला श्रीवास्तव ने अल्प अवधि में ही प्रचुर ख्याति अर्जित कर ली है, किन्तु मुझे यह मधुर कंठ, भजनों के लिए ही अधिक उपयुक्त लगता है। गत वर्ष हिन्दी समिति के संयोजकों ने संगीत परिवेशना के स्तर की ओर विशेष ध्यान नहीं दिया था। तालच्युत भजन, स्वर-लयहीन होने पर, चाहे वह तुलसी या कबीर का ही क्यों न हो, सहसा अपना लालित्य खो बैठता है। गत वर्ष ऐसा ही हुआ था।

इस आयोजन की सबसे बड़ी दो उपलब्धियाँ थीं—गुरुवर हजारीप्रसाद जी एवं कलकत्ता के श्री विष्णुकान्त शास्त्री के भाषण। वस्तुतः इन्हीं दो सम्भावित भाषणों का प्रलोभन मुझे वहाँ खींच ले गया था। गोष्ठियाँ, पुस्तक-विमोचन सेमिनार हो या किसी महान कथाशिल्पी का जन्म शतवार्षिकी समारोह, मुझे कभी आकर्षित नहीं कर पाते। मुझे बार-बार यही लगता है कि ऐसे अवसरों पर हम प्रायः एक ही-सी बासी बातें दुहराते केवल आनुष्ठानिक कर्तव्य का ही पालन करते हैं। अधिकांश भाषणों में मुझे बिल्ली के छौने का-सा वह व्यर्थ खिलवाड़ दृष्टिगत होता है, जिसमें वह अपनी ही नन्हीं पूँछ को चबाने गोल-गोल घूमता विलम्बित परिक्रमा में, बड़ी देर तक चक्कर लगाता रहता है। वक्ता क्या कहना चाहता है, किस दुरूह वाक्यजाल से श्रोताओं को बाँधना चाहता है, समझ में नहीं आता।

शास्त्रीजी का भाषण, आरम्भ से अन्त तक अंग्रेजी की धज्जियाँ उड़ाता,

श्रोताओं की मुट्ठियाँ बँधाने में किसी सुनिपुण आल्हा-गायक की भाँति पूर्ण रूप से समर्थ रहा। आचार्य द्विवेदी के ओजस्वी भाषण में औदार्य का गम्भीर पुट था, निरन्तर कोमल, निषाद और धैवत के प्रयोग ने स्वर को आरोह में जाने ही नहीं दिया। द्विवेदीजी के भाषण में मुझे किसी सिद्ध ध्रुपद गायक की सधी गायकी का ही आनन्द आता है, वही दुगुन, चौगुन और सुमिष्ट आड़ी-तिरछी लय।

उन्होंने कहा कि किसी भी भाषा सीखने से हम अपना ही आँचल समृद्धि से भरते हैं संस्कृति के विशाल सरित-प्रवाह से, किसी भी रत्न को ग्रहण कर, हम अपनी संस्कृति को सौष्ठव प्रदान कर सकते हैं। अंग्रेज़ी पढ़ने से हमारी कोई ऐसी हानि नहीं होगी। बात एकदम ठीक लगती है। अंग्रेजों को हमने देश से बाहर खदेड़ दिया है, उनकी भाषा को भी हमें लाठी लेकर दूर खदेड़ देना चाहिए, ऐसी धारणा, उचित प्रतीत नहीं होती। उनके साहित्यकारों की, मनीषियों की, कवियों की महत्त्वपूर्ण भूमिका से फिर हमारा परिचय ही क्या रह जाएगा? कहा जाता है कि दिग्विजयी सिकन्दर ने थीनिस नामक शहर को ध्वंस करने के पूर्व अपने सैनिकों को कठोर आदेश दिया था कि कवि पिंडार के गृह को आँच भी न आने पाए। युद्धप्रेमी महान विजेता ने अपने इस निर्देश में स्पष्ट कर दिया था कि साहित्य चाहे वह घोर शत्रु का ही क्यों न हो, हमें उसके प्रति श्रद्धाशील होना चाहिए।

वह दिन क्या हमारे लिए बड़े सौभाग्य का होगा जब हम अपने वाचनालयों से, शिक्षा संस्थानों से शेक्सपियर, चेखव, डिकेंस की पुस्तकें उठाकर किसी अंधकूप में फेंक देंगे! माता-पिता यदि अपने बच्चों को कन्वेंट की शिक्षा देना चाहते हैं तो क्या सारा दोष उन्हीं का है? दोष क्या देश के उन महान शिक्षाविदों का ही अधिक नहीं है, जो कभी अंग्रेज़ी को पाठ्यक्रम से झाड़-बुहारकर दूर फेंकते हैं और कभी मेले की भीड़ में खोकर सहसा मिल गए अपने शिशु की भाँति छाती से लगाकर, पुनः उसी लाड़ से दुलारते-पुचकारते हैं? ऐसा अस्थिर विवेक ही हमारा अधिक अनिष्ट करता है।

अंग्रेज़ी अभी भी हमारे व्यवसाय की प्रमुख भाषा है। हम जानते हैं कि कन्या के विवाह का शेयर मार्केट हो या पुत्र की नौकरी का, धड़ल्ले से अंग्रेज़ी बोलनेवाली सन्तान के सिक्के का ही अभी भी बोलबाला है। इसी से उन्हें अंग्रेज़ी माध्यम से पढ़ाने में, हमें यह सन्तोष तो होता ही है कि बेटे से हम कह रहे हैं, "ऐसी विद्या पढ़ियो बेटा, जामें हँडिया खदबद होय।"

एक ओर हम ओजस्वी भाषण देते हैं कि हिन्दी को हमें अन्तर्राष्ट्रीय स्तर पर स्थापित करना है, अंग्रेज़ी को देश से अंग्रेजों की ही भाँति दूर खदेड़ना है; दूसरी ओर हम दबे स्वर में यह भी स्वीकार करते हैं कि अंग्रेज़ी छोड़ने पर हमारे छात्र प्रशासकीय परीक्षाओं में अंग्रेज़ी पढ़े छात्रों की तुलना में निरन्तर पिछड़ते जा रहे हैं। आज आवश्यकता इस बात की नहीं है कि बीस हजार की लागत की राजर्षि टंडनजी की आदमकद मूर्ति हिन्दी समिति के प्रांगण में स्थापित की जाए, हमारे देश की मूर्तियों की प्रायः ही जैसी दुर्दशा होती है, उससे वह भी वंचित नहीं होगी। कबूतरों के 'बीट' से विकृत होकर एक निश्चल निर्जीव मूर्ति क्या स्थापित होते ही अंग्रेज़ी को दूर खदेड़ देगी? पहले हम मूर्तियों का आदर करना सीखें, उनके संरक्षण की व्यवस्था करना सीखें तब मूर्ति स्थापित करने में भी तुक है।

अभी कुछ दिन पूर्व जनरल पोस्ट ऑफिस के समीप खड़ी बापू की मूर्ति पर दृष्टि पड़ी तो लज्जा से सिर झुक गया। उनके पैरों के पास बैठा एक उजड्ड देहाती बीड़ी फूँकता पच-पच सुरती थूक रहा था। राजर्षि ने हिन्दी के लिए जो किया है, उसके लिए वे स्वयं ही अनेक कृतज्ञ हृदयों में अपनी अदृश्य मूर्ति स्थापित कर चुके हैं।

इस सन्दर्भ में, मुझे महान कथाशिल्पी श्री शरत्चन्द्र के एक व्याख्यान की पंक्तियाँ स्मरण हो आती हैं। उन्होंने अपने इस 'मातृभाषा और साहित्य' व्याख्यान में कहा था, "देश की कल्पना, देश का साहित्य, देश का इतिहास महान हो, जीवन्त हो, सभ्य हो, यही निवेदन आप सबसे करता हूँ। प्रत्येक सुसन्तान अकपट भाव से मातृभाषा की सेवा करे, यही भिक्षा आप सबसे माँगता हूँ। यह कैसे सम्भव हो सकता है, यह कहने की योग्यता मुझमें नहीं है। केवल इतना ही कह सकता हूँ, जिसे आप हृदय से सत्य समझें, अन्तःकरण जिसके शिवत्व का समर्थन करे, जिसे सुन्दर मानकर नतमस्तक हो, अपनी सामर्थ्यानुसार उसी पथ का अवलम्बन करें, भविष्य स्वयं ही निर्णय करेगा। हृदय के मध्य में यही सत्य निरन्तर प्रतिपादित करें कि आपकी प्रत्येक सेवा मातृभाषा के द्वार से स्वदेशवासियों को कल्याण के पथ पर अग्रसर करती रहे। फिर क्या उचित है और क्या अनुचित, यह एक दिन स्वयं देश का हृदय आपको बता देगा।"

सत्ताईस

लखनऊ नगर सौष्ठव अभियान ने जहाँ अनेक जनसंकुल फुटपाथों को झाड़-बुहार दर्शनीय बनाया है, वहीं पर उनके कुछ अधिक उत्साह ने पैदल चलनेवालों की समस्या उसी हद तक बढ़ा भी दी है। सन्ध्याकालीन हजरतगंज-भ्रमण कभी भी इतना थकानप्रद प्रतीत नहीं होता था। चौराहा पार करते ही जंगलों से समाकीर्ण पथ के भीतर अनिच्छा से बन्दी बने पर्यटकों के चेहरे हठात् ऐसे मातमी लगने लगते हैं, जैसे किसी अर्थी के पीछे चल रहा विराट् जुलूस हो! इन निरर्थक जंगलों की व्यर्थ परिक्रमा की अद्‌भुत योजना किसके उर्वर मस्तिष्क में क्यों उपजी थी, यह समझ में नहीं आया, किन्तु इसका मुख्य दोष है पद-पद पर ठोकर खाने का भय, दूसरा गिरहकटों के जेब काटने का स्वर्णिम सुअवसर।

अभी तीन दिन पूर्व चौधरी मिष्ठान्नगृह के सम्मुख ऐसी ही भीड़ के रेले में एक अनाड़ी गिरहकट एक नवयुवक की जेब काटते रँगे हाथों पकड़ा गया। इस जनसंकुल गली में न बेचारा जंगले फाँदकर अपनी अपूर्व कला का परिचय दे पाया, न अपने साथी को ही बटुआ थमा पाया। जिस निर्ममता से क्रुद्ध भीड़ ने उसे रुई-सा धुनकर रख दिया, उसे देख उसके कुकृत्य के बावजूद उस पर तरस आ रहा था।

"यह सब इन जंगलों की मेहरबानी है साहब, अब कन्धे पर हाथ धरे आपके साथ-साथ गिरहकट चले आते हैं।" जिस युवक की जेब काटी गई थी, वह क्रोध से भुनभुना रहा था।

दूसरा दृश्य देखा, जब एक शव-यात्रा का जुलूस चौराहे पर ठिठका ट्रैफिक पुलिस की उठी भृकुटि के उतरने की प्रतीक्षा कर रहा था। शवयात्रा का आनुष्ठानिक रूप गाम्भीर्य को छोड़ और किसी स्वर को नहीं पहचानता किन्तु इस गम्भीर मर्यादा की रक्षा क्या तब हो सकती है जब तेजी से भाग पुलिस आदेश का पालन कर चौराहा पार करना पड़े? यह केवल मृतक का ही नहीं, सांस्कृतिक सौष्ठव का भी अपमान है। इन जंगलों के जन्म के साथ ही अधिकांश ट्रैफिक प्रहरियों के रक्तचाप में भी उत्तरोत्तर भयावह वृद्धि हुई है। यथोचित सौजन्य-शिष्टता एवं जिह्वा के संयम की रक्षा करना वे भूलकर वर्षों पूर्व की उस भूली-बिसरी पुलिस बारहखड़ी का प्रयोग करने लगे हैं, जिसने कभी उनकी लाल पगड़ी को जनसाधारण की दृष्टि में भय का प्रतीक बना

दिया था।

आज ही मुझे शाहनजफ के चौराहे पर जो अप्रीतिकर अनुभव हुआ, उसे देखकर लगा, हमारे देशवासियों ने अभी नारी का सम्मान करना नहीं सीखा है। मेरी रिक्शा के आगे एक और रिक्शा, बत्ती का आदेश न ग्रहण कर कुछ आगे बढ़ने की धृष्टता कर बैठा था, उसमें एक युवती गोद में नन्हा शिशु लिए बैठी थी। क्रुद्ध ट्रैफिक पुलिस प्रहरी का उत्कट चीत्कार सुन बेचारी ऐसी चौंकी कि तेजी से लगाए गए सहमे रिक्शा चालक के ब्रेक ने उसे लगभग गिरा ही दिया था। एक तो बला की गर्मी, तेज धूप थी, उस पर रिक्शा-चालक की मूर्ख धृष्टता। उस प्रहरी ने फिर जो चुनी हुई गालियों से कर्णद्वय को धन्य किया, उन्हें सुन जी में आया, रिक्शा से उतर पैदल ही चला जाए। जब तक बत्ती नहीं जली, उसकी गालियों की बौछार रिक्शावाले को निरन्तर दागती रही। जब रिक्शा आगे बढ़ा तो मैंने अन्तिम बार उसके तमतमाए चेहरे को देखा। लाल पगड़ी पर चुनी उसकी कलगी भरत नाट्यम की नर्तकी के पंखे की भाँति क्रोध की तरंगों में काँप रही थी। किन्तु क्रोध की ये तरंगें किसी उच्च परिचित अधिकारी को देख ज्वार-भाटे की भाँति अपनी ही तेजी से गिर भी सकती हैं, यह भी स्वचक्षुओं से देखने का सौभाग्य मुझे प्राप्त हुआ। एक सज्जन, जिन्हें अपने उच्च पद का ही नहीं, अनेक उच्च पदस्थ महानुभावों की कृपादृष्टि का भी संरक्षण प्राप्त है, हमारी मूर्ख अनुशासित भीड़ को पीछे छोड़ मित्र का हाथ खींच गहन आत्मविश्वास से चौराहा पार करने लगे।

"अरे भाई, नहीं, हम नहीं जाएँगे। पुलिसवाला सीटी बजाएगा।" मित्र ने आपत्ति की।

"चले-चलो, हम भी देखेंगे कौन रोकता है हमें, कैसे बजेगी सीटी?" एक बार दबी सीटी बजी, किन्तु जैसे ही उन्होंने उसे आग्नेय दृष्टि से घूरा, सीटी सहम गई, शायद बजानेवाले ने पहचान लिया था। हम खड़े रहे और वे मुस्कराते दगदगाते चौराहा पार कर गए।

अट्ठाईस

उत्तर-दक्षिण संगम द्वारा आयोजित शास्त्रीय संगीतानुष्ठान में जो भाग्यशाली श्रोता उपस्थित थे, उन्होंने निश्चय ही यह अनुभव किया होगा कि उस दिन

का संगीत केवल कानों के सुनने के लिए ही नहीं था, अंतर स्थित श्रवणेन्द्रियों के लिए अधिक था। लखनऊ के संगीत-रसिक श्रोता, उत्तर-दक्षिण के इस अपूर्व आयोजन के लिए सदा कृतज्ञ रहेंगे। कलाकार थे श्री भीमसेन जोशी। कहने की आवश्यकता नहीं है कि ऐसे लब्धप्रतिष्ठ संगीतज्ञ जिस सांगीतिक जलसे का पौरोहित्य करें, उसकी तुलना अन्य किसी अनुष्ठान से नहीं की जा सकती।

श्री भीमसेन जोशी की गणना आज किराना घराने के सर्वश्रेष्ठ गायकों में की जाती है। इस विशिष्टता को अर्जित करने में निर्झर की-सी स्वच्छन्द जलधार श्रोतस्विनी बहाने में समर्थ इस अद्भुत कलाकार के नैपुण्य के पीछे है कठोर परिश्रम का सुदीर्घ इतिहास। संगीत इन्हें घुट्टी में मिला था। पितामह भीमाचार्य थे वास्तव में संगीत-साधक, माँ का कंठ भी था अत्यन्त मधुर। दस वर्ष की अल्पायु ही में इनके पिता ने इन्हें गुरु-चरणों में बिठा दिया।

आर्थिक अवस्था सुविधा की न होने से जब पिता को आजीविका संधान में बाहर जाना पड़ा, तब ही बालक भीमसेन संगीत की खोज में घर छोड़कर भाग गए। पिता इन्हें ढूँढ़कर लाए, किन्तु संगीतप्रेमी यायावर पुत्र को बाँधकर नहीं रख पाए। इस बार भीमसेन न जाने कहाँ-कहाँ भटके, जालंधर, कलकत्ता, लखनऊ, किन्तु कोई भी गुरु इस धनहीन शिष्य को गंडा बाँधने के लिए तैयार नहीं हुआ। तब ही मिल गए प्रख्यात संगीतज्ञ सवाई गन्धर्व। हीरे ने हीरे को पहचाना और उसी गुरु ने योग्य शिष्य की प्रतिभा को ऐसे सँवारा कि चालीस वर्ष की अवस्था में ही भीमसेन जोशी भारत के सर्वश्रेष्ठ गायकों की अग्रणी पंक्ति में आ गए। कोई भी 'म्यूजिक कान्फ्रेंस' उनके बिना न तब सम्पूर्ण थी न अब है।

शास्त्रीय संगीत के 'लौंग प्लेइंग' रिकार्डों के आज सबसे लोकप्रिय कलाकारों में श्री भीमसेन जोशी का नाम सर्वप्रथम आता है। उनकी विशेषता है उनका देवदत्त गुरु गम्भीर कंठ। वर्षों की साधना ने उस गम्भीर स्वर को भी आज बेंत-सा लचीला बना दिया है। उनका श्वास-प्रश्वास पर यही अमानवीय अधिकार उनकी अपूर्व तानों में प्रतिपल मुखरित हो श्रोताओं को मन्त्रमुग्ध कर उठता है। खयाल गायकी में ही उनके कंठ का अनुशासित गाम्भीर्य सर्वोत्कृष्ट रूप में निखरता है। राग भी उन्हें वे ही प्रिय हैं, जिन्हें संगीतशास्त्र ने प्रातिनिधिक महत्त्व दिया है जिनमें विस्तार की सुवृहत् सम्भावना है। उन्हीं के रूपायन में, विस्तार में वह दिव्य गम्भीर कंठ, जब

बाजीगरी चातुर्य से तानों की, बोलतानों की व्यूह रचना करता है तो 'हरि-अनन्त, हरि कथा अनंता' पंक्ति उनके गायन में साकार हो उठती है।

पाश्चात्य संगीत की भाँति, भारतीय संगीत में केवल संहति या 'हार्मनी' को ही महत्त्व नहीं दिया जाता। उसके विश्लेषण को, व्यापकता को मूर्च्छना, श्रुति, यति एवं गमक से कैसे सँवारा जाता है, यह बारीकी, यह निपुणता श्री जोशी के गायन में विशेष दृष्टव्य हैं। विभिन्न लयों के सुन्दर रूप में पारस्परिक मिलन को 'यति' कहते हैं। इसके भेदों में 'स्रोतोगता' या 'नद प्रवाहस्वरूपा' एवं मृदंगयति अर्थात् प्रकार बहुल एवं सर्वाधिक वक्र ये दो रूप इनके गायन को प्रतिपल विभूषित करते हैं चाहे वह ख्याल हो, टप्पा हो, ठुमरी हो या भजन।

उस दिन के आयोजन का प्रथम निवेदन था अभोगी में। वैसे श्रोताओं में कुछ का आग्रह था, वे दरबारी गाएँ। मेरी स्वयं यही इच्छा थी, किन्तु शायद पहले ही उनके पास कुछ श्रोताओं की फरमाइशें पहुँच चुकी थीं। प्रायः पौन घंटा, जिस सतेज, स्वच्छन्द उदात्त कंठ से, उन्होंने उस राग का विस्तार रूपायन प्रतिपादित किया, उसका वर्णन करने में लेखनी कभी सक्षम नहीं हो सकती।

जैसा मैंने उनका गायन सुन सदैव अनुभव किया है, उनके संगीत की भाषा है केवल प्राणों की। हारमोनियम पर श्री मनोहरस्वरूप का योगदान, विशेष रूप से उल्लेखनीय था। एक सुनिपुण हारमोनियम वादक को एक मँजे-सधे कलाकार के अनुरूप पाकर बड़ा आनन्द हुआ, क्योंकि प्रायः ही सिद्ध गायक के कंठ की बाजीगरी हारमोनियम पर फहराने में कभी-कभी कुशल वादक भी ठोकर खाकर गिर पड़ता है। तबले पर थे श्री मोहन धुखे। उनके आत्मविश्वास को भी आरम्भ से अन्त तक सक्षम गायकी ने नहीं सहमाया।

विलम्बित एवं द्रुत में खयाल परिवेशना समाप्त कर श्री जोशी पूर्णतया रंग में गा चुके थे। मुझे प्रायः ही लगता है कि कलाकार जितना ही मँजा एवं कुशल हो, जमने में अपने सुकंठ के लिए समुचित वातावरण बनाने में उसे उतना ही अधिक समय लगता है। इसके बाद संगीत श्रोतस्विनी निरन्तर ढाई घंटे तक अमृतवृष्टि करती बहती रही। 'पिया तो मानत नाहीं', 'बाजूबंद खुल खुल जाए' कैसा आश्चर्य था कि उस कंठ में कभी अब्दुल करीम खाँ के कंठ की आबेहूबखनक प्राण झनझना जाती, कभी फैयाज खाँ के मधुर कंठ का वही मोहक बदलता गिरगिटी रंग, और फिर अनूठे गायक का सर्वथा अनूठा अन्दाज।

गायन में भी अभिनय कभी-कभी कितना प्राणवान होकर निखरता है! ऊर्ध्वमुखी मुट्ठी हवा में उछालकर बोलतान को आड़ी-तिरछी वक्र गति को किसी नदी की वेगवती बलखाती धारा की ही भाँति सम पर लाकर बिखेर देती और अनायास ही मुग्ध श्रोताओं के कंठ से निकली 'वाह' ध्वनि, दीर्घ श्वास-सी रवीन्द्रालय में गमक उठती।

अन्त में उन्होंने प्रस्तुत किया अपना वह प्रख्यात भजन, जो ब्रह्मानन्द का होने पर भी आज भीमसेन जोशी का ही बनकर रह गया है—'जो भजै हरि को सदा, सो परम पद पाएगा...।'

भैरवी क्या किसी भी भजन में इतनी मीठी बनकर टहूकी होगी?

अभी डॉ. सुशीला मिश्रा के 'पायनियर' में सद्यःप्रकाशित एक पठनीय लेख में पढ़ रही थी कि अपने इस दिव्य कंठशिल्पी पुत्र के इसी भजन के लिए कभी उनके पिता ने कहा था, "मेरी यही इच्छा है कि जब मेरा अन्तिम समय आए, तो या मैं ईश्वर के ध्यान में मग्न रहूँ या अपने पुत्र के इसी भैरवी निबद्ध भजन को सुनते-सुनते आँखें मूँदूँ।"

अन्त में लखनऊ की महिला श्रोताओं से मेरा एक विनम्र निवेदन है कि इस स्तर के संगीतानुष्ठानों में उपस्थित होने का सुअवसर जुटे तो उन्हें कुछ घंटों के लिए हाथ की सलाइयों और ऊन के गोले के मोह से मुक्त होना चाहिए। जिस भजन के लिए उनके पिता ने ऐसी कामना की हो उसे हम 'दो सीधे, दो उल्टे, आगे फन्दा लेकर दो घर एकसाथ' आदि बुनती बुनखट सलाइयाँ चलाती, मुँह से निरर्थक 'वाह' कह सात-आठ तालियाँ भी बजा दें, तो ऐसे महान् कलाकार का हम सम्मान नहीं करतीं। भीमसेन जोशी का गायन केवल कानों ही के लिए नहीं है सर्वांग निश्चेष्ट हो, तब ही हम उनके कंठ की अमृत घूँट को घुटक सकती हैं, सलाइयाँ खटखटाकर नहीं।

उनतीस

आकाशवाणी ने रवीन्द्रालय में एक शास्त्रीय संगीत सभा का आयोजन किया था। कलाकार थे वाराणसी के बन्धुद्वय राजन एवं साजन मिश्र, तथा जालन्धर की श्रीमती सर्वजीत, जिनके साथ तबले पर संगत की थी श्री ईश्वरलाल मिश्र एवं पंडित किशन महाराज ने।

सितारवादिका सर्वजीत नवीनतम तरुणा प्रतिभाओं में अपना विशिष्ट स्थान बना चुकी हैं। इससे पूर्व उनके सितारवादन को दर्शक बन सुनने का पहले कभी सुअवसर प्राप्त नहीं हुआ था। उनका प्रथम निवेदन था रागेश्वरी, जिसे उन्होंने विस्तृत आलाप, जोड़, झाला, विलम्बित एवं द्रुत में प्रस्तुत किया। मैं देख रही थी कि आलाप के स्वर-विस्तार में सर्वजीत का स्वाभाविक शिल्पबोध एवं भावप्रवणता किशन महाराज को बीच-बीच में झुमाती चली जा रही थी। किसी एक सिद्ध कलाकार का दूसरे कलाकार के प्रति ऐसा मौन निवेदन श्रोताओं को भी रससिक्त कर जाता है।

वयस में प्रौढ़ता का स्पर्श न होने पर भी, सर्वजीत के निर्भीक चित्त से प्रस्तुत किए जा रहे आलाप में पर्याप्त प्रौढ़ता थी। जोड़ की मीड़, गमक, तान, तोड़ा, झाला सब स्वर एवं दक्षता से परिपूर्ण थे, साथ ही प्रायः किसी प्रख्यात सितारवादक के सितारवादन के बीच भी, किसी तार की कर्कश खनक, कभी-कभी श्रोताओं का रसबोध भंग कर उठती है, उस कर्कस खनक से भी सर्वजीत का वादन सर्वथा दोष-मुक्त था। चाहे वह दोष वादक का नहीं, सितार के तार का ही होता है किन्तु ठीक जैसे घोड़ा भड़कने पर ताँगा उलट जाए तो लोग दोष घोड़े को नहीं चालक को ही देते हैं, ऐसे ही कभी-कभी अकारण ही वादक दोषी बन उठता है। किन्तु, सर्वजीत का वादन शिल्प एवं कल्पना, दोनों ही की दृष्टि से उत्कृष्ट रहा। केवल एक सामान्य-सी ही त्रुटि, जो मुझे कभी खटक रही थी, हो सकता है, मेरा ही दृष्टि-दोष हो, वह थी, विलम्बित लय की परिवेशना के बीच सर्वजीत का समर्थन और कभी-कभी आधार के लिए संगत कर रहे किशन महाराज की ओर देखना। लग रहा था, अपनी निर्भीकता से उसकी पकड़ कभी-कभी खिसक रही है। शायद ऐसा होना स्वाभाविक भी था। गहन आत्मविश्वास से अँगुलियों को वादन की जादूगरी तीव्रता में विलीन करने में सर्वदा समर्थन के लिए वादन के बाजीगर किशन महाराज के नैपुण्य से किसी भी सिद्ध कलाकार की टक्कर होना स्वाभाविक है। द्रुत परिवेशना में सर्वजीत अपने उत्कृष्ट रूप में निखरी। अपने सितार-वादन का समापन किया पहाड़ी धुन से। इसमें कोई सन्देह नहीं कि व्यक्तित्व एवं वादन, अभयपक्ष से श्रोताओं को समान रूप से मोहकर ही सर्वजीत ने मंच से विदा ली।

वाराणसी के मिश्रबन्धु को पहले भी सुन चुकी थी, किन्तु उन्हें भी एक साथ देखने एवं सुनने का यह पहला अवसर था। एक ही दिन पूर्व एक परिचित

ने कहा था, "इलाहाबाद के प्रयाग संगीत समिति के जलसे में इनका गायन उतना नहीं जमा जितना सारंग का।" इस आलोचना के पश्चात् मेरा कौतूहली चित्त आलोचक बनकर ही इन्हें सुनने गया था। अग्रज राजन, एम.ए. कर चुके हैं एवं अनुज साजन अभी छात्र हैं। उनका यह परिचय दिए बिना भी साजन का कैशोर्यसिक्त चेहरा स्वयं बता रहा था कि वह अभी छात्र ही हैं।

दोनों भाइयों की प्रथम समवेत परिवेशना थी कलावती में विलम्बित एवं द्रुत के बोल थे 'एरो बना बन आयो'...एवं 'सैंया बिना घर सूना रे...'। हारमोनियम पर संगत कर रहे थे श्री धरमनाथ मिश्र, सारंगी पर श्री भगवानदास मिश्र एवं तबले पर संगत की थी श्री ईश्वरलाल मिश्र ने।

दोनों भाइयों के दीर्घ, छरहरे शरीर-गठन, गौर, श्याम वर्ण एवं वयस में जितना पार्थक्य है, कंठ-परिवेशना में वैसा ही मधुर पार्थक्य है। राजन का स्वर मांसल है, साजन का वयस के विपरीत गुरुगम्भीर होने पर भी तारसप्तक का स्पर्श कर, कभी बड़ी मीठी महीन वंशी की-सी गूँज में विलुप्त हो जाता है। ऐसी अनुशासित गूँज, वह भी ऐसी कच्ची वयस में अब कंठ की भी मसें भीग कर किशोरकंठ से सात बेसुरे स्वरों में फूटने लगती हैं, आश्चर्य होता है। साथ ही तरुण गायक के उज्ज्वल भविष्य का स्पष्ट आभास भी मिलता है।

कहाँ अनुज के कंठस्वर को आगे बढ़ाना है, कहाँ पीछे खींचकर स्वयं अपने कंठस्वर की बढ़ैया देनी है, यह किसी कुशल पतंग-डोर के समर्थ साधक की भाँति राजन खूब जानते हैं। इसी से प्रतिभाशाली कंठद्वय की परिवेशना निरन्तर श्रोताओं को झुमाती रही।

अन्तरा की 'आवन कहि गए सुधि बिसराई' में राजन मिश्र के कंठ की आत्म-विभोर खनक निश्चय ही श्रोताओं के कानों में देर तक गूँजती रही होगी।

स्वर की दो मुख्य प्रकृतियाँ मानी गई हैं—गमक और लीनक। जब कोई ध्वनि एक स्वर पर न ठहर अनेक मधुर कम्पनों से उस स्वर का शृंगार कर दूसरे स्वर पर चली जाए तब उसे गमक कहते हैं। एक प्रख्यात विदेशी संगीतविद् ने कहा है कि यही गमक भारतीय संगीत का प्राण है। इसकी कई प्रयुक्तियों जैसे कम्पन, आन्दोलन, मीड़, गिटकिरी, मुरकी से कंठस्वर को सँवारना, वह भी ऐसे कि सरल भजन के प्रस्तुतीकरण में भी शास्त्रीय गायन का आनन्द आए, इसे मिश्रबन्धु ने साकार कर दिखाया था। अपने अन्तिम परिवेशित भजन—

हे गोविन्द राखो शरण
अब तो जीवन हारे...

में दोनों हाथ ऊपर कर अर्धोन्मीलित रससिक्त नयनों का भक्ति अर्घ्य, जब वे 'हे गोबिन्द' के साथ, स्वर को तीव्रता से 'राखो शरण' में अवरोहित कर अर्पित कर रहे थे तो पूरा प्रेक्षागृह मौन-मुग्ध होकर झूम रहा था।

आकाशवाणी के इस सुन्दर आयोजन में उपस्थित होकर लखनऊ के संगीत-प्रेमी श्रोता दर्शक निश्चय ही सन्तुष्ट होकर लौटे होंगे। शास्त्रीय संगीतानुष्ठान को ऐसा ही सुख-श्राव्य होना चाहिए, न अपने धैर्य के कारण उबाऊ, न अटपटी परिवेशना के कारण नीरस।

तीस

हमारी जनसंख्या स्वाधीनता के उनतीस वर्षों में पच्चीस करोड़ की वृद्धि को प्राप्त हुई है। बंकिमचन्द्र के 'त्रिंशकोटि कंठ कल कल निनाद कराले' के साथ इसी से जब इन अतिरिक्त पच्चीस कोटि कंठों के कल कल निनाद के समवेत स्वर में हम 'भूख-भूख' की कल्पना करते हैं तो हमारा आतंकित होना स्वाभाविक है। आज भारत की इस तीव्र गति से बढ़ी जनसंख्या के खानपान, भरणपोषण, शिक्षा, नौकरी की समस्या साधारण .समस्याएँ नहीं रह गई हैं। हमारा कितना ही सुप्रयास क्यों न हो इस समस्या को सुलझाना आज देश के कर्णधारों का सबसे बड़ा सिरदर्द बन गया है। केन्द्रीय सरकार के सम्मुख परिवार नियोजन कार्यक्रम को कोई कानूनी जामा पहना अनिवार्य बनाने में अनेक कठिनाइयाँ आईं। एक विशेष सम्प्रदाय के उग्र रूप को देख उसे अपनी नीति में संशोधन करना पड़ा एवं बार-बार यह आश्वासन दुहराया गया कि सन्तान-संख्या सीमित रखने में नागरिकों को अनिवार्य बाध्यता के नियमों से पीड़ित नहीं किया जाएगा। किन्तु कुछ राज्यों ने इसे बाध्यतामूलक नीति के रूप में अपनाया जैसे पंजाब, महाराष्ट्र एवं हरियाणा। किसी भी सम्प्रदाय का विक्षोभ कितना ही उग्र क्यों न हो, सरकार का कर्त्तव्य है कि पक्षपात से सर्वथा मुक्त हो, प्रत्येक भारतीय नागरिक को वह कठोर नियमों से सन्तान-संख्या सीमित रखने के लिए अनिवार्य रूप से बाध्य करे। नियम भी ऐसे ढुलमुल नहीं कि किसी की पदोन्नति रोक दी जाए या वेतन रोक लिया

जाए। क्योंकि भारत में अभी भी ऐसे अनेक दिलदार नागरिक हैं जो बिना वेतन या पदोन्नति के भी पिता बनने में समर्थ हैं। इस नीति को कारगर बनाने के लिए सरकार को अपने राजदंड को अंकुश बनाना होगा, जनता के उग्र विक्षोभ को, निरर्थक अफवाहों को उसे अपनी उग्र नीति से ही पराजित करना होगा। इस उग्र नीति को अपनाने में सरकार के सम्मुख व्यावहारिक दुरूहता अवश्य आएगी–हो सकता है मूर्ख उजड्ड लाठियों के उत्तर में गोलियाँ भी चलानी पड़ें, कुछ निरीह निर्दोष प्राणों की आहुति भी अनिवार्य बन उठे, किन्तु जब तक केन्द्रीय सरकार ऐसी कठोर नीति नहीं अपनाती भविष्य की जनसंख्या उसी आतंकपूर्ण तीव्र गति से निरन्तर बढ़ती रहेगी एवं खाद्याभाव से केवल मानव जीवन ही नहीं, हमारी वह संस्कृति, जिस पर हमें गर्व है, जनभाराक्रान्त होकर एक दिन अत्यन्त शोचनीय गति को प्राप्त होगी।

यदि हम ईमानदारी से कहें, तो अपनी उनतीस वर्षों की स्वाधीनता की अवधि के बीच क्या हम अपनी सांस्कृतिक समुन्नति का कोई ऐसा पुष्ट प्रमाण दे पाए हैं? हमारा साहित्य हो या संगीत, योग हो या दर्शन, स्वयं जनसमादर का कोलाहल ही हमें आनन्द के कुछ क्षण दे पाया है, किन्तु यह पूर्वाभ्यास किए गए समादर का कलरव या खोखले प्रदर्शन का आडम्बर किसी भी दृष्टि से हमें किसी स्थायी गरिमा या महिमा से मंडित नहीं कर सकता। भारतीय सांस्कृतिक जीवन पश्चिम की संस्कृति से इस सीमा तक अनुप्राणित होकर एक मान, एक प्राण बन चुका है कि उसकी स्वाभाविकता पर अब किसी को सन्देह भी नहीं होता। किन्तु, इस अनुकृत कृतित्व को हम अपनी प्रगति कह शेखी नहीं बघार सकते। जैसा एक बार भारतेन्दु ने अपने बलिया के ऐतिहासिक भाषण में कहा था कि एक बेफिकरा मँगनी के कपड़े पहन एक महफिल में गया। उसे आते ही लोगों ने फब्तियाँ कसीं 'ये पाजामा तो फलाँ का है,' 'ये टोपी फलाँ की है' तो बेफिकरे ने हँसकर कहा–"घर की तो बस मूँछें ही मूँछें हैं।" वही हाल हम भारतवासियों का भी है। यह कितना बड़ा दुर्भाग्य है कि अस्सी-नब्बे वर्ष बाद भी हमारी बस घर की मूँछें ही मूँछें रह गई हैं। इसी से आज इन घर की मूँछों को ऊपर उठाए रखना प्रत्येक भारतीय नागरिक का पावन कर्त्तव्य है।

जनसंख्या भाराक्रान्त भारतीय जीवन की समस्या केवल अर्थाभाव या खाद्याभाव की ही समस्या नहीं है, उससे भी बड़ी समस्या है अपनी सांस्कृतिक धरोहर के संरक्षण की। भारतीय जीवन का वटवृक्ष यदि विपुल जनसंख्या वृद्धि

से भाराक्रांत होकर टूट गया तो हमारे लिए अपने जातीय चरित्र की प्रतिमा, सांस्कृतिक सौष्ठव को बचा पाना असम्भव हो उठेगा। यह तो प्रकृति का नियम है। इसी से पहाड़ों में सेबों के औचर्ड के अनुभवी विदेशी स्वामी पेड़ों को फलों के अस्वाभाविक भार से अधपके सेब तोड़ भारमुक्त कर देते थे जिससे असमय ही फलभार से पेड़ टूट न जाएँ।

जनसंख्या विपुल होने पर कोई भी जाति प्रेम, सौजन्य, ममत्व के रत्नों को अधिक समय तक आँचल की गाँठ से बाँधकर नहीं रख सकती। नागरिक का स्वभावगत सौजन्य, उसका कर्त्तव्य-बोध, ट्रेन-बस की भीड़भाड़ में चलनी की जलधार की ही भाँति कैसे बह जाता है, इसका कभी न कभी इनमें से प्रत्येक को अवश्य अनुभव हुआ होगा। उसका निजी स्वार्थ क्यों उसे ऐसे क्षणों में निष्ठुर बना देता है? उसकी मानव स्वभावगत कोमल मनोवृत्ति, सौजन्य कहाँ विलुप्त हो जाते हैं? असाधारण परिस्थितियों में ही मानव चित्त विकारग्रस्त होता है। यही कारण है कि तीस वर्ष पूर्व जब केवल त्रिंशकोटि कंठों का ही कल कल निनाद था तब मानव इतना स्वार्थी, इतना दम्भी, इतना लोलुप नहीं था। क्षणिक भीड़ का धक्कम-धक्का जैसे उसे क्रुद्ध कर उसके आचरण को अविवेकी एवं उग्र बना देता है, ऐसे ही पृथ्वी की यह सम्भावित भीड़ भी उसे निरन्तर अविवेकी, उग्र एवं ममत्वहीन बनाती रहेगी। इसी से खाद्याभाव या अर्थाभाव के आतंक से भी अधिक आतंककर है हमारी सांस्कृतिक अवनति की सम्भावना। अतः केन्द्रीय सरकार का कर्तव्य है कि वह कठोर नीति अपनाए।

हमारी एक बहुत बड़ी दुर्बलता है हम समय रहते नहीं चेतते, जब आग लपलपाने लगती है, तब खाली बाल्टियाँ लेकर सुदूर जलसन्धान को भागते हैं। पहले बाल्टियाँ भरकर रखने में हम विश्वास नहीं करते। जब बाढ़ आती है, तब बाँधों की परिकल्पना करते हैं। ऐसे ही जब पृथ्वी के जनभार से शेषफन डगमगाया तब हमारी प्रगाढ़ निद्रा भंग हुई। यदि तीस वर्ष पूर्व हमने इस दिशा में सामान्य-सा भी प्रयास किया होता तो आज यह दशा न होती। जो काम तीस वर्ष में हम नहीं कर पाए उसे अब कम्प्यूटर के कौशल से निपटा पाना असम्भव नहीं तो कठिन अवश्य है। हज्जाम कितना ही व्यवसाय-निपुण क्यों न हो, यदि कतार की कतार में बैठे असंख्य ग्राहकों की हजामत बनाएगा तो तीव्र गति से चल रहे उस्तरे की धार अनेक कपोल-ठोड़ियों को अवश्य रक्तरंजित करेगी। आहत ग्राहक भुनभुनाएगा भी अवश्य। इसी से अब

जनसंख्या सीमित करने में हमें प्रतिक्षण जनता के विक्षोभ का भी सामना करना होगा। देखा जाए तो असतर्कता हमारी ही है। इसी से किसी भी मूल्य पर क्यों न हो हमें भी महाराष्ट्र, हरियाणा एवं पंजाब की भाँति कठोर नीति अपनानी होगी।

इकत्तीस

प्रत्येक वर्ष गांधी-दिवस के उपलक्ष्य में रेशमी ऊनी वस्त्रों पर दी जा रही विशेष छूट का आकर्षण भारत के प्रत्येक गांधी आश्रम के बाहर मेले की-सी भीड़ का समाँ बाँध देता है। पट्टाम्बर-परिधान के प्रति नारी का आकर्षण आदि-काल से रहा है। एक तो स्वयं गांधी नाम की महिमा उन्हें आश्वस्त कर देती है कि कम-से-कम इस पावन केन्द्र में, प्रवंचना का प्रवेश सर्वथा निषिद्ध है, दूसरा आकर्षण रहता है गट्ठरों में चुनी खादी सिल्क एवं टसर की सुन्दर साड़ियों का। प्रत्येक वर्ष, इन्हीं दिनों साड़ियों के काउंटर पर नारी कलकंठों का मधुर गुंजन, कभी छेड़ दिए गए, बर्रों के छत्ते की भाँति, विक्रेताओं को बौखलाहट से भर तीव्र स्वर में परिणत हो जाता है। जब कभी, नारियों की ऐसी कंधे से कंधा छीलनेवाली भीड़ उत्तेजित हो जाती एवं प्रत्येक के निजी स्वार्थ का प्रश्न मुखर होता है, तो वह किसी प्रकार का अनुशासन नहीं मानती।

पल-भर में भृकुटियाँ चढ़ने लगती हैं, तेवर बदल जाते हैं, कंठ के माधुर्य में एक भी कोमल स्वर की गुंजाइश नहीं रह जाती। नारी-सुलभ सहिष्णुता, धैर्य एवं लालित्य के लिए फिर कोई स्थान नहीं रह जाता।

उस दिन गांधी आश्रम में रेशमी साड़ियों के काउंटर पर भी ऐसी ही भीड़ जुटी थी। प्रौढ़ाएँ, किशोरियाँ, युवतियाँ प्रत्येक सबसे सुन्दर लुभावनी साड़ी हथियाने के लिए अबोध बालिका-सी मचल रही थीं।

“वह दिखाइए, सुन नहीं रहे हैं क्या?”

“वह लाला।”

“अजी वह कलेजी रंग की टसर।”

“सुनिए वह पीली...”

“नहीं, नहीं, वह बाएँ हाथ के गट्ठर की तीसरी पीली।”

अन्तर्राष्ट्रीय महिला वर्ष, जैसे उसी काउंटर पर अपनी व्याख्या साकार

कर रहा था। उस सशक्त साड़ी-लोलुप भीड़ से जूझते, काउंटर पर बौखलाए-से बेचारे दोनों सेल्समैनों का रक्तचाप, इस बार भयावह रूप से उच्च होकर आँखों से आग बरसाने लगा था। अब तक दोनों के निर्विकार चेहरों पर क्रोध, खीझ या असहायता की एक रेखा भी नहीं उभरी थी। प्राणपण से वे दोनों नारियों के मोर्चे को झेलने की चेष्टा कर रहे थे, पर फिर सहसा उनके धैर्य का बाँध भी अचानक भरभराकर टूट गया। सैकड़ों नारी-कंठों से फरमाइश अब वे एक कान से सुन दूसरे से निकाल दे रहे थे। शायद इसी से उत्तेजित भीड़ का रवैया भी पैंतरा बदल उठा। मैंने अब उस भयावह क्रुद्ध बर्रे के छत्ते से किसी भाँति कच्छप-सा सिर निकालकर एक टसर की साड़ी देखने की मूर्खतापूर्ण आकांक्षा व्यक्त की तो खिसियायी बिल्ली का पहला नुचा खम्भा बनने का दुर्भाग्य भी मुझे ही प्राप्त हुआ।

''कायदे से ही साड़ियाँ दिखलाई जाएँगी, एक-एक गट्ठर रखे गए क्रम से ही खुलेगा।''

दिखानेवाले के निर्विकार चेहरे पर मुझे किसी व्यवहारकुशल सेल्समैन के चातुर्य की एक रेखा भी ढूँढ़े नहीं मिली।

''पर आप तो वही दिखाया गया गट्ठर फिर दुबारा दिखा रहे हैं।'' मैं अपने को नहीं रोक पाई क्योंकि नारी कल-कंठ निनाद के भूल-भुलैया में भटका बेचारा वह सेल्समैन फिर दिखाए गए गट्ठर के प्रदर्शन की पुनरावृत्ति कर रहा था।

''जी नहीं, देख नहीं रही हैं क्या? ये दूसरी साड़ियाँ हैं...'' इस बार उसका स्वर तीखा हो गया था। मेरे प्रश्न का उत्तर देने में बेचारे को असमय ही अपने जर्दामिश्रित पान के उस पीक को उदरस्थ करना पड़ा था, जिसका आनन्द वह सम्भवतः विलम्बित जुगाली से लेना चाह रहा था। करता भी क्या? कहीं पीक गुलगुलाकर उत्तर देता, और एक छींटा भी साड़ी पर पड़ जाता तो सत्यानाश हो जाता!

''नहीं, वही गट्ठर है, वही गट्ठर है। आप भूल गए हैं। हम इसे देख चुकी हैं।'' इस बार पीछे खड़ी मेरी पूरी बिरादरी ने मेरे कथन का सशक्त समर्थन किया।

नारी क्या कभी साड़ी के रंग और कन्नी को पहचानने में भूल कर सकती है?

''आप व्यर्थ ही अपना और हमारा समय बरबाद कर रहे हैं, अन्य गट्ठर

दिखाइए।" मैंने कह दिया, तो उसने मुझे ऐसे आँख तरेरकर देखा कि बस चलता तो शायद रेशमी साड़ियों के गट्ठर में मुझे भी लपेटकर धम्म से फर्श पर पटक देता।

"समय नहीं हो तो घर जाइए, हमें ही कौन-सा समय है।" स्पष्ट था कि पान के पीक को असमय उदरस्थ किए जाने की व्यथा को वह अभी भूल नहीं पाया था। अहिंसात्मक मटका सिल्क की साड़ियों को उठा-उठाकर दिखाने की उस भंगिमा में हिंसात्मक भावना ही प्रतिपल मुखरित होते देख बिना कुछ लिए ही मैं बाहर निकल गई।

हमारे देश के व्यापार-विनिमय की परम्परा बड़ी महान रही है। कभी विदेशों में भी हमारे रेशम मलमल की जो सुख्याति थी, उसके पीछे केवल उत्कृष्ट रेशम का रेशा या मलमल की सुकोमल पारदर्शी स्निग्धता ही नहीं थी, था भारतीय व्यापारियों का व्यापारकुशल मस्तिष्क, उनकी नम्रता, सहिष्णुता एवं उनका व्यवहार। गांधी आश्रम केवल खादी सिल्क, ऊनी वस्त्र या खादी का ही विक्रय-केन्द्र नहीं है, वह जिनकी स्मृति का पावन मन्दिर है, उनका ध्यान भी हमें निरन्तर रखना चाहिए। वहाँ के प्रत्येक कर्मचारी में दो भावनाओं का रहना नितान्त आवश्यक है—कठोर परिश्रम एवं पूर्ण समर्पण। मैंने आज तक जितने भी खादी आश्रम देखे हैं, उनमें केवल एक दिल्ली के खादी ग्रामोद्योग भवन को छोड़ अधिकांश आश्रमों में कर्मचारियों की ऐसी ही उपेक्षा एवं उदासीनता से चित्त क्षुब्ध ही हुआ है। उनका व्यवहार ऐसा ही रहता है कि 'लेना है तो लीजिए वरना अपना रास्ता नापिए।' यह प्रवृत्ति किसी भी दुकानदार के हित में नहीं है। कभी नैनीताल के एक किताबों के फेरीवाले अपने दुकानदार से मैंने जब कहा, "दाना मियाँ, आपकी इतनी किताबें, पत्रिकाएँ पढ़े बिना कुछ खरीदे ये लोग चले जाते हैं, आप कुछ भी नहीं कहते।"

"मेम साहब," उसने हँसकर कहा था, "दुकानदार वह है, जो हर ग्राहक की धौंस सहकर भी हँसता रहे।"

आज का दुकानदार अपनी वह हँसी भूल गया है। यद्यपि, हमारे सरकारी प्रतिष्ठानों के विभिन्न विक्रय-केन्द्रों ने स्वतन्त्रता के पश्चात् अपनी संस्कृति की सज्जा को बड़े यत्न एवं परिश्रम से सँवारा है, किन्तु अब भी उनके सांस्कृतिक ढाँचे में परिवर्तन अभीष्ट है। केवल संदली अगरबत्ती की सुवासित धूम्ररेखा से ही कक्ष को धूमायित कर हम अपनी संस्कृति को विज्ञापित नहीं

कर सकते। कभी लगता है, कि बाहरी टीम को सजाने में ही हमारा भीतरी क्रम कुछ गड़बड़ा गया है। सज्जा, विज्ञापन आदि अन्य क्षेत्रों पर काफी जोर दिया जाता है, किन्तु अपने को समय एवं आवश्यकता के अनुरूप ढालना हम नहीं जानते। ऐसी विशेष छूट वर्ष में एक या दो ही बार होती है एवं एक औसत गृहिणी के बटुए की डोर भी यदाकदा ही औदार्य से खुल पाती है। इसी से जब यह अवसर आता है तो वह भी पूर्ण मनोयोग से अपनी मनवांछित साड़ी का चयन करना चाहती है। गांधी आश्रम के अधिकारियों का यह कर्तव्य है कि उसे पूर्ण सहयोग एवं सम्भ्रतापूर्वक पूर्ण सुविधा प्रदान करें। बारह आने की मिट्टी की सुराही को भी ठोंक-बजाकर खरीदना जिस नारी का जन्मजात गुण है, वह यदि डेढ़ सौ की साड़ी को खरीदने से पूर्व उलट-पुलटकर देखना भी चाहे तो उसका क्या दोष?

बत्तीस

मौर्ययुगीन नगर प्रशासन में प्रजा के हित को सर्वाधिक महत्त्व दिया जाता था। अर्थशास्त्र में एक स्थान पर उल्लिखित है, "प्रजा की प्रसन्नता ही में राजा की प्रसन्नता निहित है। जो कुछ राजा को अच्छा लगे, उसे ही उचित न मानकर जो प्रजा को उचित एवं सुन्दर लगे, उसे ही उचित मानना चाहिए।" कौटिल्य के अर्थशास्त्र के आधार पर हमें ज्ञात होता है कि नगर चार भागों में विभक्त था और प्रत्येक विभाग 'स्थानिक' नाम के पदाधिकारी के अधीन रहता था। नगर की सफाई का ऐसा ध्यान रखा जाता था कि यदि किसी ने कहीं कूड़ा फेंक दिया तो उसे कठोर दंड दिया जाता था। आज जब अपने फ्लैट के पिछवाड़े मलबे के विराट् स्तूप को देखती हूँ तो अतीत के गर्त में विलीन हो गए उस अद्भुत 'स्थानिक' नामक पदाधिकारी की स्मृति में बरबस एक दीर्घ श्वास निकल जाती है।

गत सप्ताह, बिना बादल ही घनघोर वृष्टि की भाँति सार्वजनिक निर्माण विभाग की एक उत्साही टोली ने अकारण ही पिछवाड़े खड़ी दीवार को देखते ही देखते धराशायी कर दिया। यही नहीं, सड़क से मिली एक दूसरी दीवार, जो वर्षों से राहगीरों एवं फ्लैट निवासियों के बीच प्रहरी बनी खड़ी थी, उसे भी तोड़ता-फोड़ता एक सीमेंट भरा विराट् ट्रक सहजन के पेड़ का आमूल

विध्वंस करता खड़ा हो गया। पूछने पर पता लगा कि अवकाश प्राप्त कर अपनी विस्मृत कोठी में निवास करने आए किसी उच्चपदस्थ अधिकारी को उस दीवार के ह्रस्व कलेवर पर घोर आपत्ति थी।

पहले उन्होंने अपना रोष प्रकट किया दफ़्तरी आवास बनी अपनी कोठी का मलबा हमारी ओर फेंककर और फिर दीवार गिरवाकर ही नहीं पिछवाड़े बने पक्के सागरपेशे में वर्षों से रह रहे उन परिवारों को भी एक ही दिन में घर खाली करने की कठोर कंठगर्जना सुनाकर। इनमें कुछ परिवार तब से रहे हैं जब इस कालोनी का निर्माण भी नहीं हुआ था। गुलिस्ताँ बनने से पहले ही जो बुलबुलें डालों पर चहक रही थीं, वे बेचारी अब जाएँ भी तो कहाँ? साथ ही उनके कंठसंगीत ने हमें भी वर्षों अपनी स्वरमाधुरी से अभिसिंचित किया है।

अधिकांश महरियाँ, झाड़-पोंछा करनेवालियाँ इन्हीं सागरपेशों में रहती हैं। किसी गृहिणी के लिए महरी का क्या महत्त्व है, यह एक गृहिणी ही समझ सकती है। पति का दौरे पर जाना भी शायद किसी गृहिणी को उतना नहीं खलता जितना घर की महरी का छुट्टी पर जाना।

इस अनावश्यक दीवार के निर्माण की सुनियोजित योजना को देखकर लगता है, इसे बनने में भी ताजमहल की भाँति सुदीर्घ समय लगेगा और बनने पर चीन की दीवार की ही भाँति अपने गगनचुम्बी उभार से वह नीम के प्रतिवेशी ऊँचे अगले वृक्ष को तुच्छ कर रख देगी।

योजना निश्चय ही लुभावनी है, किन्तु जिसके निर्माण के लिए आसन्नप्राय माघी विभावरी में कुछ दीनहीन परिवारों को अकारण ही ठिठुरने को बाहर खदेड़ दिया जाए, यत्न से लगाए गए सहजन के वृक्ष को धराशायी कर दिया जाए—वह भी तब जब हम अपने वृक्षारोपण-प्रेम की उच्च स्वर में सगर्व घोषणा करते हैं—यह कहाँ तक वांछनीय है?

इसके अतिरिक्त सड़क से लगी दीवार तोड़कर निर्माण विभाग ने गुलिस्ताँवासियों का सर्वाधिक अहित तो किया ही है, सीमान्त पर बने फ्लैट निवासियों के लिए रात की नींद भी हराम कर दी है। अब सड़क एवं कालोनी की सीमा-रेखा का प्रश्न ही नहीं रहा। सामान्य से ही कौशल एवं साहस से नौसिखिया चोर भी परम निश्चिन्तता से एक ही छलाँग लगा कभी भी कुल्हाड़ी सहित आधी रात को सिरहाने खड़े हो अपनी अलौकिक उपस्थिति से हमें आतंकित कर सकता है। इस भयावह सम्भावना के अतिरिक्त, अन्य अनेक

पुण्य कार्य भी इस भग्न प्राचीर तले सम्पादित हो रहे हैं। अँधेरा होते ही सड़क के सम्पूर्ण श्वानकुल की गोष्ठी अब यहीं जुटने लगी है। राहगीरों ने भी यह अनुभव किया है कि जिस क्रिया से वे पहले इसकी आड़ में निवृत्त होते थे, उससे बिना आड़ के भी निवृत्त होने में कोई हानि नहीं है। फलतः दुर्गन्ध का निर्लज्ज भबाका न तो बरामदे में बैठने देता है, न खड़े होने देता।

अधिकारी यदि स्वयं आकर कभी उस भग्न दीवार का निरीक्षण करें तब ही उन्हें गम्भीर स्थिति ज्ञात हो सकती है।

मौर्यकालीन नागरिक प्रशासन की सुनियोजित व्यवस्था आज भी हमें बहुत कुछ सिखा सकती है। तब यदि कोई व्यक्ति अपने मकान में इस प्रकार के दरवाजे-खिड़कियाँ बनाता था, जिससे दूसरों को असुविधा होती थी, तो उसे दंड दिया जाता था। कौटिल्य ने नगर के प्रधान अधिकारी के जो आवश्यक कर्तव्य बताए हैं, उनमें उसका प्रमुख कर्तव्य है—सड़कों की व्यवस्था, नगर की जल-व्यवस्था एवं मार्गों तथा खाई आदि का निरीक्षण करना। नगर को समुन्नत बनाने के लिए, उसके सौन्दर्य में चार चाँद लगाने के लिए आवश्यक है कि हम निर्माण से अधिक संरक्षण की ओर ध्यान दें। सार्वजनिक निर्माण विभाग भी तब ही अपने नाम की सार्थकता को प्रतिपादित कर सकता है, जब वह अपने संरक्षण पक्ष को अधिक पुष्ट बनाए, संहार पक्ष को नहीं।

तैंतीस

बहुत वर्ष पूर्व हक्सले की इन पंक्तियों ने कैशोर्य के अविवेकी खून को खौला दिया था, किन्तु कैसा आश्चर्य है कि आज उन्हीं पंक्तियों का कटु सत्य कटु नहीं लगता। एक वयस के बाद जैसे कद्दू, लौकी, मूली जैसी अरसिक सब्जियाँ भी स्वयं स्वादिष्ट लगने लगती हैं, ऐसे ही समय एवं प्रौढ़ता के साथ-साथ अनुभवों का स्वाद भी बदलने लगता है। शान्तिनिकेतन वाचनालय के अध्यक्ष श्री प्रभात कुमार मुकर्जी, जिन्होंने रवीन्द्र-जीवनी के लेखक के रूप में विशेष ख्याति प्राप्त की, वे तब हमारे 'गाइड' भी थे। प्रायः ही, पठनीय पुस्तकों की पंक्तियों में, लाल पेन्सिल की प्रगाढ़ रेखा खींच वे हमें पढ़ने को देते और दूसरे दिन, कंठस्थ अंश हमें उन्हें सुनाना होता। उस दिन, जो पंक्तियाँ मुझे दी गई थीं, आज भी याद हैं। पंक्तियाँ थीं, "बट दि इंडियंस आर स्टूपिड एबाउट

एवरी थिंग, दे बर्न आल दि काउ-डंग, इनस्टेड ऑफ पुटिंग इट बैक आन दि लैण्ड एण्ड देन दे आर सरप्राइज्ड दैट हाफ दि पापुलेशन हैज नाट इनफ टू इट।"

अर्थात् भारतीय हर बात में अपनी मूर्खता दर्शाते हैं, खेतों में डालने के बदले, वे अपने सारे गोबर को जला देते हैं, और फिर उन्हें आश्चर्य होता है कि उनकी आधी आबादी भूखी रहती है!

बात सुनने में चाहे कितनी ही कड़वी लगे, किन्तु इसमें कोई सन्देह नहीं कि सामान्य वस्तु की महत् उपादेयता के रहस्य को हम अभी भी नहीं समझना चाहते। हमारी बड़ी-बड़ी महत्त्वाकांक्षी योजनाओं का प्रायः जो दुखद अंत होता है, उसका प्रमुख कारण हमारी यही शोचनीय मनःस्थिति है। अब भी, कोयलों में हमारे देश में बड़े यत्न से सरकारी मोहर लगाई जाती है, किन्तु अवसर पड़ने पर अशर्फियों की लूट में हमें कभी आपत्ति नहीं होती। किसी भी नेता के शुभागमन में बनाए गए आकर्षक सिंहद्वार हों या कंठार्पित फूलमालाएँ, व्यर्थ व्यय की चिन्ताएँ हमें नहीं सताती। यही नहीं, विवाह, जन्म-मृत्यु किसी भी सुखद या दुखद अवसर पर अपने अपव्यय की कुटेव हमने न छोड़ी है, न छोड़ना चाहते हैं। हमारे देश में जितने ही छोटे तबके का प्राणी होगा, उतनी ही कठिन दबोच से उसे बिरादरी दबोचेगी। पूरी बिरादरी को जिमाना उसका कठिन कर्त्तव्य बन उठेगा। पहाड़ में इसे घाट का बोझा उतारना कहते हैं, अर्थात् जितने आत्मीय परिजन मृतदेह वहन कर घाट गए थे, उन्हें आदरपूर्वक जिमाना। यही नहीं, भांजे-दामाद को दक्षिणा देना, जिसके आदान-प्रदान में लेने और देनेवाले समझदार होने पर, कभी सहज संकोच से गड़ जाते हैं; पर क्या करें? ऐसा हमेशा से होता आया है, इसी से किसी को यह साहस नहीं होता कि इस निरर्थक व्यवहार को जड़ से उखाड़कर दूर फेंक दें।

हमारा यही दकियानूसीपन हमें यदि विदेशियों के आलोचना-शर से बिद्ध करता है, तो हमें बुरा लगता है। यही रूढ़िग्रस्त मनोवृत्ति हमारी प्रगति का द्वार भी अवरुद्ध कर रख देती है। प्रसिद्ध वैज्ञानिक मेघनाद साहा ने एक बार औद्योगीकरण पर अपने प्रसिद्ध भाषण में एक रोचक कथा का उल्लेख कर हमारी संकीर्ण मनोवृत्ति का अत्यन्त सजीव वर्णन किया था—एक बार, एक आदमी नाव से नदी के दूसरे छोर पर बसे गाँव की ओर जा रहा था। मार्ग में ही सन्ध्या घनीभूत हो गई। उसने नाव किनारे लगा एक पेड़ से बाँधी और मन-ही-मन निश्चय किया कि रात-भर सुस्ताकर वह भोर होते ही नाव खोल

चल देगा। आधी रात को सहसा उसने सोचा, क्यों न रात ही रात में नाव खेकर वह गंतव्य स्थान पर पहुँच जाए। रात की यात्रा क्लांतिकर भी नहीं होगी! पर जब रात-भर नाव खेने पर भी वह दूसरे पार नहीं पहुँचा और सुबह के उजाले में उसने अपने को ठीक उसी स्थान पर पाया, जहाँ उसने नाव बाँधी थी, तो उसके आहत आश्चर्य का पार नहीं रहा। मुड़कर देखा तो नाव की रस्सी उसी पेड़ पर बँधी थी। कठिन परिश्रम से वह रात-भर नाव तो खेता रहा किन्तु पेड़ में बँधी रस्सी को खोलना भूल गया! इसी से जहाँ था बेचारा वहीं का वहीं रह गया! हमारी प्रगति का इतिहास भी लगभग ऐसा ही रहा है। उसी मूर्ख नाविक की भाँति हम प्रगति के पथ पर नावमान तो होना चाहते हैं किन्तु जब तक हमारी नाव रूढ़ियों के तने से बँधी रहेगी, किसी भी क्षेत्र में हमारी प्रगति सम्भव नहीं हो पाएगी। हम कितने ही जोश से नाव क्यों न खेएँ, रस्सी नहीं खुली तो हम जहाँ थे, हमेशा वहीं बने रहेंगे।

चौंतीस

हमारे कुछ प्रशासकीय विभाग अपनी दुरूह नीतियों में कभी-कभी 'कोयलों में मुहर और अशर्फियों में लूट' वाली लोकप्रिय कहावत का अवांछनीय प्रयोग कर बैठते हैं, तो चित्त खिन्न हो उठता है। जहाँ नवीन राजनीतिक उथल-पुथल हुई, वहीं शिलान्यास, नवीन सड़कों का उद्‌घाटन, नवीन अस्पतालों की कुकुरमुत्ता-सी उपज, एक विचारणीय प्रश्न को, प्रश्नचिन्ह के रूप में हमारी आँखों के सम्मुख अंकित कर देती है।

क्या नवीन उपलब्धियों की ही भाँति पुरानी उपलब्धियों का संरक्षण भी उतना ही आवश्यक नहीं है? शायद इस प्रश्न ने ही कभी हमारे अतीत के शासकों को सार्वजनिक निर्माण विभाग की सृष्टि की प्रेरणा दी होगी, इसका भी एक विशिष्ट उपविभाग है 'मैण्टनेंस' या संरक्षण विभाग। वैसे भी जनता की पारखी दृष्टि कभी इसकी निर्वीर्यता को हथेली पर चल रही जूँ-सा ही पकड़ती रही है। जिस लोकप्रिय संक्षिप्त नाम से इसे पुकारा जाता है, उस 'पी. डब्ल्यू' के उच्चारण मात्र ही में कभी जनता का आक्रोश स्वयं व्यक्त हो उठता है। मेरे एक परिचित मित्र इसे 'पब्लिक वूज डिपार्टमेंट' कहते थे, अर्थात् 'जनता के दुखों का विभाग।' युग हिन्दी का है इसी से, जब कभी जी में

आता है, इसे सार्वजनिक निर्माण विभाग के स्थान पर 'सार्वजनिक निर्वाण विभाग' कहें तो हमारे क्षुब्धचित्त अधिक पुलकित होंगे। इसी विभाग ने कभी अपने प्रशासकीय अफसरों के लिए कुछ सुन्दर-सस्ते फ्लैटों का निर्माण करवाया था, जैसे दिल-कुशा, गुलिस्ताँ, राजभवन, बटलर पैलेस आदि।

इन सबमें सम्भवतः गुलिस्ताँ की ही आवासीय उपादेयता अब भी वैसी ही सर्वश्रेष्ठ बनी रह गई है। इसका एक कारण शायद इसका मनमोहक ह्रस्व किराया है। दूसरा अंग्रेज़ी स्कूलों का नैकट्य। इसे हम एक प्रकार से इसका गुण-किरीट कह सकते हैं, क्योंकि हममें से आज कितने ऐसे अफसर हैं, जो ये नहीं चाहते कि पुत्री लौरेटो में पढ़े, और पुत्र मार्टिनीयर में! शनि की महादशा साढ़े साती के पदाघात की ही भाँति विदेशी शासकों का यह पदाघात सदा के लिए हमारे हृदयों पर अंकित होकर रह गया है। इस कालोनी का तीसरा गुण है, पुण्यतोया भागीरथी की जलधार की ही भाँति इसकी टंकियों की जलधार कभी क्षीण नहीं होती। उधर बटलर पैलेस में गत बाढ़ के समय कई गृहिणियाँ भी अपने गैस के चूल्हों के साथ वन्यांजल में असहाय तरणी-सी ही डगमगाने लगी थीं।

राजभवन फ्लैटों के कर्णप्रिय नामों की महिमा केवल कानों को ही सुख देती है। ऊपर के फ्लैट में सूने नल चिरवन्ध्या नारी की कोख-से ही दग्ध होते रहते हैं।

दिलकुशा का जिद्दी रेलवे फाटक अकारण ही सत्रह-सत्रह गज की अधेड़ मालगाड़ियों को अपनी पटरियों पर रेंगाता, कारस्वामियों के वैभव को तुच्छ कर, उन्हें मुर्गा बनाए गए ग्राम पाठशालाओं के छात्रों की भाँति घंटों खड़ा कर रख देता है। इसी से जब किसी को गुलिस्ताँ का कोई रिक्त फ्लैट आवंटित होता है, तो सात पुत्रियों के बाद जन्मे पुत्र का-सा ही उल्लास उसे नचा देता है। स्वयं मैंने इस फ्लैट को पाने के लिए कभी महीनों तक पापड़ बेले थे। पति की मृत्यु के पश्चात् विभाग ने मुझे भी फ्लैट रिक्त करने का आदेश देने में 'मृदूनि कुसुमादपि' चित्त का परिचय नहीं दिया। मेरी बीस-पच्चीस वर्ष की साहित्यिक उपलब्धियों की पलभर में धज्जियाँ उड़ा दी गईं। उधर मैं भी साँप के सम्मुख नेवला बनी डटी ही रही। जिस वर्किंग जर्नेलिस्ट न होने के शस्त्र से मुझे धराशायी किया गया उसे मैंने इसी 'वातायन' को दो वर्ष खोलकर विफल किया था।

फ्लैट तो मिल गया, किन्तु उसके साथ ही रक्तशून्यता का अपूर्व उपहार

भी अनायास ही उपलब्ध हो गया।

कभी ये फ्लैट निःसन्देह अपने कैशोर्य से दर्शनीय लगते थे, किन्तु विगत तीन वर्षों से पुताई एवं टूट-फूट की मरम्मत न होने से चिता से उठ भागे किसी अर्धदग्ध मुर्दे से ही दिखने लगे हैं। इससे जब चार मजदूर हाथ में सफेदी की बाल्टी लिए जाए तो जी में आया, उन चारों को रात को सहभोज का निमन्त्रण दे डालूँ। किन्तु तब ही उनमें से एक बुजुर्ग मजदूर ने कहा, ''सिर्फ़ किचन और बाथरूम में सफेदी होगी मेमसाहब और कहीं नहीं—यही 'आडर' है।''

'आडर' तो फिर आडर ही होता है, इसी से रसोईघर एवं दो सौभाग्यशाली गुसलखानों पर ताबड़तोड़, सफेदी के दो-तीन झाड़ मार सार्वजनिक निर्माण विभाग का वह हवाई दस्ता उड़ गया, तो मैंने दुखी दृष्टि से अपने फ्लैट के उस बदरंग वैभव को निहारा। गन्दे पेटीकोट के ऊपर जैसे कभी किसी सुदर्शना नारी ने पतली सफेद औरगैंजा की साड़ी पहन ली थी। संक्षेप में कहूँ, तो बेलीगारद की और हमारी दीवारों में केवल विदेशी बमगोलों के छिद्रों का ही अन्तर रह गया है। हक्सले ने, जिसके क्रिमनली अगली (वह बदसूरती जो कानूनन दंडित होने योग्य है) होने का उल्लेख किया है, इसका अर्थ इतने वर्षों में आज स्वयं बोधगम्य बन उठा!

पैंतीस

अभी इसी सप्ताह उन्नाव के निकट एक ग्राम में अनेक ग्रामवासियों के पक्षाघात के प्रसंग ने प्रदेश को आतंकित कर दिया है। उस पक्षाघात के मूल में दूषित जल था या खेसरी दाल, यह प्रश्न अभी विवादास्पद है।

राज्यपाल महोदय ने निष्क्रिय अफसरों को दंडित करने का भी स्पष्ट आश्वासन दिया। साथ ही ग्रामवासियों की चिकित्सा, रक्तजाँच का भी प्रबन्ध किया गया।

इसी बीच बंगला की पत्रिका 'देश' में एक ऐसे ही विवादास्पद प्रसंग को लेकर आंतर्जातिक ख्यातिलब्ध, प्रसिद्ध वैज्ञानिक भारत सरकार के प्राक्तन प्रतिरक्षा विषयक उपदेष्टा श्री वासंती दुलाल नाग चौधरी से एक साक्षात्कार सम्बन्धी लेख को पढ़कर अनेक नई बातें ज्ञात हुईं। उनकी विवेचना मूलतः

सुन्दरवन को लेकर ही आधारित थी। सुन्दरवन की क्रमशः घट रही विलुप्ति के साथ-साथ उन्होंने परिवेश-संरक्षण, परिवेशदूषण को लेकर भी विशद आलोचना की। उनके मतानुसार केवल एक स्तरीय जाँच कमीशन के गठन से ही, यह समस्या नहीं सुलझ सकती। इस गवेषण में पदार्थ-विज्ञानी, रसायनविद्, जीवविज्ञानी से लेकर, आब-हवा-विज्ञानी का भी होना अनिवार्य है।

अनेक भारतीय फसलों के लिए, जैसे ककड़ी पर हमें प्रचुर मात्रा में कीटविनाशक रसायनों का प्रयोग करना पड़ता है, नदी एवं वर्षा के जल के साथ इस कीटनाशक औषधि की धोवन, सुन्दरवन के तट पर भी जमा जाती है। फिर यही जहर मछलियों एवं सब्जियों के खाद्य माध्यम से मनुष्य के शरीर में पहुँचता है। ऐसी जाँच में प्राणी-जटिलता सुलझाने के लिए जुऑलॉजिकल सर्वे ऑफ इंडिया, एवं उद्भिद् दोष ढूँढ़ने के लिए बोटेनिकल सर्वे ऑफ इंडिया का योगदान आवश्यक है।

डॉ. नाग चौधरी ने इस विषय को लेकर एक महत्त्वपूर्ण बात कही, जो सम्प्रति हमारे प्रदेश के इस नए आतंक को भी कुछ अंश में घटाती है। उन्होंने कहा कि परिवेश-दूषण एक प्राकृतिक घटना है। जब उद्योगों का सर्वथा अभाव था तब भी पृथ्वी समय-समय पर इस परिवेश-दूषण से आतंकित हुई थी। यदि किसी अंचल की भूमि में सीसा, जस्ता, ताँबा या अन्य खनिज लवण पदार्थ पाया जाता है तो जल-प्रवाह उसे इधर-उधर फैला सकता है। इसमें कोई सन्देह नहीं कि जलवायु, उद्भिद् या प्राणीजगत् पर इसका प्रभाव अवश्य पड़ता है, पर यह बात भी उतनी ही सच है कि दूषित परिवेश में कभी-कभी प्रकृति स्वयं सब ठीक-ठाक कर लेती है। इसी से, केवल स्तरीय जाँच के आधार पर मनुष्य किसी निष्कर्ष पर नहीं पहुँच सकता। जैसा जापान के मिनामाटा अंचल में किसी कार्पोरेशन द्वारा फैलाए गए मर्क्यूरिक क्लोराइड ने भयानक आतंक फैला दिया था। वहाँ की मछली खाकर अंचल स्थित ग्रामवासियों के अधिकांश बच्चे, बूढ़े, स्त्रियाँ, पंगु होकर घिसटने लगे थे।

मैंने स्वयं एक बार 'लाइफ' पत्रिका में उनकी तस्वीरें देखी थीं और मानव का मानव द्वारा ही बना दिया गया वह विकृत रूप देखकर जापान के उद्योगों की आश्चर्यजनक उन्नति के लिए मेरी प्रशंसा का उत्स स्वयं ही सूख गया था। जापान, लाख तरक्की करे, यह भी कैसी तरक्की जिसके लिए उसे स्वयं अपने ही देशवासियों को जीवित मुर्दा बनाना पड़े!

किन्तु डॉ. नाग चौधरी के कथनानुसार उसी जापान के एक अन्य अंचल में भी जल में प्रचुर मात्रा में पारा पाया गया। अनुसन्धान करने पर पता लगा कि उस क्षेत्र में, एक भी उद्योग न होने पर भी पारे की उत्स-भूमि थी–समुद्र-स्थित एक अवसन्न ज्वालामुखी। वहाँ भी, लोगों का मुख्य आहार मछली ही है, किन्तु वहाँ अभी तक मछली-भक्षण ने किसी को पंगु नहीं बनाया। पारा तो दोनों ही स्थानों पर एक-सा पाया गया।

ऐसे ही, जर्मनी के एक अंचल में सीसा बिखर गया है। मनुष्य के लिए यह सबसे अधिक घातक है किन्तु वहाँ के निवासी उस दूषित जल को पीने पर भी पूर्ण रूप से स्वस्थ हैं। इसी से, डॉ. नाग चौधरी के मतानुसार, परिवेश में जहाँ एक ओर क्षतिकर सामग्री है, वहीं दूसरी ओर प्रकृति, जीव-जगत् को उसे बिना क्षति उठाए पचाने में भी स्वयं समर्थ बना देती है।

मनुष्य, स्वयं इस क्षतिकर सामग्री को बढ़ा रहा है, यह तथ्य तो हमें स्वीकारना ही होगा। किन्तु प्रश्न उठता है कि प्रकृति किस मात्रा तक अपनी मौलिक पद्धति में इस दोष को स्वयं दूर कर देती है एवं निवासियों में उद्भव सहनशीलता किस मात्रा तक बढ़ सकती है, इस कार्य के लिए विशेषज्ञों द्वारा व्यापक अभियान चलाना होगा। केवल डॉक्टरों को ही जाँच कमेटी का गठन या स्वयं में हमारा आतंक, क्रोध या खीझ इस समस्या को सुलझाने में सहायक नहीं हो सकते।

उन्नाव के उस ग्राम का दुर्भाग्य, केवल अफसरों की ही उदासीनता है या उद्योगों द्वारा परिवेश दूषित हुआ है या स्वयं प्रकृति का ही कोप है, इसे जानने के लिए हमें ऐसा ही अभियान चलाना होगा। दंड देने के पूर्व अपराधी के साथ-साथ पुष्ट प्रमाण को भी पकड़ना उतना ही आवश्यक है। अन्धेर नगरी का वह युग, जब बकरी दबानेवाली दीवार को ही पकड़कर अदालत में पेश करने का शाही आदेश दिया जाता था, इस युग में हास्यास्पद लगता है।

डॉ. नाग चौधरी एक अनुभवी रसायनविद्, उद्भट एवं प्रख्यात पदार्थ वैज्ञानिक हैं। उनके मतानुसार हमारे देश के परिवेश-दूषण की समस्या अन्य देशों की तुलना में ऐसी चिन्ताजनक नहीं है, पर इसमें कोई सन्देह नहीं कि भविष्य के लिए हमें सतर्क होना होगा। साथ ही वैज्ञानिकों को अधिक तत्पर एवं जनसाधारण को स्वयं भी सचेतन रहना होगा।

छत्तीस

गत 30 अक्तूबर को सूचना विभाग ने रवीन्द्रालय में बेगम अख़्तर की प्रथम पुण्यतिथि पर एक संगीत-अनुष्ठान का आयोजन किया था। बेगम को श्रद्धांजलि अर्पित की थी—तीन कंठस्वरों ने—शीला धर, शान्ति हीरानन्द एवं गिरिजा देवी।

इस अनुष्ठान के साथ ही, मुझे गत वर्ष के एक अनुष्ठान की स्मृति हो आई, जो संगीत की गरिमा में इससे अधिक गरिमामय था। उस द्विदिवसीय आयोजन में एक क्षण भी व्यर्थ नहीं गया था, जहाँ तक मुझे स्मरण है, दूसरे दिन की सभा का समापन हुआ था भोर की भैरवी के मीठे स्वरों से। परिवेशना थी गिरिजा देवी की।

इस बार के आयोजन के आरम्भ में ही एक त्रुटि मुझे खटकी थी। बेगम का जो लौंग प्लेइंग रिकार्ड आरम्भ में ही लगा दिया गया था, वह उनके सर्वश्रेष्ठ परिवेष्टित संगीत का टुकड़ा नहीं था। यद्यपि उस दिव्यकंठ की वेदना की गुनगुनाहट मात्र ही श्रोताओं को झुमा देने में समर्थ है, किन्तु सुदीर्घ अवधि तक बज रहे उस रिकार्ड की वह खनक उस दिन कुछ थकानप्रद-सी लगने लगी थी।

परिमिति-बोध गायक का विशेष गुण होता है। फिर प्रत्येक श्रोता का स्तर एक-सा नहीं होता। मैं देख रही थी कि स्टेज पर माला-विभूषित बेगम के चित्र को साक्षी रख आयोजक एक वही रिकार्ड बजाते चले जा रहे थे और अधीर श्रोता संगीत के परिवेश से दूर छिटक आपस में अभद्र स्वर में बतियाने लगे थे। इसी बीच मुख्य अतिथि का आगमन हुआ, साथ ही दरबारियों का जत्थे का जत्था वेग से आकर प्रथम पंक्ति में धरी कुर्सियों पर सिमट गया। मुख्य अतिथि द्वारा बेगम का परिचय एवं उनके संगीत, उनकी ख्याति के उल्लेख की भाषा, आयोजन के अनुरूप थी। इसके पश्चात् दिल्ली की शीला धर ने दो गजलें प्रस्तुत कीं। दोनों ही गालिब की प्रसिद्ध गजलें थीं, 'अगर ये रंग रहेगा तो जिन्दगी कम है...' और 'हजारों ख्वाहिशें ऐसी कि हर ख्वाहिश पै दम निकले...'। शीला धर के गायन में यद्यपि द्युति एवं स्वास्थ्य दोनों का ही प्रकाश था, कथावस्तु का आवेग, गायिका के मांसल कंठ में स्पष्ट रूप से अनावृत हुआ था, फिर भी मुझे बराबर लग रहा था कि इस कंठस्वर के सम्मुख से यदि माइक हटा लिया जाता तो शायद स्वर आरोह में इतना तीखा नहीं लगता।

यदि मैं इस अनुष्ठान की आयोजना करती तो इस कंठस्वर की परिवेशना कार्यक्रम के मध्य में करती, आरम्भ में नहीं। इस स्वर में व्याकरण के नेपथ्य में छिपी प्रच्छन्नता भले ही स्पष्ट हुई हो, वेदना का स्वर मुखर नहीं हो पाया था। फिर आई थी बेगम की सुयोग्य शिष्या शांति हीरानन्द। शांति हीरानंद ने अपने गुरु के गंडे को कसकर बाँधा है, इसी से न कंठ कभी स्तिमित होता है न जिह्वाआडष्ट। स्वच्छन्द चहक रही बुलबुल के से इस अद्‌भुत कंठ में बेगम की गायकी रह-रह श्रोताओं को विह्वल कर रही थी। शांति ने गुरु की एक-एक गमक को बड़े यत्न से अपने कंठ में साधा है। विशेषकर उनकी परिवेशित दूसरी गजल में 'कब तक दिल की खैर मनाएँ, कब तक याद न आओगे।' तबले पर मुन्ने खाँ की दक्ष अँगुलियों की परिचित थाप, जो अतीत में बेगम के कंठ की गायकी से कदम से कदम मिलाकर श्रोताओं को झुमाती थी, उस दिन भी वैसी ही मिठास से उन्हें झुमा रही थी। शान्ति ने फैज की इस गजल को प्रगाढ़ अनुभूति के स्पर्श से निःसन्देह रसोज्ज्वल कर दिया था। उससे श्रोताओं ने बेगम द्वारा अहमदाबाद की संगीत सभा में गाई गई उस अन्तिम गजल को गाने का अनुरोध किया, जिसकी मधुर गूँज प्रायः ही आकाशवाणी के औदार्य से श्रोताओं को मिलती रहती है, किन्तु शान्ति हीरानंद ने अपनी असमर्थता प्रकट की। स्पष्ट था कि ऐसे प्रदर्शन को वह अपनी धृष्टता ही समझ रही थी।

आयोजन का समापन हुआ था गिरिजा देवी के गायन से। वह सरल-स्निग्ध व्यक्तित्व जब प्रायः एक वर्ष के पश्चात् सनम्र अभिवादन के साथ दर्शकों के सम्मुख आया तो एक धक्का लगा। गत वर्ष इसी आयोजन में उनका कैसा रूप देखा था! ललाट पर चमकती बड़ी-सी बिन्दी, अधरों पर मगही पान की लालिमा, हाथ-भर चूड़ियाँ और कानों में जगमगाते हीरे जिनकी द्युति भी बीच-बीच में उनके कंठ के द्युतिमान हीरे की झलमलाहट के सम्मुख फीकी पड़ जाती थी। एक वर्ष में ही वैधव्य ने उनके सारे हीरे उतार दिए, भव्य चेहरा श्रीहीन बन गया किन्तु विधाता-प्रदत्त उनके कंठ के हीरे को क्रूर काल भी नहीं छीन सका।

उनके पति के देहान्त के पश्चात् उनका एक मार्मिक पत्र मुझे मिला था। आज उसकी कुछ पंक्तियाँ उद्धृत करने का लोभ संवरण नहीं कर पा रही हूँ, "बहन, अश्रु के सागर में नेत्र की ज्योति अन्धकार में विलीन हो गई है। मेरे हाथ की चूड़ियाँ, भर माँग सिन्दूर, लाल बिन्दी अब तुम कभी नहीं देख

पाओगी। मेरा ताल शून्य पर पड़ने लगा, स्वर बिना शब्द के हो गए...'' किन्तु, उस दिन जब उन्हें सुना तो लगा उन्हें बाँहों में भरकर कहूँ, 'बहन, तुम्हारा ताल कभी शून्य पर नहीं पड़ सकता। तुम्हारे स्वर कभी अनाथ नहीं हो सकते, स्वयं ब्रह्मा के नाभिकुंड के अमृत के अलभ्य छींटे तुम्हारे स्वर के कण-कण में अन्त तक रिसे-बसे रहेंगे और अमृत की वही फुहार तुम्हारे श्रोताओं को सदा रससिक्त करती रहेंगी...।' मिश्र पीलू से आरम्भ कर जब श्रोताओं ने उनसे चैती दादरा की फरमाइश की तो वह गम्भीर हो गईं। इसके पूर्व वह 'सोच-समझ नादान' परिवेशित कर चुकी थीं, बेगम ने भी इसी ठुमरी को कई बार गाया है। श्रोताओं के आग्रह पर ही बड़ी अनिच्छा से गिरिजा देवी इसे सुनाने को प्रस्तुत हुई थीं, किन्तु अब वह किसी भी फरमाइश को पूरी करने के मूड में नहीं थीं। 'दादरा चैती अन्त में गाऊँगी, पहले सुनाऊँगी एक मीरा का भजन।' सारंगी पर श्री बैजनाथ मिश्र की वयः भारनमित मूर्ति और तबले पर वयस का विरोधाभास साकार कर रहे तरुण हँसमुख तपन सिन्हा। क्या अपूर्व संगम था! निराभरणा गिरिजा देवी ने वेदना-विधुर चेहरे, सफेद साड़ी, अश्रुसिक्त कंठ से स्वयं उद्घोषणा की, ''मैं एक भजन में मीरा की अनुनय-विनय, हठ-दृढ़ संकल्प सबकुछ मुखर करने की चेष्टा करूँगी...''

''राणा मैं वैरागिन हूँगी...'' एक पल को लगा मेवाड़ के दबंग राणा के सम्मुख वैरागिनी मीरा अपनी भव्य ग्रीवा सतर कर गा रही है, 'मैं वैरागिन हूँगी...' न जाने कब तक वह गाती रहीं और कब तक मन्त्रमुग्ध श्रोता सम्मोहित नाग से झूमते रहे। फिर सहसा उन्होंने हाथ की घड़ी देखी, विश्वनाथ एक्सप्रेस से ही उन्हें पटना जाना था। समय हो चुका था, ध्वनि के साथ-साथ जातीय जीवन का महत्त्व, वीरत्व एवं आत्मत्याग कैसे श्रोताओं को अपने जादू से बाँध सकता है, इसका प्रत्यक्ष अनुभव हुआ। भावाविष्ट विह्वल श्रोता जब उठे तो अनेक कानों में यही गूँज, गूँज रही थी, ''राणा मैं वैरागिन हूँगी...।''

सैंतीस

पिछले कुछ वर्षों से, भारत के विभिन्न दूरदर्शन केन्द्र, कटु आलोचना से शरबिद्ध होते रहे हैं। हमारे अभावग्रस्त देश में उनके संचालकों को कितनी ही छोटी-मोटी बाधाओं का सामना क्यों न करना पड़ा हो, एक औसत दर्शक

अपने अवकाश के क्षणों में जीवन-संघर्ष की तीव्रता की खाज मिटाने ही दूरदर्शन से आकृष्ट है।

धीरे-धीरे भले ही सांस्कृतिक प्रक्रिया की सद्भावनाएँ उत्पन्न हों, इसमें कोई सन्देह नहीं कि संस्कृति आज भी मनोरंजन की गतिविधियों से अभिन्न रूप से जुड़ी हुई है।

काव्य, साहित्य, चित्रकला, संगीत, सभी रचनात्मक अभिव्यक्तियाँ एक ओर समाज के आदर्शों का प्रतिबिम्ब प्रस्तुत करती हैं, वहीं दूसरी ओर सामुदायिक मनोरंजन का भी परिष्कृत एवं समृद्ध साधन होती है। हमारे दूरदर्शन केन्द्र इस कलात्मक अभिव्यक्ति द्वारा कैसे वांछनीय और सुसंस्कृत अनुरंजन कर सकते हैं, यह एक महत्त्वपूर्ण प्रश्न है।

संस्कृति के सामूहिक-सामुदायिक पक्ष की दृष्टि से दूरदर्शन एक सशक्त साधन है—हमारे दूरदर्शन केन्द्रों का प्रमुख दौर्बल्य शायद यह भी है कि वे जो सामग्री प्रस्तुत करते हैं, वह सर्वोन्नत-सर्वोत्कृष्ट व्यक्ति के अनुरंजन के लिए ही रहती है। वह अमूर्त्त दर्शक, जो दर्शक वर्ग में सबसे कम विकसित है, उसमें ढूँढ़ने पर भी आनन्द की क्षीण रेखा भी नहीं पाता।

जब तक हमारे संयोजक एक औसत दर्शक वर्ग की आत्मा को, उसके मर्म को छूने में असमर्थ रहेंगे दीर्घकालीन ख्याति अर्जित कर पाना उनके लिए सम्भव नहीं हो पाएगा।

आज यह हमारा कुछ स्वभाव ही बन गया है कि ऊपरी टीमटाम और क्षणिक महत्त्व की समस्याओं में उलझ हम समाज की गहरी संवेदनाओं, अनुभूतियों को भूल उसका सतही मनोरंजन करना चाहते हैं। आकाशवाणी से विपरीत, दूरदर्शन अपनी रचना-प्रक्रिया और निष्पत्ति, दोनों ही में दर्शक वर्ग से अविभाज्य रूप से जुड़ा है। इसी से यह आवश्यक है कि समय-समय पर, हमें दर्शकों की प्रतिक्रिया भी ज्ञात होती रहे।

इधर प्रायः ही सम्पादक के नाम पत्रों में, एक बात बार-बार दर्शकों द्वारा दोहराई गई है, इस पर हमें विशेष ध्यान देना चाहिए।

लखनऊ आरम्भ से ही अपनी विशिष्ट संस्कृति के लिए प्रसिद्ध रहा है। उस संस्कृति की दो मुख्य विशेषताएँ हैं—उसकी नजाकत और नफासत। दुर्भाग्य से हमें दूरदर्शन पर इन दो विशेषताओं में से एक भी देखने को नहीं मिलती।

अभी-अभी मेरी एक परिचिता ने फोन किया, "कल ही पहली बार

लखनऊ टेलीविजन देखा। आप तो वहाँ जाती रहती हैं, उनके कार्यक्रमों में भाग भी लेती रहती हैं, उनसे कहिए भगवान के लिए कुछ ताजे खूबसूरत चेहरे तो जुटाएँ।''

लखनऊ वाजिद अली शाह की 'इंदर सभा' का अखाड़ा रह चुका है। वहाँ की जोगिनी बेगमें अपने जोगिया लिबास से भी वैराग्य को लाठी लेकर दूर भगा देती थीं। आश्चर्य होता है कि आज उसी सौन्दर्यगढ़ी में, जीवन-संघर्ष से ऊबी-थकी, दूरदर्शन-दर्शकों की आँखें सुन्दर चेहरे और सुगम देहयष्टि देखने को तरस रही हैं!

उद्घोषक हो या उद्घोषिका हो, या दूरदर्शन से वाद-विवाद प्रस्तुत कर रही कोई संयोजिका, जब तक उनकी वाणी सरल, स्पष्ट, सहज न हो, चेहरा ऐसा सर्वथा निर्विशिष्ट न हो कि कोई छाप ही मन पर न पड़े, दूसरी ओर प्रस्तुतीकरण भी मनोरंजक एवं उलझावरहित हो, ऐसा कि समझने में तनिक भी कठिनाई न हो, तब तक एक औसत दर्शक कभी सन्तुष्ट नहीं हो सकता। यह तब ही सम्भव है, जब ऐसे पदों की नियुक्ति के पूर्व, निर्णायक अपने चयन पर अडिग स्थिरता से अड़े रहें। प्रत्येक परीक्षार्थी के व्यक्तित्व को उसकी शिक्षा से अधिक महत्त्व दिया जाना अभीष्ट है।

व्यक्तित्व से मेरा अभिप्राय केवल रंग या चेहरे की बनावट से ही नहीं है, उसकी गति में छन्द हो, जैसा कहा भी गया है कि वह भी क्या वनिता और वह भी क्या कविता जिसकी गति में छन्द ही न हो।

स्क्रीन टेस्ट लेने में परीक्षार्थियों के मुँह के मुँहासे या किसी तरुणी के अधरों की अस्वाभाविक मूँछों की रेखा भी निर्णायकों की दृष्टि से बचने न पाए। सर्वोपरि कठिन परीक्षा को रौंदता ऊँची सिफारिश के उड़नखटोले पर सवार कोई सर्वथा अनाकर्षक चेहरा सफलता का सेहरा जबरन बँधवाकर बेहयायी से दूरदर्शन पट पर न मुस्कराने पाए। क्योंकि ये ही वे चेहरे हैं, जो द्युतिमान तारों के बीच नकली सैटेलाइट की भौंडी चमक से, समृद्ध गगनांग की महिमा को भी म्लान कर देते हैं।

अड़तीस

भारतीय समाज में वर्णव्यवस्था आदिकाल से चली आ रही है। किन्तु यदि हम

प्राचीन वर्णव्यवस्था का ध्यानपूर्वक अध्ययन करें, तो यह स्पष्ट हो उठता है कि तब वर्णव्यवस्था गुण-कर्मानुसार थी। महाभारत में भी कहा गया है कि सत्य, दान, अक्रूरता, लज्जा, करुणा, तप और अद्रोह जहाँ दिखाई दें, वंही ब्राह्मण है, किन्तु किसी शूद्र में ये गुण हों, तो वह शूद्र नहीं ब्राह्मण है और यदि किसी ब्राह्मण में, ब्राह्मण होकर भी ये गुण न हों तो वह ब्राह्मण नहीं है—

शूद्रे तु यद भवेल्लक्ष्य
द्विजे तच्च न दृश्यते!
न वै शूद्रो भवेच्छद्रो
ब्राह्मणो ब्राह्मणो न च!!

यही कारण है कि हमारी वर्णव्यवस्था अपनी विषमताओं के बावजूद हमें आज भी उतनी ही प्रिय है। इसमें यदि कुछ गुण न होते तो विदेशी इतिहासकार क्यों प्रशंसा करते? स्मिथ के शब्दों में, ''वर्णव्यवस्था में कुछ न कुछ गुण अवश्य हैं। इसी प्रकार वह उत्तर से दक्षिण और पूर्व से पश्चिम तक सहस्रों वर्षों से विद्यमान है। यदि वर्णव्यवस्था में यह आवश्यक गुण न होता तो उसका अब तक पतन अवश्य हो गया होता।'' देखा जाए तो इसी वर्णव्यवस्था ने कभी भारत को एकता के सूत्र में बाँध संस्कृति की रक्षा की थी। इसी से आश्चर्य होता है कि जिस व्यवस्था ने कभी हमारी संस्कृति की अमूल्य धरोहर को सहेजने में अपूर्व योगदान दिया था आज उसी में घुन लग गया है। आज स्वयं हम ही इस प्रथा की आलोचना करते हैं, अंतर्जातीय विवाहों के लिए पुरस्कारों की घोषणा करते हैं और जैसे भी हो, वर्णव्यवस्था के वैषम्य की एक-एक पुरानी ईंट को पटककर दूर फेंकना चाहते हैं।

प्राचीन समय में जातिबन्धन उदार थे, स्थान-स्थान पर यह उल्लेख मिलता है कि धर्माचरण से नीच वर्ण पूर्व उच्च वर्ण को प्राप्त हो जाता है, और उसकी जाति बदल जाती है। किन्तु समय के साथ-साथ हमने स्वयं ही वर्णव्यवस्था को जटिल बना लिया है। आज जाति संस्था ब्राह्मणवादी नहीं रही। मनुस्मृति ने जो ब्राह्मणों के सर्वाधिक महत्त्व की उद्घोषणा की थी उसका स्वर अब स्वयं डूब गया है।

प्रश्न यह उठता है कि वर्णव्यवस्था की यह अधपकी खिचड़ी खाकर हम कमजोर हाजमेवाले भारतीयों को अपच होने का भय क्या और नहीं बढ़ गया?

हम अपने उदार विचारों को कितना ही प्रतिपादित करने की चेष्टा क्यों न करें, इतना हमें स्वीकार करना ही पड़ेगा कि मनुष्य के संस्कारों की गाँठ

बड़ी जटिल होती है। यौवनावस्था में हम भले ही अपने अन्तर्जातीय विवाह के पक्ष में सौ-सौ पुष्ट दलीलें दे दें, जीवन की गोधूलि में हमारे दबे संस्कारों की ये ही दबी धमनियाँ बुढ़ापे में उभरकर सख्त हो गई धमनियों की ही भाँति कभी-कभी बुरी तरह धमकने लगती हैं। मेरे पति के एक मित्र ने भी, कभी 'सकामायाः सकामेन निर्मन्त्रः श्रेष्ठ उच्चते' वाला गान्धर्व विवाह किया था। वैसे तो यह प्राचीनतम विवाह प्रकारों में से एक है, हिमाचल के निकट भूभाग में अधिक प्रचलित होने के कारण, इसकी गान्धर्व नाम से प्रसिद्धि हुई। महाभारत में तो इस प्रकार के विवाह की प्रशंसा की गई है क्योंकि इसके मूल में दो व्यक्तियों का पारस्परिक प्रेम होता है, किन्तु हमारा भारतीय धार्मिक दृष्टिकोण इसे अच्छा नहीं मानता। तब हमारे समाज में इस विवाह का बहुचर्चित होना स्वाभाविक ही था, क्योंकि पात्र उच्चपदस्थ, उच्च ब्राह्मण कुल का रत्न था। पद की महत्ता एवं अर्जित वैभव-ख्याति ने मेरे पति के उक्त मित्र को समाज के बहिष्कार की भी कोई चिन्ता नहीं रहने दी, किन्तु अवकाश-प्राप्ति के पश्चात् स्वर्गादपि गरीयसी जन्मभूमि की ललक, उन्हें कभी-कभी कैसा व्याकुल कर उठती है, यह देखकर मुझे आश्चर्य भी हुआ, दुख भी। पहाड़ की सामान्य सरल जम्बू की छौंक या बड़ी-सी लोहे की कड़ाही में पकते श्यामवर्णी 'रस' की स्मृति में, उनके मुँह की लार टपकते देख मुझे बार-बार यही लगता है कि जन्मभूमि की सोंधी मिट्टी कभी न कभी मनुष्य की स्मृति के नथुने फड़काती अवश्य है। पिता की मृत्यु में उन्होंने अशौच को कोई महत्ता नहीं दी, बाल नहीं उतरवाए, मूँछें नहीं मुड़वाईं, आज वे ही असंख्य अक्षम्य त्रुटियाँ शक्तिशाली शत्रु की भाँति उनकी छाती पर चढ़ गला घोंटने लगती हैं। मनुष्य की इसी वानप्रस्थी अवस्था में, यौवनावस्था के प्रेम की मदिर मन्द सुगन्ध कपूर के चूर्ण की भाँति विलीयमान हो जाती है।

ऐसे ही मेरे पिता के एक अत्यन्त समृद्ध डाक्टर मित्र ने एक आइरिश महिला से विवाह किया था। तब मेरे पिता रामपुर नवाब के गृहमन्त्री थे और उक्त डॉक्टर थे नवाब साहब के निजी चिकित्सक। हमें डॉक्टर साहब की कोठी का साहबी परिवेश, उनकी गोरी-चिट्टी मेमसाहब मोनोग्राम वाले बैरे-बटलर बहुत अच्छे लगते थे। प्रायः ही हमें उनकी आइरिश पत्नी खाने पर बुलातीं और भाँति-भाँति के व्यंजनों से मेज भर देतीं। उनके स्वयं कोई सन्तान नहीं थी, इसी से हमें बड़ा दुलार करतीं। उनके बनाए केक, मेकरोनी, चीज कैबेज तो हमें बहुत रुचते, किन्तु लम्बी-लम्बी काँच की शीशियों में सिरके में

डले उनके ककड़ी, सेम के विचित्र अचार देख, हमें दूर से ही उबकाई आने लगती। बार-बार वह बड़े आग्रहपूर्ण दुलार से उस अचार की फाँक हमारी प्लेट में डाल देतीं। एक दिन, जब उसी प्रेम से अचार परोस, भीतर कुछ लेने गईं तो डॉक्टर साहब का उफनता क्रोध मेज पर ही बिखर गया—"देख रहे हो पांडे," मेरे पिता से बोले, "कहती है इसके आयरलैंड का अचार है, भाड़ में जाए इसका आयरलैंड! हम तो अपने हिन्दुस्तान के सौंफ-किलौजी-तेल सनी आम की फाड़ी खाने को तरस गए! सोचते हैं, ऐसे पैर न फिसला होता तो क्या आज ये चरी-भूसा खाते?"

हमारा ही एक पठान ड्राइवर था शफीकुल बारी। एक बार कहने लगा, "बिन्नो, हमारे घर से बड़ी जिद कर रही हैं कि तुमसे मिलेंगी। कल लिवा लाएँगे।" दूसरे दिन रेशमी बुर्कों में सहमी-सी आकृतियाँ हमारे दीवानखाने में सिमट आईं। बुर्का उठाया तो हम देखती ही रहीं—कैसा परिचित-सा कटाव था चेहरे का, वैसा ही रंग। दोनों बहनें दो सगे भाइयों को ब्याही थीं, सुस्पष्ट उर्दू उच्चारण, उठने-बैठने का ठेठ पठानी लटका, आँखों में सुरमे की प्रगाढ़ रेखा, किन्तु चेहरे पर अजीब उदासी। उस दिन हमारे यहाँ पहाड़ का एक विशिष्ट पकवान 'सिंगल' बना था, माँ ने उनके सम्मुख प्लेट रखी ही थी कि दोनों एक-दूसरे से लिपटकर रोने लगीं। पहले तो हमारी समझ में ही नहीं आया, फिर सौ-सौ कसमें देकर, हमें उनकी दर्दनाक कहानी सुनने का सौभाग्य मिला। दोनों बहनें कुमाऊँ के सम्भ्रान्त वैश्य परिवार की थीं। जब बागेश्वर में ब्याही गईं तो वयस थी आठ और दस। उनसे बड़ी बहन भी वहीं ब्याही गई थी। एक तो पहाड़ की शाहनियाँ वैसे ही अपने सौन्दर्य के लिए प्रख्यात होती हैं, उस पर वे दोनों बहनें साक्षात् देवांगनाएँ थीं। शफीकुल बारी तब उसी इलाके में बस चलाता था। बड़ी बहन के श्वसुर की सब्जी की बहुत बड़ी दुकान थी पर दिल था बेहद छोटा। सास मारती, ससुर घर से निकाल देने की धमकी देता, अकर्मण्य जुआरी-शराबी पति, दिन-रात एक प्रख्यात वारांगना के कोठे में पड़ा रहता।

एक दिन चार बजे सुबह, वह पूर्व परिचित बारी का हाथ पकड़कर चुपचाप उसी की बस में भागकर पहुँची हैदराबाद—अपने जिस मित्र के यहाँ उसे लेकर बारी पहुँचा, वह उर्दू के किसी प्रख्यात पत्रिका का सम्पादक था। कुमाऊँ के इस तोहफे को देख वह मुग्ध ही नहीं हुआ, उसी रात धर्म-परिवर्तन करा उसने उसे अपनी बेगम बना लिया। अपने वैभव एवं समृद्धि पर स्वयं ही सौ-सौ

बार निछावर होती, वह अपनी दो बहनों को भी वहाँ खींच लाई। वे ही दोनों बहनें, उस दिन हमसे मिलने आई थीं और वर्षों के विस्मृत उस पहाड़ी सिंगल को देख ऐसे टूट पड़ी थीं।

"तो अब तुम दोनों सुखी हो क्या?"

मेरी माँ ने अपना स्पष्ट तीखा प्रश्न पूछा तो दोनों तिलमिला गईं।

"सुखी?" बड़ी बहन की आँखों से फिर अविरल अश्रुधार बहने लगी थी—"वैसे तो सब सुख है माँजी, पर अपने पहाड़ को क्या कभी भूल सकती हैं? आहा रे-भट्ट के डुबके, कड़ाही-भर रस, पेड़ों से लटके काफल, हिसालू, खुबानी, सेब, गाढ़ का सुसाट (नदी की कलकल ध्वनि), दयार (देवदार) की हवा—उन्हें कैसे भूल सकती हैं हम? यही है संस्कारों की टपकन, जो मनुष्य की रक्तमज्जा में तब तक रची-बसी रहती है, जब तक वह चिता पर नहीं चढ़ता।

उनतालीस

स्वाधीनता प्राप्ति के सत्ताईस वर्ष पश्चात् भी कभी-कभी ऐसा प्रतीत होता है कि हमने स्वाधीनता पा तो ली, किन्तु उसका मर्म अभी भी हम हृदयंगम नहीं कर सके हैं। स्वाधीनता का यह मर्म ऐसा दुरूह नहीं है, कि हम उसे समझ ही न पाएँ। उसके इस संयम-बोध का मर्म है अत्यन्त सहज। एक लंठ गँवार देहाती भी इतना समझता है कि यदि उसकी स्वाधीनता किसी दूसरे की स्वाधीनता का क्षेत्र संकुचित करती है तो किसी की भी स्वाधीनता अक्षुण्ण नहीं रह सकती। स्वार्थपरता एवं स्वाधीनता दो तलवारों की ही भाँति एक म्यान में नहीं रह सकतीं, चाहे म्यान कितनी ही प्रशस्त क्यों न हो। आज हमारी यही उदग्र स्वार्थपरता, हमारे स्वाधीन होने पर भी रह-रहकर हमें पराधीनता के दंश से विचलित कर उठती है।

अभी कुछ ही दिन पूर्व, एक विदेशी आई.सी.एस. शासक के संस्मरण पढ़ रही थी। उसने लिखा था कि सुचारु रूप से शासनकार्य चला, एक सुयोग्य शासक की ख्याति प्राप्त करने के लिए प्रत्येक शासक में दो गुणों का होना अनिवार्य है—योग्यता एवं सहृदयता। स्वाधीनता-प्राप्ति के पश्चात् शासक वर्ग ने अपने इन्हीं दो गुणों को लगभग खो दिया है। क्षमता पा लेना ही स्वयं में

एक सम्पूर्ण उपलब्धि नहीं है, उसे अक्षुण्ण रखना ही अधिक महत्त्वपूर्ण है।

विदेशी शासकों से हमने जिस शौर्य, वीर्य, अपूर्व चरित्र एवं दृढ़ मनोबल से अपने देश को स्वाधीन किया उनकी स्याही क्रमशः धुँधली पड़ती जा रही है। पहले भय था विदेश के शत्रुओं का, आज भय है देश के शत्रुओं का। पहले की शत्रुता की सीमारेखा बड़े औदार्य से अपना परिचय भी दे देती थी किन्तु अब देश के नए शत्रुओं का छुरा कभी भी अनजान में पीठ में भी भोंका जा सकता है। विदेशी शासक अपने स्वार्थ के पहले अपने देश के स्वार्थ को ध्यान में रखते थे। हमारे देश का शोषण कर, यदि उनके देश की श्रीवृद्धि होती थी, तो वही था उनका स्वार्थ। किन्तु स्वाधीन होने पर हमारा निजी स्वार्थ ही हमारे लिए अधिक महत्त्वपूर्ण बन गया है। अपने शासन तन्त्र के मशीनी कलपुर्जों में समय-समय पर तेल देने, उसे विश्राम देने, वर्षा-आतप से उसकी रक्षा करने के महत्त्व को भी समझते थे। इसका यह अर्थ कदापि नहीं है कि विदेशी शासन ही काम्य है, किन्तु इतना हमें स्वीकार करना ही पड़ेगा कि हमारे देश में जो राजा एवं प्रजा की परिभाषा है कि राजा प्रजा का पालन करते थे, उनकी प्रत्येक सुख-सुविधा का ध्यान रखते थे, या और भी स्पष्ट कर कहें तो अधीनस्थ को अधिक योग्य बनाने के लिए ही उसे सुसभ्य जीवन जीने की प्रत्येक सुविधा प्रदान करते थे, इस परिभाषा को विदेशी शासकों ने अपने कुटिल शासन के बीच भी सदा स्मरण रखा था। विद्युत की गति से घूम रहे शासनचक्र की अस्वाभाविक तीव्रता भी कभी-कभी मानव की योग्यता, उसकी क्षमता को घटा सकती है। यह शायद हम भूल गए हैं। आज के शासनतन्त्र की शासन-प्रणाली में एक निर्जीव कम्प्यूटर की ही अस्वाभाविक तीव्रता कभी-कभी हमें आतंकित कर उठती है। जब शासनाधीन मानव मानवोचित जीवनयापन कर सकने में सक्षम हो, जब उसके व्यस्त जीवन में भी कुछ समय उसके अपने परिवार, अध्ययन, भ्रमण के लिए सुरक्षित हो या संक्षेप में कहें तो जो शासन उसे सुसभ्य जीवनयापन की स्वाधीनता प्रदान करे, वही शासन उसे वास्तविक स्वाधीनता का बोध करा सकता है।

प्रायः ही मुझे लगता है कि अफसरी वर्ग में बढ़ते रक्तचाप, अस्वाभाविक वार्धक्य, असमय के हृदयरोग की उत्सभूमि है यही शासनतन्त्र की तीव्रता। लगता है जैसे किसी कुम्भ मेले की भीड़ में क्रुद्ध नागाओं का दल उमड़ता चला जा रहा है। उस लक्ष्यहीन भीड़ के भभके में जब कोई धराशायी होकर गिर पड़ेगा तो किसी को उसे उठाने की चिन्ता भी सम्भवतः नहीं होगी और

हृदयहीन तटस्थता से स्वयं उसकी अफसरी बिरादरी ही उसे भुला देगी। कोई नहीं कहेगा कि इस कठोर, परिश्रमी, निष्ठावान अफसर ने, इस ईमानदार दौड़ में अपने प्राणों की बाजी लगा दी। मनुष्य की स्मृति भी उसके जीवन की ही भाँति क्षण-भंगुर है। हम भारतीय कार्य को महत्त्व देते हैं कर्ता को नहीं। सेहरा माली गूँथता है, बाँधता है नौशा।

इस बीच मेरी भेंट कई ऐसे उच्च अफसरों की पत्नियों से हुईं, जिनके पतियों का स्थानान्तरण हुए कई महीने बीत गए किन्तु उन्हें अब तक आवास की कोई भी सुविधा प्राप्त नहीं हो सकी। 'परगेह निवासनं' को हमारे शास्त्रों ने 'दुःखाति दुःख तरश्चैव' कहा है। इसी से बेचारे ऐसे स्थानांतरित अफसर जब दफ्तर से थके-माँदे लौटते हैं, तो व्यर्थ के गृहसन्धान में भटकते फिरते हैं। गृहहीनों की यह व्याधि भी बंगाल के ऐतिहासिक दुर्भिक्षों की भाँति मानवसृष्टि ही अधिक लगती है। यदि ईमानदारी से देखा जाए तो अनेक ऐसे सरकारी रिक्त फ्लैट मिलेंगे, जहाँ आजकल केवल प्रेतात्माएँ ही विचरती हैं, किन्तु प्रवेश-द्वार पर लटका रहेगा रहस्यमय ताला। जब तक गृहहीनों की यह दुर्वह वेदना स्वयं हमारे अधिकारियों के गृहस्वाच्छंद्य को पीड़ित नहीं करती तब तक इस व्याधि का कोई उपचार नहीं है। दूसरे की बिवाई की इस पीड़ा को वह अनुभव कर ही कैसे सकता है जिसकी सुकोमल एड़ी में बिवाई की एक क्षीण दरार भी कभी नहीं पड़ी? ऊँचे-ऊँचे किरायों के स्वतन्त्र फ्लैटों का स्वप्न सीमित आय का सरकारी अफसर देख नहीं सकता, रेंट कंट्रोल के मकान की प्राप्ति केवल पूर्वजन्म के पुण्य प्रताप से ही हो सकती है। तब बेचारा स्थानांतरित अफसर करे क्या? फिर जहाँ उसके दफ्तर जाने का एक नियत समय है, प्रत्यावर्त्तन का कोई समय नहीं है। अमानवीय धैर्य से गृहिणी अपने उस क्लांत पथिक की प्रतीक्षा में निःशब्द पलक पाँवड़े बिछाए बैठी रहती है। कहीं कुछ पूछ लिया तो खैर नहीं, जैसा कि अभी एक परिचित अफसर की पत्नी कह रही थी, "अजी इनके आने का क्या कोई वक्त है? कभी मन्त्री जी ने बुला लिया, कभी निगोड़ी कोई मीटिंग ही हो गई। सुबह नौ बजे खाकर निकल जाते हैं, दोपहर में कैंटीन से ही एक समोसा, एक स्लाइस और एक प्याला चाय मँगवाकर खा-पी लिया, घर आकर मुझे खाएँगे?" ठीक ही तो था, बेचारे थके-माँदे, झल्लाए, गृहहीन गृहस्वामी का सारा आक्रोश यदि निरीह पत्नी पर भी न उतरे तो उतरे किस पर?

हमारी पहाड़ी कहावतों में, मीठे पहाड़ी फूलों की-सी ही सहज मिठास

रहती है। ऐसी ही एक कहावत कभी सुनी थी –

"कहुँणि नी संकुल तो घरै ज्वे हूँ जै के नी संकुल?"

–अजी किसी से भी नहीं जीत सका तो क्या घर में पत्नी से भी नहीं जीत सकूँगा?

चालीस

इसमें कोई सन्देह नहीं कि कोई भी राजनीतिक हत्या राजनीतिक बलिष्ठता की परिचायक नहीं कही जा सकती। बंगबंधु शेख मुजीबुर्रहमान की हत्या भी इसी दायरे में आने के कारण, प्रत्येक प्रबुद्ध भारतीय को झकझोर गई है। शेख मुजीब केवल बंगबंधु ही नहीं भारतबंधु भी बन गए थे। उनकी लोकप्रियता, पंडित नेहरू के अतिरिक्त और किसी को प्राप्त नहीं हुई। यह सचमुच ही एक विरोधाभास लगता है कि ऐसे जनप्रिय नेता की उसी समरवाहिनी के सदस्यों द्वारा हत्या की गई, जिसके अभ्युत्थान के पीछे स्वयं उनका हाथ था।

शेख मुजीब अद्भुत क्षमाशील व्यक्ति थे, सम्भवतः उनकी यही उदार क्षमाशीलता उन्हें काल के छलनामय आवर्त में फँसा गई। कहा जाता है कि कैसा ही कोई अपराधी क्यों न हो और उसका अन्याय कितना ही अक्षम्य क्यों न हो, उन तक पहुँचने पर किसी न किसी रूप में उनसे सहायता अवश्य पाता था। बाँगला देश की स्वाधीनता-प्राप्ति के पश्चात् वहाँ के साधारण जनजीवन की आर्थिक व्यवस्था क्रमशः जटिल हो गई थी, उसे लेकर कुण्ठित जनता ने भी हमारे देश की जनता की ही भाँति, उत्तेजित होकर अनेक बार सत्तारूढ़ शासन की धज्जियाँ उड़ाईं किन्तु शेख मुजीब को व्यक्तिगत रूप से अन्त तक किसी ने एक अपशब्द भी नहीं कहा। इसका यह अर्थ नहीं था कि उनके शत्रु थे ही नहीं, किन्तु यह एक निर्विवाद सत्य था कि उनके भक्तों की तुलना में उनके शत्रुओं की संख्या नगण्य थी। उन पर प्रमुख आरोप यही था कि उनके ये तथाकथित भक्त ही भ्रष्टाचार एवं दुर्नीति के पक्षपाती हैं और शेख उन्हें अनावश्यक प्रश्रय देते हैं। वे भक्त ही प्रशासनिक कार्यों में हस्तक्षेप करते हैं। किन्तु, शेख मुजीब का आत्मविश्वास था अद्भुत; उन्हें अन्त तक यह दृढ़ विश्वास था कि बाँग्ला देश के उन्नयन के लिए वे जो भी ठोस कदम उठाएँगे, अपनी जनता का उन्हें पूर्ण समर्थन प्राप्त होता रहेगा। इसी से उन्होंने

कई बार अपने दल के सदस्यों से परामर्श करना भी आवश्यक नहीं समझा। उनके इसी अद्भुत आत्मविश्वास ने उन्हें एक बार जब कि वे पूर्ण रूप से परिपक्व राजनीतिक नेता भी नहीं बने थे, तत्कालीन पाकिस्तानी प्रधानमन्त्री मोहम्मद अली को ललकारने की प्रेरणा दी थी। मोहम्मद अली ने उन्हें देशद्रोही कह तिरस्कृत किया तो उन्होंने तत्काल चुनौती दी थी, "यदि आप मुझे देशद्रोही ही समझते हैं तो क्यों न आप पूर्व पाकिस्तान आकर मुझ जैसे नगण्य देशद्रोही से चुनाव लड़ें, वह भी अपने ही क्षेत्र बोगरा से। यदि आप विजयी रहे तो मैं वचन देता हूँ तत्काल मैं राजनीति से संन्यास ले लूँगा।"

जब वे स्वाधीन बाँग्ला देश के प्रथम राष्ट्रपति बने तब वे जेल में थे; स्वदेश लौटने पर उन्होंने फिर व्यवस्था बदली। निर्वाचन में स्वयं विजयी रहे किन्तु उनका गहन आत्मविश्वास, अपार जनप्रियता एवं स्वयं का समुज्ज्वल व्यक्तित्व भी देश की क्रमशः दुर्बल पड़ रही अर्थनीति की टूटती साँसों को नहीं रोक पाया। आवश्यकीय वस्तुओं के भाव गगनचुम्बी बन गए। विरोधी दल के खुड़पेंचों ने बाँहें चढ़ा लीं।

इस बार उन्होंने संविधान ही बदल दिया। राष्ट्रपति शासन कर दिया गया, किन्तु जनता के आक्रोश की उमस-भर बदली छटी नहीं। बुद्धिजीवियों के भी तथाकथित दो दल हो गए—एक 'फैनेटिक' बुद्धिजीवी, दूसरे, प्रगतिवादी। शेख मुजीब के ये प्रशंसक थे, अब उनके कटु आलोचक बन गए। उनकी छः सूत्री योजना की धज्जियाँ उड़ाई जाने लगीं। क्षुब्ध होकर मुजीब ने कहा, "मैं इन दो दलों में कोई विशेष अन्तर नहीं देख पा रहा हूँ। नई सरकार को भी ये अपनी जकड़ में लेने की चेष्टा में निरत हैं। मुझे बार-बार लगता है कि हमारे देश के हित में यही होगा कि एक सांस्कृतिक क्रान्ति हो, किन्तु अभी उसके लिए समय नहीं है। पहली आवश्यकता है क्रान्ति की, वही क्रान्ति बाँग्ला देश को बँगला संस्कृति का क्षेत्र बनाएगी, ऐसी संस्कृति जो हम बंगालियों को, केवल बाँग्ला देश में ही नहीं बाँग्ला देश के बाहर भी गौरवान्वित करने में समर्थ होगी।" शायद यह उसी क्रान्ति की बलिवेदी पर पहला बलिदान था।

उनके व्यक्तित्व की ही भाँति उनकी पर-राष्ट्र नीति भी अत्यन्त उदार थी। रूस, अमरीका, भारत यहाँ तक कि चीन के साथ भी दौत्य सम्बन्ध स्थापित करने की वे समय-समय पर चेष्टा करते रहे। पाकिस्तान के युद्धबन्दियों को मुक्ति देने में उन्हें जनमत का घोर विरोध भी सहना पड़ा, पर फिर भी उन्होंने उन्हें मुक्त कर दिया था। विदेशियों को उन्मुक्त रूप से सोनार बाँग्ला भूमि

में विचरण की पूर्ण स्वतन्त्रता थी। कोई भी विदेशी, कभी बाँग्ला देश की क्षति कर सकते हैं, यह उन्होंने कभी नहीं सोचा। ऐसे उदार श्रद्धेय राजनीतिक व्यक्ति की यह नृशंस हत्या आज अनायास ही हमें उस दिन का स्मरण दिलाती है, जब 11 जनवरी की प्रातःकाल विशाल जनसमुदाय के बीच जेलमुक्त विजयी वीर मुजीब, अपने धानमंडी निवास-स्थान के बरामदे में खड़े थे। शरीर पर था ढीला कुर्ता और पायजामा, चिरपरिचित वास्कट। कुछ ही क्षण पूर्व उन्होंने जब रवीन्द्रनाथ की 'दुई बीघा जमी' की पंक्तियाँ दुहराईं तो आँखों से आँसू उनके कृश कपोलों पर बहने लगे। एक ओर कृतज्ञ भीड़ सिसक रही थी, दूसरी ओर उनका प्रिय नेता।

"पूरा बाँग्ला देश मेरा घर है, इसकी मिट्टी मुझे प्राणों से प्रिय है—मुझे प्राणदंड दे दिया गया था; यही नहीं, मेरी कब्र भी खोद दी गई थी, इसी से मैंने जेलर से कहा था—फाँसी के बाद मेरी निष्प्राण देह बाँग्ला देश पहुँचा देना। यह मेरी अन्तिम इच्छा है। मैं चाहता हूँ कि बाँग्ला देश की भूमि में ही मेरी कब्र बने—मैं अब निर्भय हूँ।" उनकी अन्तिम इच्छा पूर्ण हुई।

उनका राजनीतिक दौर्बल्य कैसा ही क्यों न रहा हो, उनकी जनप्रियता, देश-प्रेम, उनका साहस, उनका शौर्य हमें इन पंक्तियों की सार्थकता का सदैव स्मरण दिलाता रहेगा—

एकेनापि हि शूरेण
पादाक्रान्तं महीतलम्।
क्रियते भास्करंणैव
स्फार स्फुरित तेजसा।

उस तेजस्वी भास्कर की प्रखर किरणों को हम सहज में ही नहीं भुला पाएँगे।

इकतालीस

हमारे धार्मिक अनुष्ठान पर्वों का सौम्य रूप, स्वयं हमारी ही निम्नवर्गीय अभिरुचि के अनाचार से धीरे-धीरे, विकृत होता जा रहा है। दीवाली हो या दशहरा, प्रत्येक पर्व की आगमनी हमें अब आतंकित ही करती है। यह एक दुखद सत्य है कि जन-साधारण द्रव्य मूल्य के प्रचंड आघात सह-सहकर ऐसा

पत्थर बन गया है कि यह जानकर भी कि अनेक वस्तुओं के दाम आश्चर्यजनक तीव्रता से गिरे हैं, उल्लसित नहीं हो पाता। दीपावली हमारा आलोक पर्व है—गत वर्ष की अपेक्षा इस वर्ष इस आलोक पर्व को मनाने, हमें हमारी आर्थिक परिस्थितियों ने कुछ एक सुविधाएँ प्रदान की हैं। सरसों के तेल का भाव गत वर्ष इन्हीं दिनों दस रुपए किलो तक था, इस वर्ष छः रुपए तक उतर आया है। ऐसे ही कपड़े, मिठाई, खील, खाँड के खिलौने, सब ही ने गृहों की दुश्चिन्ता बहुत कुछ अंश में कम कर दी है। जो गृह केवल दर्जन-भर मोमबत्तियों के प्रकाश से ही वर्ष-भर का यह आलोक पर्व मना लेते थे, वे भी सम्भवतः इस वर्ष दीये जलाने की धृष्टता कर सकेंगे। किन्तु फिर भी उस बेचारे गृहस्थ की अवस्था अब लगभग पिंजरे में बन्द उस शुक की-सी है जो बार-बार डैने काट दिए जाने से उनके उगने पर भी स्वच्छन्द होकर उड़ नहीं सकता।

हमारे अनुष्ठान पर्वों की जो सहज सरलता थी, उससे हटकर अब हम दूर छिटक गए हैं। माइक में बज रहे फ़िल्मी संगीत के बिना जैसे हमारा कोई भी उत्सव सम्पूर्ण नहीं होता। समझ में नहीं आता कि हमारे शास्त्रज्ञ पंडित भी इसका विरोध क्यों नहीं करते? आर्यसमाज का कोई जलसा हो या अखंड रामायण, गुरुद्वारे का शबद पाठ हो या दुर्गा पूजा का पंडाल जब तक हम माइक में मुँह डाल दहाड़ न लें, हमें सन्तोष नहीं होता। हमारी यह प्रभावशाली दहाड़ भले ही विद्यार्थियों के अध्ययन में बाधा डाले या किसी रुग्ण पीड़ित व्यक्ति की निद्रा में व्याघात प्रस्तुत करे, हमें इसकी चिन्ता नहीं रहती। गत वर्ष दीवाली में ही एक विचित्र दृश्य देखा गया था। एक नई फिएट कार में एक सज्जन आए, झकाझक धुली धोती, चुना कुर्ता, चमकते पम्प शू, होंठों में पान की लालिमा और हाथ में ज्वलन्त सिगार। साथ में दो-तीन चमकते-दमकते अनुचर थे और कार लगभग सौ-डेढ़ सौ मिठाई के डिब्बों से ठँसी थी। स्वयं उनके हाथ में मिठाई का एक दर्शनीय डिब्बा था। लखनऊ की एक ऐसी प्रख्यात दुकान का नाम डिब्बे पर चमक रहा था जहाँ अस्सी रुपए किलो की पिस्ते की लौज बिकती है। "सुनिए", उन्होंने मुझसे पूछा, "अला साहब, क्या यहाँ से चले गए? पहले तो इसी फ्लैट में रहते थे?"

"जी हाँ," मैंने कहा और उनका नया पता बता दिया। धन्यवाद देकर उन्होंने वह डिब्बा कार में वापिस रखा, और उससे अपेक्षाकृत कुछ छोटा-सा डिब्बा निकालकर सामने के दूसरे फ्लैट की सीढ़ियाँ चढ़ गए। मैं देखती रही, कदम-कदम पर कार रोक वे अपने भाग्यशाली अफसरों के यहाँ उनके

स्तरानुसार दीवाली की मिठाई बाँटने ही शायद निकले थे। तीस वर्ष पूर्व भी दीवाली के दिन अफसरों के बँगलों पर ऐसे ही डालियाँ सजा-धजाकर पहुँचाई जाती थीं। डाली पहुँचाने की इस क्रिया में हमने उल्लेखनीय प्रगति की है। मेरे एक आत्मीय एक प्रख्यात फर्म में पी.आर.ओ. हैं। गत वर्ष दीवाली में मेरे अतिथि बनकर आए तो देखा अनेक अलभ्य विदेशी उपहारों से लदे-फदे हाँफ रहे हैं। मिक्सी, तीन-चार अमेरिकन ज्योर्जेट की साड़ियाँ, कार की गद्दियाँ और डनहिल के आकर्षक डिब्बे देख मैंने हँसकर पूछा, "वाह, आज लक्ष्मीजी ने किसका भाग्यद्वार खटखटाने भेज दिया आपको? 'गृहे तस्य सदा स्थाय नित्यं श्री पतिना सह'—कौन है वह भाग्यशाली?"

"अजी, लक्ष्मीजी क्या हम अभागे ब्राह्मणों पर फलायन होती हैं?" फिर एक वैश्य इंजीनियर का नाम लेकर बोले, "उन्होंने यह लिस्ट भेजी थी, बिटिया की शादी है। हमारी फर्म का उनसे दिन-रात काम पड़ता है। लाखों का काम हमें दिलवाते हैं और हम भी उन्हें अपनी ओर से यथासाध्य पत्र-पुष्प भेंट करते रहते हैं। ये तो बेचारे बड़े सीधे हैं, हल्की-फुल्की फरमाइश ही करते हैं, इनसे पहले जो थे, जब कभी दिल्ली आते, नाकों चना चबवा देते थे। सुरा-सुन्दरी का प्रबन्ध तो लगा ही रहता, उस पर फाइव स्टार होटल का आतिथ्य, सिनेमा के टिकट, कार की सुविधा और चलते-चलते घंटेवाले के टायर-से मोटे सोहन हलुवे के चक्कों की फरमाइश भी कर देते। हम उन्हें ऐसे विदा करते जैसे सगे दामाद हों।"

उत्कोच शब्द हमारे शब्दकोश का अत्यन्त प्राचीन शब्द है। किन्तु उत्कोच लेनेवाले से भी गुरुतर अपराध क्या उत्कोच देनेवाले का नहीं होता? जब तक हम इस कटु सत्य को उदरस्थ नहीं कर पाएँगे तब तक भ्रष्टाचार हमारे देश से कभी जा नहीं सकता। वैसे इसमें कोई सन्देह नहीं कि उत्कोच लेने एवं देने, दोनों के ही कलात्मक लटके सीखने में कठोर साधना करनी पड़ती है। एक सर्वथा मौलिक उत्कोच प्रणाली से मेरा परिचय एक बार नैनीताल में हुआ था। जब मेरे ही यहाँ ठहरे एक सरकारी अधिकारी बोट-हाउस में दीवाली के उपलक्ष्य में मनाए जा रहे द्यूत पर्व में भाग लेने जा रहे थे।

"अजी क्या करें—वहाँ क्या हम जीतने जा रहे हैं? हम तो वहाँ जान-बूझकर ही सर्वस्व गँवाने जा रहे हैं। बड़े साहब वहाँ आज खेलने आएँगे, अफसर हैं, उन्हें चार-पाँच दाँव जिता देंगे, तो 'दिल्ली फतेह।' यह भी भला कैसी निर्वीर्य स्वामिभक्ति थी। साहब को खुश करना है तो जानबूझकर हार

जाइए, चाहे हाथ में भुवन विजयिनी इक्के की ट्रेल ही क्यों न हो!

दीवाली का यह द्यूत पर्व अब हमारे अधिकांश समृद्ध गृहों का एक बारहमासी पर्व बन गया है। छोटे-मोटे जुए के अड्डों को तो हमारे अधिकारी हथेली पर चल रही जूँ-सी ही पकड़कर मसल देते हैं, किन्तु कोजगरी पूर्णिमा से प्रारम्भ होकर जो पर्व कभी बड़ी एकादशी की सीमा-रेखा में सीमित रहता था वह अब पूर्ण स्वतन्त्रता से वर्ष-भर चलता रहता है और सम्भ्रांत गृहों में जुए के जो अड्डे रात-रात-भर चलते हैं, उन्हें कोई क्यों नहीं पकड़ता? एक परिवार का ऐसा ही द्यूत-प्रेम मुझे कभी-कभी स्तब्ध कर देता था। द्वार से लेकर दूर-दूर तक सड़क का सीमान्त नापती सरकारी जीप, मोटर, स्कूटरों की पंक्ति ऐसी सघन हो उठती कि कभी अपने फ्लैट तक पहुँचना भी दुरूह हो उठता। आश्चर्य भी होता था कि रात-रात-भर जुआ खेलकर ये पेशेवर दबंग जुआरी दफ्तर का काम करते कैसे होंगे?

हमारे प्रत्येक उत्सव की, धार्मिक अनुष्ठानों की, जो एक मौलिक सात्विकता थी उसे हमने स्वयं ही विकृत कर दिया है। शायद यही कारण है कि अब दीवाली के दीयों की प्रकम्पित लौ में न वह स्थिरता रह गई है न तेज!

बयालीस

वातायन के एक पाठक ने, मुझे हरदोई से अपने पत्र में अनुरोध किया है कि नारी की आधुनिक, दिन-प्रतिदिन निर्लज्ज होती जा रही वेशभूषा पर मैं अपने विचार व्यक्त करूँ। उन्होंने लिखा है कि "यदि आप महिलाओं के नाभिदर्शन फैशन की हिमायती हैं तब भी अथवा विरुद्ध हैं तब भी अपने विचार 'वातायन' के माध्यम से व्यक्त करने की कृपा करें। क्या आप नहीं सोचतीं कि नीची साड़ी बाँधने का फैशन अभद्र, अश्लील एवं अभारतीय है?"

वस्त्रों का प्रभाव, देखनेवाले की भावना पर अवश्य पड़ता है, इस तथ्य को हमारे पुराणों ने भी स्वीकार किया है। वायुपुराण में योगी द्वारा शुक्ल वस्त्र धारण करने का आदेश विहित है क्योंकि 'प्रावत्य मनसा शुक्लपटं वा' अर्थात ऐसे वस्त्रों से मनोविकार दूर होता है। मनुस्मृति में भी, गृहस्थ को 'शुक्लाम्बरः शुचिःस्वाध्याये चै व युक्तः' का वर्णन है अर्थात् गृहस्थ को श्वेत वस्त्र धारण

कर शुद्धतापूर्ण स्वाध्याय करना चाहिए। वैदिक ग्रन्थों से विदित होता है कि तब तीन की संख्या में वस्त्र का उपयोग होता था। नीवि, वासस और अधिवास। 'कुमार संभव' में, तपश्चर्यारता पार्वती द्वारा उत्तरासंग वल्कल द्वारा निर्मित बताया गया है। 'शिशुपालवध' में एक नायिका उत्तरीय द्वारा वक्ष-स्थल आवृत किए वर्णित है। 'उत्तरीय विषयात्त्रपमाण रुधन्ती कुचमंडलम', अजन्ता में भी एक भित्ति अंकित राजकन्या की परिचारिकाओं को जानु प्रदेश तक धोती पहने प्रदर्शित किया गया है। कभी-कभी आश्चर्य होता है कि जिस वेशभूषा को देख हमारी सभ्यता के विकसित होने के बहुत पूर्व कभी समाज की भृकुटि नहीं उठी, क्योंकि यदि उठी होती तो निश्चय ही उस समय की कला उसे अंकित करने का दुःसाहस नहीं करती, आज उसी से मिलती-जुलती वेशभूषा हमारी संस्कारशील रक्त-मज्जा भस्म कर देती है। क्या यह स्वयं हमारा ही दृष्टिकोण है? तब शायद हमारी दृष्टि विकारग्रस्त नहीं थी, इसी से ह्रस्व परिधान की निर्दोष सीमा-रेखा भी हमें उतनी ही निर्दोष लगती थी, चाहे वह शालभंजिका के सुडौल वक्षःस्थल पर बँधी कंचुकी हो या अजन्ता की राजकुमारी की परिचारिकाओं की जंघा तक पहनी गई साड़ी। आज किसी भी आधुनिका की नाभिदर्शना साड़ी देख हमें लगता है कि उसके उस प्रदर्शन के पीछे किसी कुटिला स्वयंदूती की छलनामय योजना छिपी है। वैसे मेरे विचार में जो स्वयं समर्थ है, सम्पूर्ण है, सुन्दर है, उसे न तो किसी प्रदर्शन की आकांक्षा ही रहती है न आवश्यकता। किसी सुगन्धित पुष्प की सुगन्ध की भाँति सौन्दर्य की सुगन्ध भी छिपाए नहीं छिपती। अवगुंठन की महिमा ही सौन्दर्य को द्विगुणित करती है, घूँघट की यवनिका हो या बुर्के की अभेद्यता, पुरुष कौतूहल को संयम की ये ही सीमा-रेखाएँ बाँधती हैं।

बहुत पूर्व मुक्तेश्वर में मुझसे मेरी एक विदेशी मित्र ने एक बार कहा था, तुम्हारे कुमाऊँ की ये सरला कुमाऊँनी सुन्दरियाँ और भी सुन्दर इसलिए लगती हैं कि उनकी टखनियाँ तक लम्बे घाघरों से छिपी रहती हैं, कलाई तक कुरती का बन्धन, उस पर वास्कट, वास्कट पर घनी मालाओं का जमघट, उनका यत्न से बन्दी बनाया गया यौवन ही उनका प्रमुख आकर्षण है। उन्होंने मुझसे यह कहा था, वह स्वयं अपूर्व सुन्दरी थीं, विदेशी नृत्य नाट्य में उन्होंने कभी अभूतपूर्व ख्याति प्राप्त की थी, सौन्दर्य को कैसे अधिक आकर्षक, अधिक घातक बनाया जा सकता है, इसकी उन्होंने विशेष शिक्षा भी विधिवत प्राप्त की थी। मुझे इसी से उस दिन विशेष गर्व भी हुआ था कि उन्होंने हमारे

पहाड़ी लहँगे की गरिमा को इसलिए स्वीकार किया कि हमारी टखनियाँ भी बड़ी शालीनता से ढकी रहती हैं। नारी की खुली पीठ या ह्रस्व कंचुकीबद्ध वक्षःस्थल से हमारी भारतीय आँखों का परिचय बहुत पुराना है किन्तु पुरुष की बदलती दृष्टि के विकार ने ही, शायद नारी को अपनी टखनियाँ ढकने के लिए विवश किया। हो सकता है, धीरे-धीरे सबला बन रही अबला, एक बार फिर पुरुष को ह्रस्व परिधान धारण कर स्मरण दिलाना चाहती है कि दोष केवल पहननेवाली या पहने गए परिधान का ही नहीं होता, दोष देखनेवाले की विकारग्रस्त दृष्टि का भी उतना ही होता है। दुख तब अवश्य होता है, जब प्रदर्शन के सर्वथा अयोग्य किसी अंग का प्रदर्शन किया जाए जैसे जब कोई मेदबहुला आधुनिका अपनी विराट् कटि की परिधि का ध्यान न रख नाभिदर्शना साड़ी पहन ले या अपनी गैंडे की जैसी पीठ को उघाड़ ह्रस्व बैकलेस ब्लाउज पहन ले। अपने शरीर की गठन को ध्यान में रखकर ही नारी को अपने परिधान की भूमिका रचनी चाहिए। वयस की गरिमा के अनुरूप ही उसकी वेशभूषा रहे, उसकी शालीनता, उसका सौष्ठव ही उसके लिए अधिक महत्त्व रखते हैं, परिधान की ह्रस्वता या दैर्घ्य नहीं।

तैंतालीस

कुछ दिन पूर्व तक जब अख़बार में किसी साइकिल चोरी का समाचार पढ़ती थी तो मुझे आश्चर्य होता था। ऐसी नगण्य चोरी का समाचार छापना क्या न्यूजप्रिंट का अपव्यय करना नहीं था? किसी की फिएट, या बालक या पत्नी के अपहरण का समाचार छपा होता तो शायद दो पल-भर को आँखें ठिठकतीं किन्तु एक सप्ताह पूर्व जब से स्वयं मेरी साइकिल चोरी गई है, मुझे ऐसा समाचार अन्तर्राष्ट्रीय महत्त्व का प्रतीत होने लगा है; यद्यपि मेरी उस अपहृत साइकिल का यौवन; तीन वर्ष पूर्व ही ढल चुका था। यह कहते संकोच भी होता है कि उस बेचारी का एक भी अवयव वह नहीं रह गया था जिसकी गरिमा से मोहती वह किसी नववधू की सलज्ज भंगिमा से पहली बार हमारे प्रांगण में खड़ी हुई थी। कभी-कभी तो मुझे लगता है कि जितनी पूँजी उसके उपचार में हम लगा चुके थे उसमें सामान्य राशि जोड़ने पर ही एक दुहेजू कार खरीदी जा सकती थी, किन्तु फिर भी उस निगोड़ी, जर्जर, अधेड़ साइकिल के

प्रति हमारा आकर्षण वैसा ही बना रह गया था, जैसा किसी परिवार के सदस्यों का अपने गृह की प्रौढ़ा गृहस्वामिनी के प्रति बना रहता है। हैंडल से लेकर उसके पैडिल तक के संचालन की एक सर्वथा मौलिक आचारसंहिता थी। किसी अनाड़ी अनभ्यस्त सवार की मजाल थी कि उस पर आरूढ़ हो उसे मनचाही दिशा को मोड़ ले। उसे दक्षिण दिशा को मोड़ना हो तो उसे वायव्य की ओर मोड़ना अनिवार्य था। चलने लगती तो किसी मनचले इक्केवान के इक्के के-से घुँघरुओं की झनकार सवारी और राह चलतों को एक साथ झुमा देती। दूर से ही परिचित पदचारी जान जाते कि हमारी साइकिल आ रही है। चेन रह-रहकर स्थानच्युत हो अहंकारी से अहंकारी सवार का भी आत्मसम्मान मिट्टी में मिला उसे चौराहे पर खड़ा कर अपने चरणों में झुका देती। किन्तु परिचित चालक का स्पर्श पाते ही वह अरबी अश्व के तीव्र वेग से हवा में उड़ने लगती। मेरे बेटे का तो कहना था कि पूर्व जन्म में वह निश्चित रूप से हेलीकॉप्टर रही होगी। एक बार जब मेरा नौकर उसके हैंडिल में बड़े चाव से मेरे बेटे का नाम खुदवा लाया, तो मैंने उसे डाँट दिया था, "यह क्या कोई भगौना था या दहेज में मिला गिलास, जो तू यह बर्तनोंवाला नाम खुदा लाया?" किन्तु आज जब कोई 'निर्मम' दस्यु, उसे निमेष मात्र में उदरस्थ कर गया तो उसी नाम की स्मृति रह-रहकर आश्वस्त कर उठती है कि क्या पता, संधानी पुलिस के दिव्यचक्षु उसी नामांकित नन्हीं रेखा के सूत्र से साइकिल को चोर की घनी दाढ़ी से भी तिनके-सा बीन ले!

मेरा साइकिल-विरह-विदग्ध चित्त जब जरा शान्त हुआ और प्रतिवेशियों की सहानुभूति गह्वर धीमा पड़ा तो एक प्रबुद्ध नागरिक का जन्मजात कर्तव्य-ज्ञान मुझे झकझोर गया। मेरे एक परिचित डी.आई.जी. हैं, उन्हें फोन किया, किन्तु फोन करते ही अपनी मूर्ख अल्पज्ञता स्वयं मुझे धरातल में धँसा गई। एक साइकिल खोई थी, इसी से उसके स्तरानुसार उचित था कि मैं किसी दारोगा का द्वार खटखटाती, कार खोई होती तो एक बात भी थी। किन्तु, जिन्हें मैंने फोन किया था, वह अत्यन्त निरभिमानी विनम्र अधिकारी हैं। उन्होंने तत्काल अपने विभाग की शायद सबसे दर्शनीय दारोगा-द्वय की एक प्रतिभाशाली जोड़ी को मेरे निवास-स्थान पर भेज दिया। इस बीच मैं चेष्टा कर उस निगोड़ी साइकिल के विभिन्न अवयवों की रूपरेखा, उसकी व्यक्तिगत विशेषताएँ कंठस्थ कर रही थी। पुलिस में रिपोर्ट लिखाने का यह मेरे जीवन में प्रथम अवसर आया था। सच कहती हूँ, अपनी किसी कहानी की नायिका

के नखशिखों के चित्रण में भी मैंने इतना परिश्रम आज तक नहीं किया। किन्तु जब उसका नम्बर, मेक आदि वर्णित कर मैं उन्हें उसके अतीत का परिचय देने लगी, तो हो सकता है मेरे चित्त का भ्रम ही हो, पर मुझे लगा, बेचारा दारोगा भी मूँछों ही मूँछों में मुस्करा रहा है। यानी एक तो साइकिल वह भी छः वर्ष पुरानी! विदेश में एक ही वर्ष पुरानी कार को भी दिलदार मालिक प्लास्टिक के खाली डिब्बों के साथ कूड़े के गर्त में फेंक देता है। मैं दारोगा को कैसे समझाती कि यह हमारा विचित्र देश है, चिरपुरातन के प्रति हमारा मोह पारम्परिक है। पुरानी शराब की ही भाँति हमारी पुरानी वस्तुओं का भी हमारे लिए एक विशेष आकर्षण रहता है। पुलिस रिपोर्ट लिखाकर विदा हुई थी कि अपनी महरी की लम्बी साँस सुनकर मैं चौंकी—

"क्या बात है महरी?" मैंने सशंकित होकर पूछा।

"कुछ नहीं बहूजी, अब पुलिस में रपट लिखायदी हो, मुला साइकिल अब मिल नहीं सकत।" उसकी दार्शनिक की-सी गम्भीर मुखमुद्रा देख मेरा उल्लसित चित्त कलाबाजियाँ खाना भूल गया।

अभी पाँच-छः दिन पूर्व ही गुलिस्ताँ में हुई एक भारी चोरी की रिपोर्ट भी तो पुलिस लिखकर ले गई थी, धर-पकड़ भी हुई किन्तु हुआ क्या? पुलिस के कुत्ते भी आए, किन्तु दुर्भाग्य से प्रायः ही ये कुत्ते दीवाल, खम्भों को ही सूँघकर लौट जाते हैं और निर्जीव दीवाल, खम्भों का चोरी करने का प्रश्न ही नहीं उठता। इसी से पुलिस का कार्य भी कठिन हो जाता है। फिर जैसा कि उस दिन दारोगा कह रहे थे, "साहब हम करें क्या? जिस पर शक हुआ पकड़कर ले गए तो चट आप ही की कालोनी के किसी अफसर का फोन आ गया कि फलाँ को छोड़ दो, वह हमारा विश्वासपात्र कर्मचारी है।" यही मानव की दुर्बलता है, कभी-कभी उसका स्वार्थ ही उसके आड़े आ जाता है।

कोई कर्मचारी पटु है, अपने काम से आपको खुश रखता है तो क्या यह जरूरी है कि वह ईमानदार भी हो? कभी-कभी मनुष्य के अन्तरतम कोने में छलना किसी प्रवंचक-दगाबाज-धूर्त्त शैतान की भाँति छिपी रहती है। अब आप स्वयं ही पुलिस के हाथ बाँध देते हैं तो वह क्या खाक किसी को पकड़ेगी? एक ओर हम स्वयं अपने अनावश्यक उदार आचरण से जिसे 'मिसप्लेस्ड जैनरासिटी' कहते हैं, अपराधी को प्रश्रय देते हैं, दूसरी ओर यह आशा करते हैं कि पुलिस अपराधी की मुश्कें बाँध हमारे चरणों में डाल देगी। जब तक अपराधी को ढूँढ़ने पर उसे कड़े से कड़ा दंड न दिया जाए, तब तक हमारी

अपराध स्थिति में सुधार की आशा करना व्यर्थ है। गुप्तकाल में यदि गृहों में ताले नहीं लगते थे, तो उसका मुख्य कारण यह भी था कि सामान्य-सी चोरी का दंड भी था अत्यन्त कठोर। अपराधी के दोनों हाथ काटकर ही उसे उसके गर्हित अपराध का बोध कराया जाता था। आज हम स्वयं ही चोर को चोर बनने की पूर्ण सुविधा प्रदान करते हैं। चटुल वैचित्र्य, चमत्कारी प्रगल्भता को हम सांस्कृतिक सत्य के रूप में स्वीकार करते हैं, किन्तु जब कठोर अनुशासन का अवसर आता है तो कान पीछे कर सहमे श्वान की ही भाँति दुबक जाते हैं।

दारोगा ने जब मुझसे पूछा कि क्या आपका सन्देह किसी व्यक्ति विशेष पर है तो मैं सहम गई। उस निगोड़ी के चाहनेवाले क्या एक-आध थे? इधर जब से पचास रुपए देकर मैंने सम्भवतः आठवीं बार उसका ढलता यौवन पुनः सँवारा था, माँगनेवाले फिर उसे ललचाई दृष्टि से निहारने लगे थे। बहुत पहले अपने भाई की ही अपूर्व नीति के टोटके को, मैंने भी अब प्रयोग में लाना आरम्भ कर दिया। मेरे भाई तब ओरछा महाराज के निजी सचिव थे, महाराज का प्रिय हाथी 'गंगाराम' अपने अहंकारी-सनकी स्वभाव के बावजूद बरातों में माँगा जाता एवं उसके सजाने-धजाने, रत्नखचित अम्बारी चढ़ाने में राज्य कर्मचारियों का सिरदर्द नित्य बढ़ता ही जा रहा था। सहसा मेरे भाई की प्रत्युत्पन्नमति ने एक सहज समाधान ढूँढ़ निकाला। ठीक है गंगाराम जाएगा, किन्तु एक शर्त थी। जो भी उसे ले जाएगा, उसे दस दिन पूर्व, उस हाथी को अपने द्वार पर बाँधना होगा। गंगाराम की सर्वभक्षी क्षुधा की कल्पना ही बेचारे माँगनेवालों का उत्साह ठंडा कर देती। फिर बिरला ही कोई समर्थ सामन्त उसे माँगने की धृष्टता करता। ऐसे ही मैं भी माँगनेवालों से कहने लगी, "शौक से ले जाइए पर पंचर हो तो आप ही को बनवाना होगा।" उस साइकिल की दूरदर्शिता एवं स्वामिभक्ति अपूर्व थी। मेरी देहरी लाँघकर जाती और दम तोड़ देती। बस, फिर एक ही बार जो उसे माँगकर ले गया, दुबारा मेरे द्वार पर याचक बनकर कभी खड़ा नहीं हुआ। काश, उसमें प्राण होते, पढ़ने को आँखें होतीं तो मैं अख़बार में नित्य छप रही मार्मिक सूचनाओं की सजीव भाषा में छपवा देती—"बेटा, जहाँ भी हो इसे पढ़ते ही फौरन चले आओ, तुम्हारी माताजी मृत्युशैया पर हैं, तुम्हारी इच्छा अवश्य पूरी की जाएगी।" किन्तु वह बेचारी निष्प्राण खंजड़ मेरी व्यथा क्या समझेगी! इसी से उस गुणी दस्यु से सनम्र निवेदन है कि यदि वह मेरे सौभाग्य से मेरे 'वातायन' का पाठक है तो

मुझे साइकिल से अधिक चिन्ता, इस समय उसके अन्धकारमय भविष्य की है। यदि वह विवाहित है तो उसकी पत्नी की सौभाग्य कामना ही मेरी लेखनी को आज विशेष रूप से प्रेरित कर रही है। उस साइकिल के रूप की मरीचिका, कुछ-कुछ बचपन में पढ़ी उस परीकथा की राक्षसी की-सी है, जो राजकुमार को अपने रूप से मुग्ध कर लेती है किन्तु अवसर पाते ही अपना भयावह असली रूप प्रकट कर तीक्ष्ण नखों से उसका पेट फाड़, अट्टहास ध्वनि से दिशाएँ प्रकम्पित कर उठती है।

चौवालीस

इसी सप्ताह शहर के एक भीड़ भरे चौराहे में एक युवा छात्र की दिन-दहाड़े हो गई हत्या में इधर युवा अपराधियों की उत्तरोत्तर हो रही वृद्धि ने जनता को निश्चय ही संत्रस्त कर दिया है। क्या कारण है कि चलती ट्रेन में छुरे-पिस्तौल की नोक पर, लूट-मार, हत्या हो या बैंक की निर्मम लूटपाट, प्रत्येक अपराध की यवनिका उठाए जाने पर, युवा वर्ग ही अपराधी पाया जा रहा है। कुछ दिन पूर्व लखनऊ के ही एक अंग्रेज़ी समाचारपत्र में एक संवाददाता ने स्वयं अपनी आपबीती का वर्णन किया था कि किस प्रकार हजरतगंज में दिन-दहाड़े उसकी जेब कतर ली गई और जब वह बड़े दुःसाहस से उस किशोर जेबकतरे का पीछा करता उसके पिता के सुसज्जित अफसरी आवास में पहुँचा तो वह आधुनिक जेबकतरा, अपने गुसलखाने में घुस गया। उधर बँगले की ठसकेदार स्वामिनी और उनकी आया ने संवाददाता को ऐसे झाड़ा कि बेचारे की सिट्टी-पिट्टी गुम हो गई। बेचारा फटी जेब, और रही-सही इज्जत समेट चुपचाप बाहर चला आया। करता भी क्या?

इतना अब हम खूब समझने लगे हैं कि इस युग में अधिकतर चोर ही कोतवाल के कान पकड़ लेता है। अपराध करने से भी गुरुतर अपराध उसे छिपाना है, किन्तु हममें से अधिकांश नागरिक अब यही करते हैं—दुर्घटनास्थल से जान बचाकर भागना। यदि अपनी कार या स्कूटर की टक्कर से कोई राहगीर चोट खाकर धराशायी हो गया है और सौभाग्य से कोई देख नहीं रहा है तो जान बचाकर भागना हमारा रिफ्लैक्स ऐक्शन-सा बन गया है।

किन्तु एक प्रश्न जो हमारे विवेक को बार-बार झकझोरता है, वह यह कि

क्या कारण है कि इस प्रकार के गर्हित आचरण में दोषी अब युवावर्ग ही अधिक पाया जा रहा है जबकि स्वभावतः तारुण्य न्यायप्रियता का ही समर्थक होता है? बेईमानी एवं कुटिलता तो हमारी प्रौढ़ता के साथ प्रौढ़ होती है। तब, क्या दोष हमारी शिक्षा-प्रणाली में है या हमारे परिवार की टूटती इकाई में या हिंसात्मक लूट, मार-धाड़पूर्ण चलचित्रों में? हमारे पुराणों के अनुसार, प्रत्येक छात्र की कुछ मौलिक योग्यताओं एवं अयोग्यताओं का विवेचन किया गया है। उसकी योग्यताओं में, उसकी विनयशीलता एवं निर्णिति अर्थात् युक्तिपूर्वक विचार करने की क्षमता प्रमुख थीं। अयोग्यताओं में प्रमुख थीं हिंसकवृत्ति तथा दुर्गुण ग्राहकता। आज ये ही अयोग्यताएँ उनकी प्रमुख योग्यताएँ बन गई हैं। दादा बन छाती फुला किसी फिल्मी खलनायक की भाँति आँधी के वेग को भी तुच्छ करता जो बुलेटारूढ़ छात्र हाथ में पिस्तौल या छुरा घुमा, किसी भीड़-भरे चौराहे से निकल जाता है और यदि उसकी टक्कर में कोई अभागा आहत हो गिर पड़ता है तो चौराहे पर खड़ा ट्रैफिक सिपाही वैसा ही निर्जीव मिट्टी का बना दर्शनीय खिलौना बना रह जाता है जिसे हम बचपन की दीवालियों में खरीद आले में सजा दिया करते थे। यह निर्वीर्यता मैंने स्वचक्षुओं से कुछ ही माह पूर्व देखी है, जब लौरेटो के चौराहे पर एक आठ-दस वर्ष का बालक अपनी नन्हीं टाँगों की कैंची से एक बृहत साइकिल चलाता चौराहा पार कर रहा था। एक भन्नाती मोटर साइकिल को हवा के वेग से भगाता एक युवा चालक उस बालक को टक्कर मार बिना पीछे मुड़े उसी वेग से भन्नाता चला गया। पुलिस हाथ बाँधे खड़ी रही। आसपास जुटी भीड़ ने ही खून से लथपथ उस बच्चे को उठाकर अस्पताल पहुँचाया। जब भीड़ स्कूटर का नम्बर नोट न करने के लिए अकर्मण्य पुलिस को झाड़ रही थी तब मैंने स्वयं उसे कहते सुना, "अजी आज तक कौन बैर मोल ले सका है उससे, न जाने कितनों को अपनी टक्कर से गिरा चुका है। पकड़ भी लेते तो आध घंटे में किसी 'मिनिस्टर' की सिफारिश से अपने को छुड़ा लेता। एक जेब में तमंचा दूसरे में रामपुरी चाकू लिए घूमता है।" फिर उसने किसी कुख्यात फ़िल्मी खलनायक का नाम लेकर कहा, "उसी नाम से सब पुकारते हैं इसे, देखते नहीं सिर भी घुटवा लिया है उसी की तरह।"

इसमें कोई सन्देह नहीं कि हमारे देश के इस सिरफिरे बहक गए युवा वर्ग को उन्मार्गगामी बनाने में हमारे भारतीय चलचित्रों का भी बहुत बड़ा हाथ है। यह ठीक है कि निरन्तर नीरस जीवन में डूबे मानव को कभी-कभी क्रीड़ा-विनोद

मनोरंजन से ही अपनी शक्ति अर्जित करनी होती है। यह भी सत्य है कि नीरस जीवन में कार्यक्षमता कम हो जाती है एवं इस क्षमता की पूर्ति हेतु किसी भी प्रकार के मनोरंजन की अनिवार्यता को हम नहीं नकार सकते। फिर, इस युग में सिनेमा ही एक ऐसा मनोरंजन का साधन है, जिसमें सस्ते में ही हम अपने श्रान्त चित्त को क्षणिक विश्राम से तरोताजा कर लेते हैं, किन्तु इधर हमारी युवा पीढ़ी में इसका अत्यधिक सेवन एक व्यसन बन गया है। हमारे अधिकांश उच्चपदस्थ पिताओं को इतना अवकाश नहीं रहता कि वे सन्तान की गतिविधियों का लेखा-जोखा रखें और माता भला कब कुमाता होती है? उसे मूर्ख बनाना कौन बड़ी बात है? इसी से आए दिन क्लास से कटकर पिक्चर देखना अधिकांश किशोर अब अपना जन्मसिद्ध अधिकार मानने लगे हैं। किन्तु जैसा हमारे धर्मग्रन्थों में कहा गया है, अत्यन्त 'रसिकानादौपर्यते प्राणहारिणः' अर्थात् सर्वथा विनोद का सेवन करनेवाला धीरे-धीरे उन्मार्गगामी बन निरन्तर कष्ट को प्राप्त होता रहता है। ऐसे हिंसाप्रधान चलचित्रों का कुप्रभाव, किशोर युवा छात्र-छात्राओं के कोमल चित्त पर अवश्य पड़ता है और वही कुप्रभाव उन्हें उन्मार्गगामी बनाता है। जिसे पर्दे पर देख क्षणभर को उनके रोंगटे खड़े हो गए थे, जिस खलनायक के दुःसाहस ने उनकी साँस पलभर को रोक दी थी, उसे स्वयं अपने जीवन में दोहराने का लोभ वे संवरण नहीं कर पाते। इसका एक पुष्ट प्रमाण अपने एक प्रबुद्ध पाठक के रोचक आत्मनिवेदनपूर्ण पत्र के रूप में मेरे पास संचित है।

कुछ माह पूर्व 'धर्मयुग' को भेजा गया मेरा एक उपन्यास डॉ. भारती से खो गया। वे उसे पढ़ने साथ ले गए और भूलकर लोकल ट्रेन में ही छोड़ आए। अनेक चेष्टाओं-विज्ञापनों के बावजूद जब वह नहीं मिला तो उन्होंने मुझे तार द्वारा सूचित किया। मैं भी निराश हो चुकी थी क्योंकि किसी भी लेखक के लिए उसके उपन्यास की पांडुलिपि खो जाने का दुख इकलौती सन्तान के खो जाने के दुख की ही भाँति दुर्वह हो उठता है। अचानक एक दिन मुझे एक पत्र मिला। वह सुलिखित पत्र किसी उपन्यास का धारावाहिक किश्त-सा ही रोचक था। मेरा उपन्यास पानेवाले ने दो पुण्य कार्य एकसाथ किए थे। पहले मेरा उपन्यास टाइम्स ऑफ इंडिया प्रेस में जमा किया फिर मुझे वह पत्र लिखा था। उपन्यास उसे ट्रेन ही में मिला था। उसी दिन पानेवाले ने एक ऐसी हिन्दी फ़िल्म देखी थी जिसका नायक इसी भाँति एक पांडुलिपि को पाता है और अपने नाम से उसे छपा, रातोंरात ख्याति प्राप्त कर प्रतिष्ठित लेखक बन बैठता

है। "उसी फिल्म ने मुझे प्रेरणा दी, क्यों न मैं शिवानी का नाम काट अपने नाम से इसे छपा लूँ? मेरे मित्रों ने राय दी कि कानपुर में एक ऐसा ही प्रतिभाशाली प्रकाशक है, जो यही काम करता है। पर फिर मैं सारी रात सो नहीं पाया, ऐसा करूँ या नहीं? दूसरे ही दिन मेरी बहन मायके आई। जब मैंने उससे इस विषय में कहा तो उसने मुझे बुरी तरह झाड़ा। वह आपकी प्रशंसिका निकली। कहने लगी, 'खबरदार जो यह काम किया, जाओ अभी लौटाओ उपन्यास।' "

इस प्रकार जिस हतभागी फ़िल्म ने मेरे पाठक को उन्मार्गगामी बना ही डाला था, मेरे सौभाग्य से उसकी बहन ने उसे और मेरे उपन्यास, दोनों को डूबने से बचा लिया। किन्तु प्रश्न उठता है कि हत्या, बलात्कार, मारधाड़, हिंसा के उन्माद से ओतप्रोत हमारे इन भारतीय चलचित्रों के कुप्रभावों में से अपने भाइयों को कहाँ तक बहनें बचा पाएँगी?

पैंतालीस

मृत्यु के पश्चात् आत्मा का अस्तित्व अपने पुष्ट प्रमाण से कभी-कभी मानव को निश्चय ही आश्चर्यचकित कर उठता है। अपनी बहन की एक विदेशिनी परिचिता के ऐसा ही विचित्र अनुभव सुन बीच-बीच में मेरे रोंगटे खड़े हो गए थे। उक्त महिला अपने जीवन के अस्सी वर्ष कुमायूँ में ही व्यतीत कर चुकी हैं। भवाली में उनका सुसज्जित बंगला एक जीता-जागता अजायबघर है। जावा, सुमात्रा के क्यूरियोज, क्रोशिया की बनी अद्‌भुत बेलबूटेदार चादरें, मेजपोश, रंगबिरंगी सुसरनियाँ, अलभ्य नगीने और आलपाका के सरसराते सुवासित गाउन, जिनमें कभी पहननेवाली के बहुचर्चित यौवन की कस्तूरी मह-मह महकती थी। आज उन्हीं गाउनों को धूप में सुखाती वह कभी अपने अतीत की स्मृतियों में खोई, मुखर बन घंटों किसी श्रोता को अपनी प्रतिभा के कीलक से गाड़कर रख देती हैं।

मेरी बहन की वे वर्षों से प्रिय प्रतिवेशिनी रही हैं। उनके विषय में यह प्रसिद्ध है कि वह अनेक विदेशी आत्माओं को बुला सकने में समर्थ एक सशक्त माध्यम हैं। उनके सजे बँगले का परिवेश भी ठीक उनके रहस्यमय व्यक्तित्व से मेल खाता है। पीली आँखोंवाली, गोमेदवर्णी परशियन बिल्लियाँ

इस जंगल में बने विचित्र दरबों के कपाट अपने माथे के धक्के से खोल गुर्राती स्वामिनी के सुचिक्कन कपोलों से रोंगटे घिसती उन्हें घेरकर मंडलाकार घूमने लगती हैं और वे अपने तीन स्मरणीय अनुभव सुनातीं।

उनकी दोनों पुत्री विदेश में ही परिवार सहित जाकर वहीं की हो गई हैं। दोनों पतियों को वे बहुत पहले ही खो बैठी थीं। रह गए हैं दो खानसामे, एक आया और रंग-बिरंगी बिल्लियाँ जिनकी गुर्राहट भी कभी-कभी अनचीन्हीं पारलौकिक-सी लग उठती है।

"एक बार खानसामा छोटी हाजरी की तैयारी कर रहा था, सहसा मेरी वर्षों की सुपरिचिता प्रिय सखी हँसती मेरे सम्मुख खड़ी हो गई।" वह कहने लगती हैं, "और दो मखमली ऊँचे बिल्ले, अपनी पांडुवर्णी आँखें चमकाते उनकी गोद में पसर जाते हैं। मैं खुशी से चीखकर उससे लिपट गई, 'तू कहाँ से आ गई और यह क्या देख रही हूँ मैं! तू तो जरा भी नहीं बदली, मुझे देख, कमर झुक गई है, बाल सब सफेद, इधर तू कौन-सी अमर बूटी खाकर ऐसे ही बनी रही और फिर तेरी वह प्रसिद्ध देह परिमल, जिसकी सुगन्ध कभी कुमाऊँ के लाट-कमिश्नरों की पत्नियों को भी ईर्ष्यादग्ध कर उठती थी। कितना पूछती थीं सब कौन-सी अनामा परफ्यूम है ये तेरी? पर तूने क्या कभी राज खोला? आह—क्या बढ़िया सुगन्ध है डार्लिंग—नाऊ टेल मी—कौन-सी परफ्यूम है ये?'

" पर वह हरामजादी वैसी ही मुस्कराती रही। फिर बड़ी देर बाद बोली, 'इतनी दूर से आई हूँ कुछ खिलाएगी नहीं?' और सुनते ही मेरे होशियार खानसामा ने मिनटों में मेज पर विदेशी प्राणों को पुलकित करनेवाला ब्रेकफास्ट सजा दिया। खाते ही वह बोली, 'डियर रुक नहीं पाऊँगी—कितना आनन्द आया आज तुम्हारे साथ कैसे बताऊँ' और फिर हाथ हिलाती मुस्कराती मेरी प्रिय सखी उठकर गई तो मैं मन्त्रपूत-सी उठ भी नहीं पाई। जब वह चली गई और खानसामा ने आकर कहा, 'मेम साहब प्लेट, प्याले कई बार धो चुका हूँ पर आप चलकर देखिए जरा, न जाने कैसी खुशबू है कि जा ही नहीं रही है।' मैं चौंककर उठी, अश्रुसिक्त आँखों में वर्षों पूर्व का वह पत्र तैर गया जिसमें इसी सखी की मृत्यु की सूचना ने मुझे झकझोरकर रख दिया था।"

दूसरी स्मृति भी, उन्हें इसी प्रकार विह्वल कर उठती है। नैनीताल के अंयारपाटा में बहुत पूर्व उनके एक मित्र रहते थे। स्वभाव एवं व्यक्तित्व था समान रूप से रंगीन। मास्क बाल डांस हो या बोटहा उस क्लब की रंगीन

साँझ उस मेजर का सान्निध्य इस विदेशिनी के जीवन में अनेक बार रसवृष्टि कर चुका था। एक दिन भवाली की निर्जन पगडंडी पर सहसा मिल गए, साथ में थी एक सुन्दरी तरुणी, ''ओह मेजर तुम यहाँ—कहाँ थे इतने वर्षों तक?''

''पहले इनसे मिलो, मेरी पत्नी, पर तुम्हें यह क्या हो गया है? कौन कहेगा यह तुम हो?''

'' 'मेरे पति की मृत्यु हो गई, मैं यहाँ अकेली रहती हूँ। 'व्हाट ए पिटी', आओ चलो तुम्हें थोड़ा घुमा लाएँ।' हँसकर आनन्दी मेजर हाथ पकड़कर मुझे खींच ले गया। हम तीनों निःशब्द चलते रहे। पता नहीं कब तक चलते-चलते जब नैनीताल के कब्रिस्तान तक पहुँचे तब मैं चौंकी। 'फिर मिलेंगे डार्लिंग फिर कभी।' और मैं मूर्ख-सी उस निर्जन कब्रिस्तान में अकेले खड़ी ठकठक काँप रही थी। तीसरा अनुभव, मेरे अतीत का सबसे प्रिय अनुभव है, क्योंकि उसी ने मुझे इस रहस्यमय परिवेश की डगमगाती सोपान पंक्ति पर पहली बार खड़ा किया था। मेरे पिता तब नैनीताल में स्थायी आवास ढूँढ़ वहीं बसने का निश्चय कर हमें साथ लेकर चले आए थे। निर्जन वन में सामान्य-से किराए पर एक दर्शनीय बंगला भी मिल गया, किन्तु जब मकान मालिक के पास पहुँचे तो उसने चश्मा नाक पर टिकाकर पूछा, 'मेरी किस शर्त पर बँगला लेंगे—विद और विदाउट घोस्ट—भूत के बिना या भूत के साथ?'

'' 'मतलब?' मेरे पिता गम्भीर प्रकृति के अफसर थे, हलके मजाक न करते थे न कभी स्वयं उनका केन्द्र बनना उन्हें पसन्द था।

'' 'मतलब यही कि यदि आप पूरा बंगला लेंगे तो पूरा एक सूट, अर्थात् एक बेडरूम, कौरीडोर, बाथरूम, उस गम्भीर गृहस्वामी के लिए आपको सदा खाली रखना होगा। स्पष्ट ही कह दूँ, मकान भुतहा है, वर्षों पूर्व जहाँ कुआँरे गृहस्वामी ने चोला त्यागा है, उसकी यही दो शर्तें हैं—एक, केवल विदेशी किराएदार को बंगला दिया जाए; दो, एक सूट उसका अपना रहेगा। पर आप निश्चिन्त रहें वह आपको कभी परेशान नहीं करेगा, बशर्ते आप भी उसके सूट की ओर कदम न बढ़ाएँ।'

'' यही हुआ—हमारे पितृगृह का वह बेडरूम, कौरीडोर, बाथरूम हमारी उपस्थिति से सदा अछूता रहा किन्तु आधी-आधी रात को उस एकाकी पारलौकिक उपस्थिति ने, अपने पल्टनी बूटों की पटापट से हमें न जाने कितनी बार चौंकाया है—कभी सिगरेट की मदिर सुगन्ध और कभी मांसल कंठ की दबी गुनगुनाहट!''

छियालीस

हमारे जिन धार्मिक सांस्कृतिक अनुष्ठानों ने अपने सुन्दर स्वाभाविक रूप को स्वयं ही विकृत कर अपना नैतिक प्रभाव लगभग खो दिया है उनमें हम अब अपने होली के रंगीले अनुष्ठान की भी गणना कर सकते हैं। प्रत्येक वर्ष यह एक प्रकार से हमारे जीवन में मशीनी गति से आकर चली जाती है। इसकी आगमनी का उल्लास हमारे हृदयों को स्पन्दित नहीं करता, ऐसी बात नहीं है, किन्तु यह भी सत्य है कि हमारे सांस्कृतिक उत्सव में कुरुचि का प्रभाव जितना ही बढ़ता है धर्म-भीरु सरल नागरिक के लिए उस उत्सव की सांस्कृतिक सार्थकता उतनी ही कम हो जाती है।

हमारे होली उत्सव के क्षेत्र में भी, आमल की एकादशी से पूर्व ही जो निरर्थक हुल्लड़बाजी आरम्भ हो जाती है वह धर्म एवं संस्कृति दोनों के लिए ही समान रूप से अहितकर है। रिक्शा रोककर चंदा वसूली, होलिकादहन के लिए द्वार पर लगे नेमप्लेट, गेट उखाड़कर चुरा लेना, पानी-भरे गुब्बारों की बौछार जैसा उत्पीड़क क्रिया-कलाप होली-भर चलता रहता है। होली में ठंडाई-भंग आदि का प्रयोग अनादि काल से चला आया है। सामान्य-सी ठिठोली या 'भर पिचकारी मोरे सम्मुख मारी' जैसी अशिष्टता भी उस दिन अशिष्टता नहीं मानी जाती। समाज का औदार्य स्वयं ही होली में अपनी आचार-संहिता बदल देता है, किन्तु जब परिष्कृत सभ्य गृहों में भी समाज के इस औदार्य का लाभ उठा गृहवासी अपने उद्दंड आचरण से इस पावन पर्व की सुष्ठु रम्यता को स्वयं ही विकृत कर देते हैं तो बड़ा दुःख होता है।

गत वर्ष ऐसे ही एक सम्भ्रान्त गृह की कुलवधू के मदालस अट्टहास की ध्वनि, मुझे अपने फ्लैट की खिड़की पर खींच ले गई थी। जो दृश्य देखा, उसके लिए मेरा संस्कारी चित्त प्रस्तुत नहीं था। अबीर-गुलाल से रँगा चेहरा, रंग से सराबोर झीनी साड़ी, मदालस पदचाप, नशे में मुँदी जा रही पलकें और इर्द-गिर्द जुटी रसिक मित्रों की भीड़! जिसका मैंने उस दिन वह विकृत अस्वाभाविक रूप देखा था, वह एक सम्भ्रान्त संस्कारशील ब्राह्मण परिवार की पुत्री एवं वैसे ही संस्कारशील परिवार की पुत्रवधू थी, कई बार मुझसे विभिन्न व्रत-अनुष्ठानों के विषय में बड़ी नम्रता एवं श्रद्धा से जानकारी ले गई थी। अपने नम्र संस्कारशील आचरण से वह मेरी नजरों में जिस तेजी से चढ़ी थी उस दिन होली की हुड़दंग में अपने विचित्र अशोभनीय आचरण से उसी तेजी

से उतरती एक शोचनीय दृष्टान्त बनकर रह गई। मुझे सबसे अधिक दुख हुआ था उसके ओठों में दबी शिथिल होकर लटक रही सिगरेट देखकर!

इस उल्लास पर्व के पूर्व किशोरों द्वारा संग्रहीत धनराशि का कितना सदुपयोग होता है, यह भी एक विचारणीय प्रश्न है। एक तो किसी भी प्रकार के चंदे की माँग साधारण गृहस्थ के जीवन में शान्तिघातक ही होती है, फिर उस माँग का समापन यदि किसी सार्थक प्रयोजन में नहीं होता, तो देनेवाले को भी चन्दे की धनराशि, चाहे वह एक ही रुपया क्यों न हो, खलने लगती है। इस उल्लास पर्व की एक विकृत समापन किस्त हमारे सम्मुख और भी आती है, जब दल बाँधकर डाक-तार विभाग के कर्मचारी होली का इनाम माँगने द्वार खटखटाते हैं! जी में तो आता है, तड़ से द्वार उन्हीं के मुँह पर बन्द कर दिया जाए। यदि स्पष्ट शब्दों में कहने की धृष्टता करें तो इन कर्मचारियों की अकर्मण्यता देख इन्हें किसी भी बख्शीश से विभूषित करने की इच्छा नहीं होती। वैसे तो मनुष्य के जीवन मरण की भाँति उसके नाम पर आई डाक का भी अब कोई नियत समय नहीं रह गया है। मैं लखनऊ के अन्य टोले-मोहल्लों के विषय में तो नहीं कह सकती, किन्तु हमारी इस बदनसीब कॉलोनी में हमारी डाक के विषय में भी हम यह चिर पुरातन कहावत दोहरा सकते हैं कि दिन-भर का भूला यदि शाम को घर लौट आए तो भूला नहीं कहा जाता। कभी-कभी लखनऊ जी.पी.ओ. की मुहर लगने की तिथि के तीसरे दिन भी पत्र हस्तगत होता है तो हम अपने को भाग्यशाली ही समझते हैं। शनिवार को तो शायद गुलिस्ताँ के किसी बिरले ही भाग्यवान को पत्र मिलता होगा। हमारे उत्साही डाक कर्मचारी प्रायः शनिवार को भी छुट्टी मनाते हैं। रजिस्ट्री, मनीआर्डर, द्वार तक बिना आए ही बूमरंग से न जाने कब लौट, ऐसे स्वर्णाक्षरों से विभूषित किए जाते हैं, 'ऐड्रेसी घर पर नहीं।' मेरे नाम का एक स्थानीय समाचारपत्र से आया धनादेश, भौंरे की-सी निरर्थक गुंजार कर न जाने कब मेरे द्वार से मँडराकर लौट गया। जब मैं स्वयं पता लगाने डाक-घर गई तो देखा, लिखा था, 'घर पर नहीं मिली' जबकि मैं अस्वस्थता के कारण पिछले पन्द्रह दिनों से घर से बाहर भी नहीं निकली थी।

हमारे दुर्भाग्य से, हमारा पोस्टमैन संगीतप्रेमी भी है। गाता गुनगुनाता, मंदाक्रान्ता की धीमी गति से रेंगता, वह जब एक दिन मेरी खिड़की के नीचे खड़ा हुआ और मैंने पिछले चार दिनों से डाक न आने की शिकायत की तो अपनी बेसुरी गुनगुनाहट को तिर्यक स्मित से स्थगित कर उसने कहा, "जब

आपकी कोई चिट्ठी होगी ही नहीं तो क्या हम आपके लिए चिट्ठी लिख लाएँगे?'' इस अशिष्ट उत्तर के पश्चात उसे यह समझाना व्यर्थ था कि जो मोटी गड्डी वह आज सोमवार के दिन दे गया है उसमें शनिवार और शुक्रवार की मोहर लगी भी तीन-चार चिट्ठियाँ हैं। कहती भी तो वह प्रत्युत्पन्नमति का संगीत-प्रेमी पोस्टमैन निश्चय ही उसी तत्परता से कहता, ''अजी कोई 'सार्ट' करने में रह गई होगी।''

फिर भी, होली हो या दीवाली, ईद हो या बड़ा दिन, इनाम माँगने में इन कर्मचारियों की अद्भुत आत्मसम्मानहीन तत्परता सचमुच सराहनीय है। उनके दमकते उल्लसित चेहरों पर न अपनी पूर्व अकर्मण्यता के पश्चात्ताप की क्षीण रेखा दृष्टिगोचर होती है, न किसी प्रकार की खिसियाहट। यही नहीं, यदि उन्हें एक रुपया थमाया गया तो वह ऐसे भड़क उठते हैं, जैसे लाल कपड़ा देखकर साँड़। ''अजी तीन आदमी हैं हम लोग—एक नोट कैसे बाँटेंगे?'' उनसे फिर यह पूछना व्यर्थ प्रतीत होता कि जब आप तीन महानुभावों को तीन बार डाक बाँटने का वेतन मिलता है तो वर्ष-भर, आपमें से हमें एक ही क्यों दिखता है? आप दोनों क्या अभी जननी को गर्भभार से मुक्त करा होली का इनाम माँगने प्रकट हुए हैं? पर कौन बहस कर सकता है! होली की गुझिया एवं इनाम को वे अपना जन्मसिद्ध अधिकार समझ, छत्तीसी निपोड़े, तब तक खड़े रहेंगे जब तक उन्हें समुचित पारिश्रमिक प्रदान न किया जाए।

आश्चर्य का विषय है कि हमारे इस विचित्र देश में, कभी भी अधिकारी ऐसा कोई अभिमत प्रकाशित नहीं करते कि जिन्हें सरकार उनकी सेवा के लिए निर्दिष्ट वेतन देती है उन्हें इस प्रकार की त्यौहारी माँगने का कोई अधिकार नहीं है। क्योंकि, किसी भी साधारण गृहस्थ का मानसिक सन्तुलन एकसाथ द्वार पर जुटी खाकी वर्दियों को देख, क्षण-भर को विचलित होता ही है। और फिर, यदि उनकी वर्ष भर की सेवाओं का लेखा-जोखा उल्लेखनीय रहता तो स्वयं ही इनाम देने को मन भी होता, किन्तु जो कभी भी नियमित रूप से निर्दिष्ट समय पर डाक वितरित नहीं कर पाते, नम्रता एवं शिष्टता, अधिकतर जिनसे दूर ही रहती है, उन्हें इनाम देना भी, इसलिए एक विवशता बन जाती है कि कहीं ऐसा न हो कि बख्शीश न देने की हमारी कृपणता हमारे नाम की डाक का हम तक आने का पथ ही अवरुद्ध कर दे!

सैंतालीस

भारतीय संस्कृति ने, नारी में मातृत्व भाव की श्रेष्ठता प्रतिपादित कर यह सिद्ध कर दिया है कि सनातन मातृत्व ही नारी का यथार्थ स्वरूप है। नारी होकर भी, मुझे यह स्वीकारने में संकोच नहीं होता कि युग परिवर्तन के साथ-साथ, नारी के स्वभाव, गुणों में ही परिवर्तन नहीं आया, उसके उस आदर्श मातृत्व के उच्च निःस्वार्थ स्तर का सिंहासन भी कभी-कभी डगमगा गया है। नारी का जो परम वन्दनीय स्वरूप था, जिस मातृत्व की सुकृति की ऐतिहासिक ख्याति थी, उसमें विकृति का समावेश भी होता जा रहा है। जो अनन्य स्नेह, अमूल्य समय हमारी पीढ़ी को जननी से मिलने का सौभाग्य प्राप्त हुआ, वह सम्भवतः हमारी सन्तान को भी हमसे न मिल पाया हो, ऐसे ही आनेवाली पीढ़ी से भी वात्सल्यमयी जननी की स्नेह-स्निग्ध छाया क्रमशः धूमिल होती विदेशी जननी की ही भाँति एक दिन सम्पूर्ण रूप से विलीयमान हो जाए, तो हमें कोई आश्चर्य नहीं होना चाहिए। मेरे एक मित्र, अभी दो दिन पूर्व ही अपनी एक भतीजी के अशोभनीय ऐसे ही व्यवहार से क्षुब्ध होकर, मुझे उसकी कहानी सुनाकर कहने लगे, "बहन, यह जमाना अब बड़ा जालिम होता जा रहा है। इन मरे क्लब डिसकौथीकों, विदेश यात्राओं ने न जाने कितने बच्चों को माँ-बाप के रहते भी यतीम बना दिया है।" मैंने स्वयं उस परिवार की समृद्धि बचपन से ही देखी थी। उस रियासत का नमक खाया है, इसी से उनकी क्षुब्ध बौखलाहट मुझे भी विचलित कर गई। उच्च राजपरिवार से घनिष्ठता से सम्बन्धित वे दोनों बहनें नैनीताल की कन्वेंट शिक्षिता थीं। बड़ी का विवाह अत्यन्त समृद्ध परिवार में हुआ। साल के छः महीने विदेश में बिताती थी। तीन पुत्रियों की जननी बनने पर भी षोडसी लगती थी और नैनीताल की ठंडी सड़क में रेसकोर्स के जौकी की सधी भंगिमा में घोड़ा भगाती थी। वह भी नैनीताल का सबसे बदमिजाज घोड़ा! मेरा परिचय उसके नाना से ही अधिक था। मैं प्रायः ही उनसे मिलने जाती तो देखती तीनों परी-सी सुन्दरी नन्हीं बिटियाँ, आया के साथ खेल रही हैं या नानी दुलार रही हैं। कुछ वर्षों बाद सुना, बड़ी बिटिया को एक विचित्र बीमारी लग गई है, दस वर्ष की वयस से पीछे खिसककर छः महीने की अबोध अवस्था में उसका प्रत्यावर्त्तन, उसके नाना-नानी का बहुत बड़ा सिरदर्द बन गया है। न जाने कितना इलाज हुआ, किन्तु डॉक्टरों ने कहा, "यह लाखों में एक को होनेवाला घातक रोग है, सम्भव है कुल के अभिशाप

का-सा यह रोग, दिखने में स्वस्थ उन दो बच्चियों को भी लग जाए।'' बड़ी को उनसे दूर कर, बच्चों के ऐसे आश्रम में भेज दिया गया, जहाँ ऐसे ही अभिशप्त शिशु, हाथ बाँधे मृत्यु की प्रतीक्षा करते हैं। तेरह वर्ष की होकर, उसी आश्रम में उसने आँखें मूँदीं, तो मेरे ये ही स्नेही मित्र उसके सिरहाने थे। उसके उच्चपदस्थ पिता, अपनी ऊँची नौकरी में व्यस्त थे, जननी विदेश-भ्रमण को गई थी। दो वर्ष पूर्व, उसी विचित्र रोग में फूल-सी सुकुमारी दूसरी बेटी भी चुपचाप चली गई। मुझे आज भी उसका वह गोरा भभूका रंग, बड़ी-बड़ी आँखें और भोली निष्पाप शिशु की-सी दूधिया हँसी नहीं भूलती।

अभी दो दिन पूर्व मेरे वे मित्र मुझसे मिलने आए तो बोले, ''अब उसका भी बुलौआ आ गया, अकेली पड़ी है, सोचता हूँ दोनों को तो पहुँचा आया, तीसरी को भी खुदा हाफिज कर आऊँ। या परवरदिगार! किसने सोचा था कि ये तीन खुशनुमा कलियाँ, ऐसे खिलने से पहले तू खुद तोड़ देगा।''

''क्यों, वह नहीं आई?'' मैंने उसकी माँ का नाम लेकर पूछा।

वह बड़े वेग से हँसे। चेहरे पर अनुभव की प्रौढ़ झुर्रियाँ खंजर-सी तीखी हो उठीं, ''वह आस्ट्रेलिया जा रही है, उनके अब्बा-अम्मा पहले जा चुके हैं—मियाँ बड़ी दूर हैं, आ नहीं सकते—जाने से पहले शायद मिल आएँगी। पर उन्हें रहने की इतनी फुर्सत कहाँ है?'' जो बच्ची किसी को पहचानती नहीं, बोलती नहीं, हँसना भूल गई है, आँखें खो बैठी है और फिर ऐसे स्कूल में है जहाँ वैसे ही भावनाहीन चेहरेवाले अनेक अभिशप्त बालक शून्य दृष्टि से जननी का पथ निहारते खड़े हैं, जहाँ न डिसकौथिक का मृदु संगीत है और न फाइव स्टार होटल की महिमा, वहाँ बेचारी आधुनिका जननी का मन लगेगा भी कैसे? तब क्या वह उक्ति, जो कभी हमने पढ़ी थी, अब सत्य नहीं रही—'मान्यते पूज्यते जनैरैति माता'? दोष जननी का नहीं है, दोष है इन वैभव से मदान्ध आँखों का।

ठीक इसी के विपरीत अनुभव मुझे गत वर्ष हुआ, जब एक मेरी अन्य परिचिता, अपने पाँच वर्ष के दत्तक पुत्र को मुझे दिखाने लाई। विवाह की सुदीर्घ अवधि के सूर्यास्त के समय बेचारी दिल्ली के किसी होम से वह परित्यक्त शिशु उठा लाई थी। ''अकेला होने से बड़ा जिद्दी हो गया है। सोचती हूँ कोई अच्छी-सी ऐसी ही बच्ची मिल जाती तो इसे बहन दे देती। है तेरी नजर में कोई?''

मैंने अपनी महरी से पूछा। अपनी उस सखी के वैभव को स्वचक्षुओं से

देख चुकी थी। उनका बहुत बड़ा फार्म है, कोठी है, फिर दत्तक पुत्र को वह ऐसे स्नेह से पाल रही है जैसे स्वयं उसे गर्भ में नौ मास धरा हो। यह किसी भी नारी का एक असाधारण गुण है, क्योंकि पराई सन्तान पालना भी हथेली के मांस को खाने की ही भाँति अत्यन्त कठिन होता है। जब मैंने अपनी महरी के सम्मुख उसी उदार प्रस्ताव का चुग्गा फेंककर कहा, "इतने कष्ट में तुम्हारी बच्चियाँ पल रही हैं—एक लड़की इन्हें दे दो, राजकन्या बनाकर रखेंगी, जब चाहो जाकर मिल भी सकती हो...।"

उसने मुझे अविश्वास से ऐसे देखा, जैसे मैं मजाक कर रही हूँ, "का कह रही हो बहूजी। भले ही एक जून खाएँ, बिटिया-बिटवा का कुत्ते केर पिल्ला हैं, जो बाँट देही?"

मेरे मुँह में जैसे करारा थप्पड़ लगा। यह वह परिवार था, जहाँ कभी-कभी चूल्हा भी नहीं जलता और पूरा परिवार एक लोटा पानी पीकर ही सो जाता था। इसी से मुझे लगता है, माता कभी कुमाता नहीं होती, कभी-कभी धन-वैभव का मोतियाबिन्द अवश्य उसकी आँखों की ज्योति हर लेता है।

अड़तालीस

भली प्रकार प्रयुक्त की गई वाणी को विद्वानों ने कामनाओं की दुहनेवाली गाय कहा है। यदि वाणी ठीक ढंग से प्रयुक्त न की गई हो तो वह अपने प्रयोगकर्ता के वृषभ गुण को ही प्रगट करती है। इसीलिए काव्य में अल्पदोष को भी सहन नहीं करना चाहिए। सुन्दर शरीर भी, एक श्वेतकुष्ठ के धब्बे मात्र से कुरूप हो उठता है। किन्तु इसी सन्दर्भ में 'काव्यादर्श' की यह पंक्ति, प्रत्येक साहित्यकार के लिए, चाहे उसकी विधा गद्य, विशेष महत्त्व रखती है—

'गुण दोषान शास्त्रज्ञः
कथं विभजते
जनः किमन्धं स्याधिकारोस्ति
रूप भेदोप-लब्धिषु।'

जो व्यक्ति इस विषय के शास्त्र को जाननेवाला नहीं है, वह गुणदोष का विवेचन कैसे करेगा? रूपों के भेद बताने का क्या अन्धे व्यक्ति को अधिकार है? वाणी भली प्रकार प्रयुक्त की जाने से कामनाओं को दुहनेवाली गाय बन

सकी है या स्वयं वाणी को प्रयुक्त करनेवाला ही अपना बैलपन प्रकट कर गया है, इसका सही मूल्यांकन क्या इस युग में भी हो पाता है? इधर हमारे साहित्य-जगत में एक नया लटका चल पड़ा है। किसी भी साहित्यकार की किसी बहुचर्चित कहानी या उपन्यास को लेकर एक गोष्ठी का आयोजन और उसमें लेखक की उपस्थिति में इस रचना की शल्यक्रिया। हो सकता है, पूर्वकालीन विदग्ध गोष्ठियों की भाँति लेखक एवं भावकों के विचारों को यह स्वस्थ आदान-प्रदान दोनों ही पक्षों के प्रति हितकर होता हो, किन्तु स्वस्थ आलोचना से भी अधिक महत्त्व रखती है, लेखनी की सहज-स्वच्छन्द निरंकुशता।

रुद्रट, कल्हण और बिल्हण की उक्तियाँ कवि के स्वाभिमान को बहुत ऊँचा उठा राजा के समकक्ष बनाती हैं। उनका कहना है, राजाओं के बनाए देवालय नष्ट हो गए। उन राजाओं का नाम भला किस माध्यम से शेष रहता, यदि उनकी यशगाथा लिखनेवाले न होते? जिन महान पराक्रमी राजाओं की भुजा वन रूपी वृक्षों की छाया सेवन कर समुद्र की करधनी धारण कर, पृथ्वी निर्भय बनी रही, वे राजा भी जिस अनुग्रह के बिना स्मरण नहीं किए गए, उस कविकर्म को हम प्रणाम करते हैं। जिन राजाओं के मित्र कवीश्वर न हुए उनका यश लुप्त हो जाता है। लंकापति रावण का यश जो नष्ट हो गया और राम लोकप्रीति के पात्र हो गए, यह सब महाकवि वाल्मीकि और उनकी काव्यप्रतिभा का प्रभाव है।

किन्तु राजा के समकक्ष खड़े होने का यह सम्मान क्या उन आदिकवियों ने केवल अपनी सहज नैसर्गिक प्रतिभा के बल पर ही अर्जित किया? यदि उनकी लेखनी पर कठिन अंकुश के दन्तक्षत होते तब भी क्या वह प्रतिभा, सहज रूप से विकसित हो पाती? भर्तृहरि ने आलोचकों के मात्सर्यग्रस्त और राजाओं के दम्भी हो जाने से सुभाषित के नष्ट हो जाने की आशंका व्यक्त की है, भामह ने कहा है कि सतकाव्य की रचना, धर्म, अर्थ, काम, मोक्ष तथा कला की साधना में प्रवीणता, आनन्द एवं यश प्रदान करती है। यह तब ही सम्भव है, जब लेखनी की गति अवरुद्ध न हो। भावुक की संकीर्णता या अनावश्यक गतिरोध कभी-कभी लेखनी को स्थायी रूप से पंगु बना देता है और फिर उसका वह लँगड़ापन पोलियो विकासग्रस्त पैर की अभागी लचक की भाँति सदा उसके पंगु अंग से चिपका रह जाता है।

मेधा का विशिष्ट कौशल अब उतना महत्त्व नहीं रखता। साहित्यिक

उत्कृष्टता या अपकृष्टता की विवेचना करनेवाले गुणी भावकों को भी अनेक बात ध्यान में रख अपनी साहित्यिक व्यवहारकुशलता का परिचय देना पड़ता है। हृदय से भले ही किसी कृति के महत्त्व को स्वीकार लें, लेखन की स्वीकृति देने से पूर्व उन्हें अपने विवेक के द्वार खटखटाने ही पड़ते हैं। इस सन्दर्भ में राजशेखर की वे सटीक पंक्तियाँ कितनी खरी लगती हैं, "उस कवि की काव्य-रचना पर आश्चर्य है जिस कवि के स्वामी, मित्र, शिष्य या आचार्य कोई भी उसके काव्य के आलोचक न हुए।" अर्थात् उसका काव्य उनके बिना चर्चा का विषय बना, तो फिर उसे काव्य से क्या लाभ? उसके हृदय मात्र में जिस काव्य की स्थिति है; जिस काव्य के रचना गुणों को भावक अपनी चर्चाओं से दसों दिशाओं में नहीं फैला देते हैं? ऐसे ही काव्य की सुगन्ध अरण्य में खिले और अरण्य ही में मुरझा गए पुष्प की भाँति भला किसी को मिल भी कैसे सकती है?

●●●